本书系国家社科基金教育学项目"中小学法治教育的针对性与实效性研究"（BBA150014）的最终研究成果

# 中小学法治教育的实效性与针对性研究

陈 鹏 著

陕西师范大学出版总社

图书代号　ZZ23N1885

**图书在版编目(CIP)数据**

中小学法治教育的实效性与针对性研究／陈鹏著. ——西安：陕西师范大学出版总社有限公司，2023.10
　ISBN 978-7-5695-3395-8

Ⅰ.①中… Ⅱ.①陈… Ⅲ.①法制教育—教学研究—中小学 Ⅳ.①G631.5

中国版本图书馆 CIP 数据核字（2022）第 254778 号

### 中小学法治教育的实效性与针对性研究
陈　鹏　著

| | |
|---|---|
| 责任编辑 | 钱　栩 |
| 责任校对 | 张俊胜 |
| 封面设计 | 金定华 |
| 出版发行 | 陕西师范大学出版总社 |
| | （西安市长安南路199号　邮编710062） |
| 网　　址 | http://www.snupg.com |
| 印　　刷 | 西安报业传媒集团 |
| 开　　本 | 787mm×1092mm　1/16 |
| 印　　张 | 13.625 |
| 字　　数 | 255 千 |
| 版　　次 | 2023 年 10 月第 1 版 |
| 印　　次 | 2023 年 10 月第 1 次印刷 |
| 书　　号 | ISBN 978-7-5695-3395-8 |
| 定　　价 | 59.00 元 |

读者购书、书店添货或发现印装质量问题，请与本社高等教育出版中心联系。
电话:(029)85303622（传真）　85307864

# 目　　录

**第一章　中小学法治教育的价值取向及其变迁** ……………（ 1 ）
　　第一节　改革开放以来我国中小学法治教育的历史演进 ………（ 2 ）
　　第二节　中小学法治教育的价值取向 ……………………………（ 6 ）
　　第三节　普法教育对中小学法治教育的要求 ……………………（ 11 ）

**第二章　中小学生法治素养及其形成机制** …………………（ 14 ）
　　第一节　中小学生法律知识的本质与形成特点 …………………（ 15 ）
　　第二节　中小学生法律能力的本质与形成特点 …………………（ 21 ）
　　第三节　中小学生法律思维的本质与形成特点 …………………（ 27 ）
　　第四节　中小学生法律信仰的本质与形成特点 …………………（ 34 ）

**第三章　中小学法治教育课程体系建设** ……………………（ 42 ）
　　第一节　中小学法治教育课程建设的价值意蕴 …………………（ 43 ）
　　第二节　中小学法治教育课程内容的历史与现状 ………………（ 46 ）
　　第三节　中小学法治教育课程体系建设的现实困境 ……………（ 73 ）
　　第四节　中小学法治教育课程体系建设的改进路径 ……………（ 76 ）

**第四章　中小学法治教育方式与途径的创新** ………………（ 82 ）
　　第一节　基于政策与实践互促的中小学法治教育途径分析 ……（ 83 ）
　　第二节　我国中小学法治教育途径的实施现状调查 ……………（ 95 ）
　　第三节　中小学法治教育途径的问题与原因分析 ………………（120）
　　第四节　中小学法治教育途径问题的解决对策 …………………（138）

**第五章 中小学法治教育评价机制研究** ……………………………（150）
 第一节 中小学法治教育评价的现状 ……………………………（150）
 第二节 中小学法治教育评价存在问题的原因透析 …………（164）
 第三节 中小学法治教育评价的改革路径 ……………………（179）

**第六章 国外中小学法治教育的基本经验** ………………………（189）
 第一节 凸显中小学法治教育的重要地位 ……………………（190）
 第二节 设立全面的中小学法治教育课程体系 ………………（194）
 第三节 重视中小学法治教育师资质量 ………………………（198）
 第四节 注重中小学法治教育实施途径多元化 ………………（203）
 第五节 多维度建立中小学法治教育评估机制 ………………（208）

# 第一章　中小学法治教育的价值取向及其变迁

法治教育根本宗旨在于使法治思维渗透于国、家、百姓,成为建构和维系社会运行的根本工具,最终达到构建和谐社会的目的。改革开放以来,我国的普法事业就未曾停下脚步。我国全民普法活动发端于1985年11月中共中央、国务院转发中宣部、司法部下发的《关于向全体公民基本普及法律常识的五年规划》。直至2021年,全民普法活动已经进入第八个五年规划阶段。从"一五"伊始到"八五"如荼,逐步构建出符合中国特色社会主义的法律普及框架。这一过程中,法治教育的思路从"法制"走向"法治"。

长久以来,法治与法制之间讨论从未减弱,法制和法治之间既有区别又有联系。法制是法治的前提和基础,是法治的重要组成部分,但拥有法制并不意味着法治实现的必然性;法制是静态意义上法律、制度与规则的总和,而法治则是蕴含在一种社会治理过程中的包含法制价值的动态秩序。法制与法治之间,虽然只有一字之差,但二者却有着本质上的不同。第一,二者在性质与内涵上有所不同。法制指的是法律制度,是一个国家或地区法律制度的总称,其主要从规则与制度层面强调法律体系的完整性,而且法制往往将法律作为一种社会治理工具,从这个层面来讲,法律的地位并非稳定且至高无上,法律的属性和意义在一定程度上可能会根据统治阶层的意愿而作出调整。法治的内涵相较于法制则更为宽泛,法治这一概念蕴含着包括公平、权利、正义、自由、民主等法律基本原则,法律是规制一个国家社会生活的重要依据,它具有至高无上的地位,任何人都不得凌驾于法律之上,法律约束与规范着每个公民的行为。第二,二者在价值取向上和与"人治"的关系上有所不同。法制强调有法必依和违法必究,主要是国家法律作为一种管理工具来规范公民的行为,即"治民",法制崇尚的是规则必须要遵守,违规一定要受到惩罚。而法治作为一种社会治理模式来讲，主张以法律来限制或约束国家公权力的行使，即相对于"治民"而言的"治官"。

随着普法的深入，法治社会的推进不满足于"法制"，也即公民在知法的基础上，更要懂得用法，因此，"法治"也就成了中小学法治教育的核心所在。

## 第一节　改革开放以来我国中小学法治教育的历史演进

不同的社会历史时期和发展阶段，法治教育的价值取向会随着政治、经济的发展而有所不同，改革开放以后，从中央开始部署思想政治计划到每五年一轮的"普法"活动；从法治教育课程内容和名称的改变到提出把"法治教育纳入国民教育体系"的要求；从《依法治教实施纲要（2016—2020）》的颁布到《青少年法治教育大纲》的出台，我国中小学法治教育历经了一系列的改革和发展，也取得了一定的成果。

### 一、中小学法治教育的起步阶段

1980年，《改进和加强中小学政治课的意见》要求在初三开设《法律常识》；1986年，"一五"普法开始实施；邓小平同志提出"一手抓建设，一手抓法制"；同年，中共中央发布《关于改革学校思想品德和政治理论课教学的通知》要求中学阶段应以民主、法治及纪律教育等为主；1988年，初一开设的《公民》课中包括部分法治教育内容；1991年，"二五"普法开始，这一阶段普法对象主要针对大、中学阶段学生。1995年，《关于进一步加强和改进中学思想政治课教学工作的意见》规定："初中思想政治课要对学生进行公民的良好道德品质教育、健康心理素质教育、法律意识教育、社会发展常识和国情教育"。

1996年是"三五"普法计划的开端，此次普法目标是"学法并会用法"为目标，青少年依然作为普法对象，中小学法治教育课程必然会发生相应的变化。1997年国家教委编订《九年义务教育小学思想品德课和初中思想政治课课程标准（实行）》，其规定初中二年级进行法律常识教育。1999年教育部印发《教育部关于加强教育法制建设的意见》提出要加强教育普法工作，在广大师生、学生中开展法律、法规学习及法制教育。直至20世纪末,除了初中阶段开设法治教育课程外,小学阶段及高中阶段均没有开设明确的法治教育课程。

这一时期法治教育的特点之一是将学校法治教育等同普法教育,窄化了法治教育的内涵与外延。学校法治教育的内容主要是基本普及法律知识,

## 二、中小学法治教育的深化阶段

1997年至2012年党的十八大召开之前,是学校法治教育的持续深化阶段。1997年,党的十五大报告首次明确提出了"建设社会主义法治国家"的目标。2001年《公民道德建设实施纲要》将"爱国守法"作为公民基本道德规范之一。此时法治教育依然是思想品德教育的一部分,并没有独立成为一门课程。除此之外,法治教育的内容和形式依然受制于升学考试的导向。如高中阶段开设《思想政治》,其中包括四门必修课和六门选修课,《生活中的法律常识》只是作为选修课之一,当时并未纳入高考考试大纲,因而绝大多数学校将这部分作为学生自学内容。"考什么,教什么"这种应试教育倾向和功利主义思想长期以来成为中小学法治教育的价值导向。

2001年,《基础教育课程改革纲要(试行)》要求小学开设《品德与生活》(1—2年级)与《品德与社会》(3—6年级);初中阶段开设《思想品德》,涉及法治教育的内容主要集中在初中二年级的教材内容中,法治教育并未成为独立的课程。同年《公民道德建设实施纲要》将"爱国守法"作为公民基本道德规范之一。

2002年,教育部等四部委在"四五"普法规划下就中小学法治教育的基本内容、目标、途径、保障措施等方面都进行了初步规定。在国家领导人及其政策的引导之下,教育界及其他社会各界开始逐步关注中小学法治教育。

同年,《共青团中央关于加强青少年学生法制教育工作的若干意见》强调"要根据不同学龄阶段学生的生理、心理特点和接受能力,有针对性地开展法制教育";2007年《中小学法制教育指导纲要》明确提出开展中小学法治教育的主要任务是:"努力培养中小学生的爱国意识、公民意识、守法意识、权利义务意识、自我保护意识,养成尊重宪法、维护法律的习惯,帮助他

们树立正确的人生观、价值观和荣辱观,树立依法治国和公平正义的理念,提高分辨是非和守法用法的能力,引导他们做知法守法的合格公民。"

根据党的十九大的战略部署,2035年要基本实现法治社会的建成目标,而且,《法治社会建设实施纲要(2020—2025年)》也提出:到2025年,"八五"普法规划实施完成,法治观念深入人心,并再次强调"全面落实《青少年法治教育大纲》,把法治教育纳入国民教育体系。"因此,为了提高公民的法治观念,培养公民的法治思维和法治素养,为全面推进依法治国提供思想意识和思维理念方面的支撑,探索公民法治教育的模式就显得尤为迫切。

这段时期,中小学法治教育的目标是通过对学生进行社会主义民主训练和法律教育,使他们懂得和善于履行社会主义公民的权利和义务,增强法制观念,养成自觉遵守法律的行为习惯。中小学法治教育的考量多从学生掌握法律知识的角度出发,法治教育多停留在课堂法律知识的传授,忽视对学生进行民主、法治、权利、契约、平等、公正等意识的培养。法治教育的每个阶段:小学—初中—高中—大学,亦缺乏有效的衔接和过渡。评价的标准也是以学生法律知识的掌握程度来衡量法治教育的效果,尤其缺乏对学生学习权,受教育权等方面的教育和保护,法治教育被窄化为预防青少年犯罪。

此时,不管是从国家的政策文件还是学者们的研究,对"法制教育"和"法治教育"的概念并未厘清。

### 三、中小学法治教育的质量提升阶段

2013年,党的十八大报告进而提出,"深入开展法治宣传教育,弘扬社会主义法治精神,树立社会主义法治理念,增强全社会学法、尊法、守法、用法意识"。并进一步提出了"全面推进依法治国","加快建设社会主义法治国家"的目标要求,将依法治国基本方略提到了一个更新的高度。为深入贯彻落实党的十八大精神,教育部、司法部、中央综治办等五部门联合出台《关于进一步加强青少年学生法制教育的若干意见》(教政法〔2013〕12号文件),进一步推进实施《全国教育系统"六五"普法规划》,把领导干部和青少年作为法制宣传教育的重中之重。

2014年,党的十八届四中全会审议通过的《中共中央关于全面推进依法

治国若干重大问题的决定》指出,要"把法治教育纳入国民教育体系,从青少年抓起,在中小学设立法治知识课程。"2015年教育部工作要点进一步指出,"制定法治教育大纲,统筹大中小学法治教育。组织编写宪法教育读本。建立国家青少年法治教育校外实践基地。推进教育部全国青少年普法网建设。开展青少年法律知识大赛、高校法治文化节等活动。实施中小学法治教育专任教师能力提高工程。"这是中央文件首次采用"法治教育"的表述,中小学法治教育作为依法治国的重要战略举措被提到议事日程,成为我国教育改革与发展中的重大战略问题。但实际情况是,我国目前的中小学法治教育还存在诸多问题,为进一步开展和实施中小学法治教育,需要对中小学法治教育相关问题进行认真的思考和研究。

教育部、司法部、全国普法办于2016年6月28日联合印发实施的《青少年法治教育大纲》,明确规定了法治教育的指导思想和工作要求,确立了法治教育的总体目标和阶段性目标,在教育的内容方面从义务教育阶段、高中教育阶段和高等教育阶段分别进行了划分,在教育实践中强调校方与家庭、社会的协作,并且从组织与制度建设、师资队伍建设、评价机制、教育教学资源和经费保障等各个方面对学校法治教育提供了全面的保障。党的十九大的召开,标志着中国特色社会主义进入新时代。在十九大报告中,习近平总书记郑重提出"提高全民族法治素养"的要求,强调"建设社会主义法治文化""加大全民普法力度"。新时代的法治教育不仅是学校的重大任务,更成了全社会、全民族的共同使命。

党的十九大报告中提出了"提高全民族法治素养"的全新要求,2020年,习近平总书记在中共中央关于全面推进依法治国工作会议上指出,普法工作要在针对性、实效性上下功夫,特别是要注重加强青少年法治教育,不断提升全体公民的法治意识和法治素养。中共中央印发的《法治社会建设实施纲要(2020—2025年)》再次强调全面落实《青少年法治教育大纲》。所以,为呼应我国法治建设的实际需求,亟须全面探索法治教育的新模式和新路径,提升公民法治素养,塑造社会主义合格公民。2021年,教育部制定发布了《全国教育系统开展法治宣传教育的第八个五年规划(2021—2025年)》,对"十四五"时期教育系统法治宣传教育工作进行了全面部署。

这一时期的法治教育基本上转向了从"法制"到"法治"转变为主线的

价值取向,中小学法治教育注重从法律知识传授到培养学生的法治意识、法治行为和法治思维,理念上从要求学生"消极被动学法"到"积极主动尊法、学法、守法、用法";从要求"个人守法"到"国家守法"。

## 第二节  中小学法治教育的价值取向

社会公民的积极参与对加快一个国家的法治化进程具有重要意义。法治的生命力源自公民内心深处的高度认同与遵守。只有将法治意识扎根于中小学生的心中,并转化为实际行为,这样的法治教育才能发挥出实效性。当前,虽然我国依法治国的进程在不断推进,但我们依然可以看到部分公民参与立法等法律活动的积极性不高,法治观念还是很淡漠,这种冷漠态度反过来对中小学生法治意识的培育带来了严重的负面影响。中小学阶段是公民法治意识形成的关键时期,提高中小学法治教育的实效性是法治教育的重要抓手。因此,在中小学进行有针对性的法治教育,践行"法治教育从娃娃抓起"是十分重要的。

### 一、从注重"法律知识传授"到注重"法治素养(意识)培养"

随着社会的发展,由"法治国家"这一概念所衍生的标准也经历了一个发展变化的过程。健全的法律制度、完善的法治体制是一个成熟法治国家的前提,但与此同时,人民群众是否具有法治意识和法治观念,是否形成了法治思维和法治习惯,是否拥有良好的法治素养则是保证这一前提得以实现的必要条件。

一直以来,我国现有教育体制对中小学法治教育的考量多从学生掌握法律知识的角度出发,法治教育多停留在课堂法律知识的传授上,评价的标准也是学生对法律知识的背诵、理解和运用,以法律知识的掌握程度来衡量法治教育的效果,对学校法治教育的开展情况缺乏科学、有效的评价。

诚然,公民的法治素养高低以其掌握的法律知识为前提,但这并不意味着熟练掌握法律知识就一定拥有良好的法治素养。人们的法治意识不是与生俱来的,也不是在个人头脑中自发形成的,而是后天的教育学习和实践养成的结果,法治意识的形成需要进行法治教育和观念引导。[①] 现代法治社会的根本特征是法律权威的至上性,而法律权威的确立,必须以良好的法治意识作为前提和基础。法律只有赢得全社会普遍的尊重和心理认同,才会内化为人们的自觉行动。如果没有社会公众对法律的信仰和尊重,那么,再完善的法律制度也无法促成一个国家法治精神的形成。在中小学,具体而言,就是培养学生的权利意识、规则意识及契约精神。

1. 权利意识

权利意识是指社会主体对于自身和他人权利的认知、情感、理解、态度和意志等的总和。权利意识不但包括对自我权利的认识,也包含对他人权利的尊重。[②] 一般认为,公民权利意识的觉醒和发展是一个国家法治建设的标志,同时也是建设法治国家的根本保障。涵养法治思维,要引导学生以法律规则作为观察问题和判断是非的依据。

法治社会追求良法善治,良法善治必然要求权利义务平等。平等是人权的基本属性之一,法治教育的目标之一就是使学生认识到,每个公民都是权利的主体,都不是隶属于任何人的独立存在。公民可以大胆主张自己的合法权益,但同时也应当尊重他人的权利。因此,从法律的角度来看,个人权利不能影响他人的正常生活,不能危害公共安全,超越法律边界。

2. 规则意识

规则意识包括平等和公正意识、程序和正义等观念。我国古代的封建专制社会,在"三纲五常"等传统伦理道德的束缚下,平等意识在家庭和社会生活中基本上是缺失的,所谓"劳心者治人,劳力者治于人",强调"三纲五常"的等级和阶级观念。而在当代法治社会,平等意识是现代民主法治国家的基础,在民主法治社会起着至关重要的作用。公正是一种社会契约,没有这种契约,人的交往关系就不能维持,《美国百科全书》说:"公正是一个社会的全体成员恰当关系的最高概念。这种权利源于自然法面前人人皆有的社会平等。平等意识和公正意识对个人而言是一种权利,但对社会而言是一

---

[①] 陈毓. 从法制教育到法治教育:大学生法律素养培养新思路[J]. 法制与社会,2009(01):299-300.

[②] 裴红娟. 青少年法治意识的培养路径:基于学校角度分析[J]. 教育探索,2015(06):99-102.

种必须尊崇的价值观。"[1]

程序是指立法、行政及司法活动必须遵循的方法和步骤,与实体相对应。程序的公正是为了保证实体的公正。因此,程序意识的强弱是衡量公民法治意识水平的重要标志。对于那些情节极其恶劣、手段极其残忍的犯罪分子,人们从情理上认为他死多少次都不足为惜,但在法理上要尊重程序和正义,只有经过法定的程序才能对他的罪行进行量刑。

3. 契约精神

契约构筑了一个社会的诚信体系。"契约"一词源于拉丁文,原意为交易,其本质是一种契约自由的理念。契约精神则是指存在于商品经济社会,并由此派生的契约关系与内在原则,是一种自由、平等、守信的价值取向。契约精神的培养是一种潜移默化、润物无声的渗透和引导。在中小学,可以通过参与班级公约制定、班级管理、班级活动决策等来培养学生从小参与校园内部规则制定的意识。

诚如卢梭所言:"一切法律中最重要的法律,既不是铭刻在大理石上,也不是铭刻在铜表上,而是铭刻在公民的内心里。"[2]一个国家在法治现代化的过程中,社会公民的积极参与十分重要。法治的生命力源自公民内心深处的高度认同与遵守,仅仅依靠国家机器的强制性实施是很难保障法治的成效的。只有将法治意识扎根于人的心中,并转化为实际行为,这样的法治教育才能发挥出实效性。当前,虽然我国依法治国的进程在不断推进,但我们依然可以看到部分公民参与立法等法律活动的积极性不高,法治观念还是很淡漠,这种冷漠态度反过来给法治意识的培育也带来了严重的障碍。中小学阶段是公民法治意识形成的关键时期,提高中小学法治教育的实效性是法治教育的重要抓手。因此,在中小学进行有针对性的法治教育,践行"法治教育从娃娃抓起"是十分重要的。

4. 程序意识

程序是指立法、行政及司法活动必须遵循的方法和步骤,与实体相对应。程序的公正是为了保证实体的公正。因此,程序意识的强弱是衡量公

---

[1] 裴红娟.青少年法治意识的培养路径:基于学校角度分析[J].教育探索,2015(06):99－102.

[2] 卢梭.社会契约论[M].钟书峰,译.北京:法律出版社,2012:11.

民法治意识水平的重要标志。对于那些情节极其恶劣,手段极其残忍的犯罪分子,人们从情理上认为他死多少次都不足为惜。但从法理上讲,要尊重程序和正义,只有经过法定的程序才能对他的罪行进行量刑。

## 二、从"消极被动学法"到"积极主动学法、尊法、守法、用法"

一直以来,法治被狭隘地理解为"以法为工具和手段来治理国家"(rule by law),因而,法律仅仅是一种打击违法犯罪、维护社会稳定、管理民众百姓的工具。相应地,学校法治教育往往偏重于刑法教育,强调青少年守法教育,重在预防青少年犯罪,而忽视对学生进行公正、平等、自由、尊严、人权、民主等法治理念的培养。[①]

以人教版《思想品德》(2011版)为例,教材中所选案例多偏重于对"预防青少年犯罪""公职人员贪污犯罪"等反面案例的分析,强调惩戒性和制裁性。这种教育方式和价值导向,容易使学生对法治教育的认识产生偏差,把法治教育窄化为就是预防和打击犯罪,表现为"不违法"意识强于"维权"意识。表面上看,在一定程度上短期内会取得一定的效果,但是不违法或者不犯罪不是单凭对法律的"畏惧"就可以实现,若要培养学生从内心里对法律的尊重和信仰,要从消极被动守法转化为积极主动护法。法治教育的目的绝非单纯教导学生守法重纪,而更应该进一步强化人权观念,使学生了解公民的权利和义务,法治教育的目的在于,使得法治理念、内涵根植于人民心中,成为人们的基本信念,并扎根与深化。

现代法治理念认为,法治应该是"以法为依据和准则来治理国家"(rule of law),其核心在于良法善治,法治教育的目标也不仅仅只是培养守法公民。因此,在当前开展的中小学法治教育中,教师不应该仅限于对法律知识的肤浅的、感性的解读,还要对为什么开展法治教育,怎么开展法治教育等问题形成理性思考,通过对与青少年生活事件息息相关的案例进行分析,引导青少年认同和践行"良法善治"的价值理念,培养学生公共参与的态度,以及独立、多元的思考批判能力,使现代公民意识在学生心中扎根。伯尔曼

---

[①] 孙德岩. 我国青少年法治教育存在的问题及对策探析[J]. 成都教育学院学报,2016(08):21-24.

说:"法律必须被信仰,否则它将形同虚设"[①],没有公众对法律的信仰和尊崇,纵有完善的法律制度也难以形成稳固的法治国家。当下中国,相对完备的法律制度已经形成体系,而与之相适应的法治信仰还需要培养。如果没有法律知识作为前提和载体,法治教育也只是空谈。[②] 反过来讲,学生仅仅掌握大量的法律知识,纵然能诵背法条,但是没有坚定的法治信仰,法律只会沦为一种工具,甚至被利用去投机钻营。

### 三、从"个人守法"到"国家守法"

一段时期以来,不管是全国的普法活动还是中小学的法治教育,多数情况下都在强调从小培养"守法的好公民"。民众似乎也都认可了这一点,形成了"只要守法、遵法就是好公民"的共识。良好的法治就是守法的义务,这恰恰是个误区,它忽略了国家也应守法的一面。十八大之后,我国法治国家的进程在不断推进,"十五"普法工作也在有序展开。但与此同时,我们也应该认识到,真正的法治国家,追求的不仅仅是人民的守法精神,培养守法的顺民。纵观中国两千多年的封建社会历史,统治阶级利用儒家文化中培养顺民精神的"君君、臣臣、父父、子子"的顺民观念,来要求普通民众服从统治阶级的权威。在这种观念的长期影响下,守法往往成了公民个人的义务。

当前法治社会的建设中,若只强调公民守法而忽视国家守法,这并不是法治教育的应有之义。法治教育应该培养学生对国家的认同意识,同样学生还应该在法治教育的熏陶下,有质疑国家公权力的意识。但长期以来,我国的法治教育,多偏重于法律教育,重视法律知识的记忆,及其在日常生活中的应用。

在法治社会的今天,我们要培养的年轻一代是"学法,尊法,用法,知法"的公民,国家要求人民守法的同时,人民亦可进一步要求国家也要守法。为什么要求国家守法?从一定意义上来讲,国家的公权力应该受到严密的监督,这是法治国家进行依法治国的核心理念,自发性地监督国家权力行使的正常性,更是成熟公民应该具有的法治素养。当未来公民只会认识法律条文,却对民主制度、法治国家的基本精神缺乏认识,法治教育显然已经轻重

---

① 伯尔曼.法律与宗教[M].梁治平,译.北京:中国政法大学出版社,2003:104.
② 崔维云.论中小学法治教育的价值追求[J].中学政治教学参考,2016(10):4-6.

失衡且本末倒置。因此,至少中学阶段的法治教育,已经不能一再地仅仅宣扬守法观念,而应该培养学生主动监督国家权力的意识与能力。① 同理,学校作为法律法规授权的组织,其教育和管理行为亦应受到师生的监督,学校不应仅仅是规则的制定者和执行者,其管理过程的程序和规范都应受到师生的监督。法治教育不仅要引导青少年敬畏法律,按规则办事,也要引导青少年质疑规则,追问规则背后的正当依据,进而完善规则。

中小学生正处于身心发展的关键时期,作为学生社会化的过程之一,从作为未来公民的中小学生入手,加强和改进中小学法治教育的工作就显得尤为重要,而学校教育在这方面扮演着至关重要的角色。培养学生的法律意识,从小学低年级阶段开始抓起,注重各年龄阶段的法治教育内容的衔接,循序渐进地开展法治教育工作是当前中小学法治教育工作的应有之义。

## 第三节　普法教育对中小学法治教育的要求

早在1986年6月28日,邓小平同志就在中央政治局常委会上就法制建设和政治体制改革问题发表了重要讲话,强调"加强法制最重要的是要进行教育,根本的问题是教育人,而且法制教育要从娃娃开始,小学、中学都要进行这个教育"②。我国连续实施的八个"五年普法规划",都把青少年普法教育列为重点,在不同阶段对中小学法治教育的要求有所不同。

### 一、法治教育地位日益重要

最初的普法教育只是要求在中小学设置有关法制教育的课程;"二五"普法要求设置法制教育为必修课,并开始关注中小学的法治教育教材和学校的法制教育体系等问题。"三五""四五""五五"普法不仅要求中小学要把法制教育列为必修课,还要求落实大纲、教材、教师和课时;"六五"普法要求中小学要根据学生特点明确法制教育的地位和目标。直到"七五"普法,中小学法治教育才纳入国民教育体系。"八五"普法提出加强青少年法治教育。这一系列的变化就反映出法治教育在中小学的地位日益凸显,从一开

---

① 许育典.教育法与教育行政改革[M].台北:五南图书出版社,2005:145-148.
② 邓小平.邓小平文选:第1卷[M].北京:人民出版社,1993:87.

始的要求设置课程已经逐步落实。

## 二、法治教育目标提高

"一五"普法到"五五"普法始终要求中小学普及法律常识,培养中小学生法制观念和法律素质。其中"一五"普法还要求中小学生知法守法,"二五"普法要求努力实现法制教育系统化、制度化。"三五"普法要求青少年努力做到知法、守法、护法,依法维护自身合法权益。"四五"普法首次提出学法和用法相结合。"五五"普法要求培养学生爱国意识、守法意识和权利义务意识,培养其自我保护意识,提高他们分辨是非的能力,养成守法习惯,预防和减少未成年人违法犯罪。"六五"普法要求培育青少年法律素养和道德情操,引导青少年树立社会主义法治理念和法治意识,养成遵纪守法的良好习惯,培养合格公民。"七五"普法要求在校学生都能得到基本法治知识教育,使青少年从小树立宪法意识和国家意识。"八五"普法要求全面落实《青少年法治教育大纲》,教育引导青少年从小养成尊法守法习惯。因此,随着社会的发展,法治教育对中小学法治教育的要求日益提高,不仅要求培养青少年知法守法,还要顺应时代的发展需求,为我国的法治建设培育合格公民。

## 三、法治教育内容全面化

"一五"普法到"四五"普法都要求中小学要普及法律常识,教育学生积极同违法犯罪行为作斗争。例如,"一五"普法要求向小学生进行法制的启蒙教育,普及交通管理规则和治安管理处罚条例中的有关常识,在小学高年级学生中进行有关违法犯罪的简单概念教育;要求中学重点普及宪法和刑法等有关法律常识。

"五五"普法开始不仅注重中小学生的法律启蒙和法律常识教育,还要求中小学加强预防青少年违法犯罪教育,推进学法用法实践活动。"六五"普法要求中小学完善法制教育的内容和体系,加强青少年权益保护、预防和减少青少年违法犯罪等有关法律法规宣传教育,加强对特殊青少年群体的法制宣传教育,多管齐下促进青少年健康成长。"七五"普法要求制定和实施青少年法治教育大纲,在中小学设立法治知识课程,确保在校学生都能得到基本法治知识教育,通过完善中小学法治课程教材体系,编写法治教育教材、读本等落实中小学法治教育。"八五"普法要求充实完善法治教育教材相关内容,增加法治知识在中考、高考中的内容占比。可以看到,从1986年"一五"普法开始,中小学法治教育的内容不断丰富完善,以适应社会的发展变化。

### 四、法治教育实现路径多元化

"一五"普法到"七五"普法,都是以学校开设法制教育课等面授形式为主,辅以广播电台、电视台、报刊等大众传媒形式让中小学生学习相关法律知识,开展法制宣传教育。从"四五"普法开始,中小学法治教育的路径逐渐多元化:"四五"普法开始巩固和发展各级、各类法制宣传教育基地,逐步建立青少年法制教育基地;"五五"普法要求建立和完善学校、社会、家庭"三位一体"的法制教育网络;"六五"普法要求整合各种法制教育资源,重视运用互联网等现代信息技术手段丰富青少年法制宣传教育的途径和形式。"七五"普法要求利用第二课堂和社会实践活动开展法治教育,加强青少年法治教育实践基地建设和网络建设。"八五"普法要求持续举办全国学生"学宪法讲宪法"、国家宪法日"宪法晨读"、全国青少年网上学法用法等活动。推进青少年法治教育实践基地建设,推广法治实践教学和案例教学。深入开展未成年人保护法、预防未成年人犯罪法等学习宣传。

# 第二章 中小学生法治素养及其形成机制

习近平总书记在党的十九大报告中提出要"提高全民族法治素养",将其作为坚持全面依法治国的重要内容。随即,中共中央办公厅、国务院办公厅印发《关于加强社会主义法治文化建设的意见》提出,"在法治实践中持续提升公民法治素养"。以习近平法治思想为指导,不断提升公民法治素养,才能为建设法治中国提供长久坚实的思想基础和群众基础。

可见,法治素养是法治国家建设的应有之义。关于法治素养的内涵学界已有诸多探讨。一种观点认为,要想定义法治素养,首先应当厘清法治素养、法律素养、法制素养等几组相近概念的关系。有学者在其研究中提到,首先我们需要注意的是应当将"法治素养"与我们以往所说的"法律素养"和"法制素养"等概念区分开来,公民的法治素养应该是法治角色、法治理念、法治意识、法治方式、法治文化、法治信仰等方面的总和。[1] 还有学者认为,公民的法治素养、法律素养、法制素养这三个概念的含义虽有相似之处,但其中仍有不可忽视的区别,他们在具体阐述三者之间各自的区别与联系之后,就法治素养的概念给出了自己的定义。[2] 另一种观点则不急于对法治素养、法律素养、法制素养等相近概念做出区分,而是在归纳和总结相关政策文件和学术文献的基础上对法治素养的概念做出界定。具有代表性的如杨忠明、有学者指出法治素养全称理应是公民的法治素养,其核心应在于"法治"二字,他们认为法治素养是公民通过训练实践学习之后所掌握的一

---

[1] 刘炼.法治教育及法治素养基本概念解读[J].中学政治教学参考,2017(07):69-70.

[2] 李昌祖,赵玉林.公民法治素养概念、评估指标体系及特点分析[J].浙江工业大学学报(社会科学版),2015,14(03):297-302.

种对于法治的态度和信念。① 另外也有学者指出,法治素养是一种公民掌握了基本的法律知识与技能之后,运用这些技能来处理问题,并进行公民政治生活的一种能力,在此基础上,他们认为法治素养由法律知识和法律技能两方面构成,并就其内涵做出了详细的分析。②

从对法治素养的诸多定义来看,中小学生法治素养中小学生法治素养是指中小学生在专业、系统的法治教育之中以及社会主义核心价值观的日常陶冶下习得的一种关于法治的知识、思维、技能、情感、态度、价值观等基本知识、必备品格与关键能力的集合,它由法律知识、法治思维、法律能力和法治信仰等四个核心要素构成。法律知识的积淀是形成法治思维的必要基础,法治思维的运用是指导法律能力的必然前提,法律能力的实践是强化法治思维的必要途径,法律知识的持续积累、法治思维的不断提升、法律能力的灵活运用是塑造法治信仰的必由之路。

中小学生法治素养的四个构成要素之间互为基础、环环相扣、相互联系、相互促进,其中,法律知识是中小学生法治素养培育的起点,法治思维是中小学生法治素养培育的核心,法律能力是中小学生法治素养培育的重点,法治信仰是中小学生法治素养培育的归宿。

## 第一节 中小学生法律知识的本质与形成特点

在全面推进依法治国的背景下,党的十八大提出深入开展法制宣传教育,弘扬社会主义法治精神,树立社会主义法治理念,增强全社会的学法、尊法、守法、用法意识。③《中共中央关于全面推进依法治国若干重大问题的决定》指出,"把法治教育纳入国民教育体系要从青少年抓起"。按法治社会建设的要求,我国中小学法治教育的目标在于普及法律知识的教育;增强学生的社会主义法治观念和法律意识,提高学生的法律素质;对学生进行现代法

---

① 杨忠明,何曾艳.大学生法治素养提升的路径与方法研究[J].学校党建与思想教育,2017(12):50-52.
② 王莹莹,王飞.国民法治素养内涵研究[J].产业与科技论坛,2016,15(11):31-32.
③ 胡锦涛.坚定不移沿着中国特色社会主义道路前进,为全面建成小康社会而奋斗[M].北京:人民教育出版社,2012:28.

律精神、信仰的培养。① 而法律知识作为中小学生法律素养的核心要素之一，它不仅仅是中小学生法律素养培育的起点，是中小学生形成法治思维、提升法律能力和塑造法治信仰的基础，也是法律素养培育与提升的前提与保障。中小学生对法律知识的掌握程度，直接影响着他们自身法治素养的形成。

### 一、法律知识的基本内涵

知识是人类在实践中认识客观世界（包括人类自身）的成果，它包括事实、信息的描述或在教育和实践中获得的技能，是人类从各个途径中获得的经过提升总结与凝练的系统的认识。

法律知识一般体现为中小学生对于法律制度、法律规则以及法的基本理论的认知水平与掌握程度，具体包括中小学生对法律基本原理及价值的认知和理解，以及对法律法规、规章守则等法律制度的了解与熟知。2016年6月下旬，教育部等三部委联合印发了《青少年法治教育大纲》，分别就义务教育、高中教育以及高等教育等不同阶段的法治教育提出了不同的目标，并分学段细化了教学内容和具体要求。其中，中小学生具体应当掌握的法律知识包括有关实然的法律知识、有关法律本质的知识和有关法律合理性的知识及与法律相关的知识。

1. 有关实然的法律知识

即与现行法律相关的知识。其中包括我国现行的法律体系，法律结构，相关法律的基本常识、概念等，具体内容主要包括：（1）中小学生应掌握《中华人民共和国宪法》（以下简称宪法）的理论知识。党的十八届四中全会将每年的12月4日定为国家宪法日，教育部也要求重点做好中小学的宪法教育工作，要求有条件的地方要明确中小学宪法教育的专门学时，并将宪法知识纳入中考范围。例如，中小学生应该掌握：中华人民共和国宪法是中华人民共和国全国人民代表大会制定和颁布的国家根本大法；规定国家的根本制度和根本任务，公民的基本权利和义务，国家机构的组织原则和职权；宪法具有最高的法律效力，一切法律、法规都必须依据宪法，都不得同宪法相

---

① 李朝康.大学生法治意识培养研究：以云南民族大学为例[D].昆明：云南大学，2011.

抵触。[①] (2)与中小学生自身学习、生活密切相关的基本法律常识,注重法治知识的积累。[②] 法律知识系统庞大,内容广泛,专业性强,法律常识也在法律知识所包含的范围内,它所涉及的内容主要包含民法、刑法、合同法、劳动法、消费者权益保护法等与我们日常生活有关,同时又是人人都能运用的法律。教育初中生了解生活中最基本的法律常识就要求教育者从学生身边的事入手,让学生认识到法律常识的重要性。比如说,中小学生应当正确行使自己的监督权和建议权,监督权是宪法赋予每个公民的神圣权利,未成年人也不例外。面对日常生活中出现的违法违规现象,中小学生可以通过写信、打电话等方式向有关机关或者直接向有关人员反映情况,或者可以在媒体公开发表自己的意见和建议,在法律允许的范围内行使自己的监督权。普及基本法律常识教育,有利于帮助中小学生形成适应现代生活所必需的法律知识,保护青少年的成长,同时也有利于贯彻依法治国的基本方略。

2. 有关法律本质的知识

包括法律价值、法律实质、法律基本原则和法律精神等。例如,法律原则是指在一定法律体系中作为法律规则的指导思想、基础或本源的、综合的、稳定的法律原理和准则。法律原则无论是对法的创制还是对法律的实施都具有重要的意义。法律原则是法律规范的基础或在法律中较为稳定的原理和准则。从法律制定的角度看,法律原则具有以下三个方面的重要作用。首先,法律原则直接决定了法律制度的基本性质、内容和价值取向。它是法律精神最集中的体现,因而构成了整个法律制度的理论基础。其次,法律原则是法律制度内部和谐统一的重要保障。最后,法律原则对法制改革具有导向作用。从法律实施的角度看,法律原则指导着法律解释和法律推理;补充法律漏洞,强化法律的调控能力;是确定行使自由裁量权合理范围的依据,可以防止由于适用不合理的规则而带来的不良后果。值得注意的是,中学生应该了解到法律原则和法律规则的区别。所谓法律规则,是指立法者将具有共同规定性的社会或自然事实,通过文字符号赋予其法律意义,

---

① 张文显.法的一般理论[M].沈阳:辽宁大学出版社,1988:199.
② 陈凤贵.略论"依法治国"与"以德治国"[J].沈阳师范学院学报(社会科学版),2002(02):79-81.

并以之具体引导主体权利义务行为的一般性规定。法律原则与规则相比，原则的内容具有较大的包容性，它在明确程度上显然低于规则。但是，原则所覆盖的事实状态远广于规则，因此，原则的适用范围也宽于规则。① 掌握法律原则的相关知识可以引导中小学生树立法治的观念，尊重法律权威。

3. 有关法律合理性的知识

例如选择现行法律体系的原因、现行法律体系怎样体现法治精神等。就宪法的核心价值——人权与法治而言，无论一国国情如何，只要是有宪法的现代国家，其宪法的基本价值皆可归结为以法治来守护人的基本权利，捍卫人的基本尊严，维护人的自由与全面发展。② 例如我国法律体现法律面前人人平等原则，这是我国宪法明确规定的社会主义法治的基本原则。其内涵主要包括三个方面的含义。首先，公民的法律地位一律平等。我国宪法第三十三条明确规定："中华人民共和国公民在法律面前一律平等。任何公民享有宪法和法律规定的权利，同时必须履行宪法和法律规定的义务。"其次，任何组织和个人都没有超越宪法和法律的特权。宪法和法律是人民利益的体现，反映了人民的意志。任何个人和组织，都不得享有超越宪法和法律的特权，将自己凌驾于党、国家和人民之上。最后，任何组织和个人的违法行为都必须依法受到追究。我国宪法第五条明确规定："一切国家机关和武装力量、各政党和各社会团体、各企业事业组织都必须遵守宪法和法律。一切违反宪法和法律的行为，必须予以追究。"违法者必须受到追究是法律尊严的重要体现，也是法律权威的重要保障。在一个社会中，如果有人违了法却能逍遥法外，那么法律在社会公众心目中就不可能树立起崇高的地位和威信。

4. 与法律相关的知识

包括政治、经济、文化等层面中与法律的制定运行和落实密切相关的知识。③ 例如我国坚持把依法治国作为党领导人民治理国家的基本方略、把法治作为治国理政的基本方式，不断把法治中国建设向前推进。早在1999

---

① 王肃元,魏清沂.法理学[M].甘肃:兰州大学出版社,2006:51-56.
② 范进学.宪法价值共识与宪法实施[J].法学论坛,2013,28(01):10-20.
③ 孔维佳.论初中生的法律意识与法律知识教育[J].科教导刊(下旬),2017(03):113-114.

年,我国在宪法中就规定了实行依法治国,建设社会主义法治国家。党的十八大以来,我们党更加重视发挥依法治国在治国理政中的重要作用,更加重视通过全面依法治国为党和国家事业发展提供根本性、全局性、长期性的制度保障,专门作出全面推进依法治国的决定。[①]

## 二、中小学生法律知识的形成及其特点

认知领域教育目标分类,是布鲁姆等人建构的教育目标分类理论中的重要组成部分,目的在于提供评价学生学习结果的标准,以指导教学。该理论将教育目标分为识记、理解、应用、分析、综合和评价六个层次。该理论为中小学生法律知识的形成过程提供了基础性框架,即中小学生法律知识的形成以其认知层次的形成为基础。因此,我们可以根据布鲁姆的认知领域教育目标分类来分析与培育中小学生法律知识的形成。

1. 法律知识的知道阶段

知道即知识,是指认识并记忆法律知识的阶段。这一阶段所涉及的是对具体的法律知识或抽象法律知识的习得和辨认。布鲁姆将这一阶段解释为用一种非常接近于学生当初遇到的某种观念和现象的形式,回想起这种观念或现象。这种识记一种是对特定领域普遍和抽象知识的识记。例如对法律知识一般原理和概念的识记,对法律知识理论和结构的识记。第二种是对专门或者特定知识的识记,对法律知识中专门术语的识记和具体事实的识记。如对"马加爵案""南京彭宇案"等一些典型的法律事件具体内容及其涉及的具体法律事实的识记。第三种是对处理专门知识的方法和手段的识记。例如在相关法律知识的授课中,学生对教师教授一般法律知识常规方法、方法论的识记,对教师将复杂法律知识体系进行分类整理教授以便学生能够更容易掌握的方法的识记。学生在这一阶段法律知识的形成中可以通过回忆、记忆、识别、列表、定义、陈述、呈现等方式进行知识的习得。在这一阶段,要注重培养学生的基础知识。

---

[①] 依法治国是党领导人民治理国家的基本方略 [EB/OL]. (2017-08-18) [2018-06-03]. https://www.xici.net/d247201773.htm.

## 2. 法律知识的领会阶段

首先领会阶段是指对之前识记的法律知识的领会，但不要求是深刻地领会，这种领会往往是初步的，也可能是肤浅的。前一阶段只是对法律知识的简单汇总和罗列，这一阶段主要是对所识记法律知识的知识点进行自我的初步理解。这个阶段一般包括三个过程。(1)转换。即将自己所识记的法律知识，用自己的话或者用与原先表达方式不同的方式来表达自己的思想。(2)解释，即对第一阶段的法律知识加以说明和概述。(3)推断，即估计将来的趋势或后果。中小学生可以通过说明、识别、描述、解释、区别、重述、归纳、比较等方法将自己在课堂上或者其他途径识记的法律知识在简单获取后进行内在的转换，以做到可以将这些知识用自己的方式转述出来。

## 3. 法律知识的应用阶段

应用阶段是指对所学习的法律知识的相关概念、法则、原理的运用。这一阶段要求中小学生在没有说明问题解决模式的情况下，学会正确地把法律知识的抽象概念运用于当时适当的情况。值得注意的是，这里所说的应用是初步的直接应用，而不是全面地，通过分析、综合地运用知识。在这个阶段，要注重培养学生对法律知识的理解和应用能力。学生仅仅掌握书本上的法律知识难免出现"读死书"的状态，因此要注重引导学生对法律基础知识的理解和运用。要引导学生主动、积极地利用现有图书资料和网上信息，获取更多的法律知识，并使学生在运用法律知识的过程中加强对原有知识的学习和巩固，这是对原有知识的丰富和夯实。这样才会使学生能独立思考、主动思考，从而为更高层次的知识分析和综合阶段做出铺垫。

## 4. 法律知识的分析阶段

这一阶段是指把所学的法律知识分解成它的组成要素部分。通过分解，使所习得的法律知识各个概念间的相互关系更加明确，法律知识的组织结构更为清晰，以此更为详细地阐明法律知识的基础理论和基本原理。在这一阶段的知识形成中，学生可以通过检查、实验、组织、对比、比较、辨别、区别等形式对知识进行进一步的分析解构。例如，学生通过之前阶段法律知识的学习，可以将这些法律知识进行区别与比较，了解到法律知识的基本要件包括特征、体系、作用、形式和规范等。不同的法律知识有其不同的特征，其产生发展也有所不同，但是他们都有着规范的框架体系。学生可以通过这个模式来从更深层次上认识新的法律知识要件。

5. 法律知识的综合阶段

这一阶段是以分析为基础，全面加工已分解的各要素，并再次把它们按要求重新组合成整体，以便综合性创造性地解决问题。

这一阶段涉及具有特色的表达、制定合理的计划和可实施的步骤，根据基本材料推出某种规律等活动。它强调特性与首创性，是高层次的要求。例如学生在学习和了解法律知识中公民的权利与义务这一知识点中，可以综合运用所学知识，通过对日常生活的观察和发现，认识到公民的权利与义务并不是两个相对独立的概念，二者是相互渗透、相辅相成的。权利和义务的关系是一致的、不可分割的，两者之间是互动的关系。没有义务，权利便不再存在；没有权利，便没有义务存在的必要。因此，在日常生活中，学生会综合运用习得的知识，将其综合整理，创造性地构建出新的知识点以此更好地来支持自己的实践活动。与此目标相关的概念包括组成、建立、设计、开发、计划、支持、系统化等。

6. 法律知识的评价阶段

这一阶段是认知领域里教育目标的最高层次。这个层次的要求不是凭借直观的感受或观察的现象作出评判，而是理性地深刻地对事物本质的价值作出有说服力的判断，它综合内在与外在的资料、信息，作出符合客观事实的推断。例如学生在学校中发现有人侵犯他人肖像权，学生认识到这种做法的危害性、恶劣性和违法性。学生可运用自己已有的法律知识将这一情况通过合法的途径上报老师或者学校，以阻止此事件带来更深层次的伤害和影响。

## 第二节　中小学生法律能力的本质与形成特点

从党的十六大正式提出依法治国的基本方略，到十八大全面推进依法治国战略，再到十九大提出深化依法治国实践，我国社会主义法治社会建设的进程不断向前推进。在当前进程中，作为法治中国建设重要抓手的青少年法治教育受到更多重视。党的十八届四中全会审议通过的《关于全面推进依法治国若干重大问题的决定》提出"把法治教育纳入国民教育体系"，随后教育部等三部委颁布《青少年法治教育大纲》，对中小学及高等教育阶段实施法治教育进行了整体部署，构建了各教育阶段法治教育的系统。依据法治社会建设的内生逻辑与要求，我国中小学法治教育的目标在于普及法律知识，增强法律意识，形成法治思维与法治精神，最终培养出对法律的信仰，以此使得中小学生法律能力能够得到有效建设，并在实际生活中得以有效发挥。

**一、法律能力的本质特征**

建立法治国家，公民不仅要具备一定的法律知识和法治观念，而且应当具备一定的法律能力。法律能力是一种中小学生有效运用法律相关知识指导与规范自身行为、维护自身合法权益、解决矛盾纠纷与各种日常问题的能力，它是在法律知识的学习与积累以及由法治思维指导的法治实践过程中逐步形成的。法律知识的多少和法律意识的强弱是法律能力高低的自然前提，它最终会通过法律能力反映出来。但法律能力并不只是法律知识和法律意识的简单叠加，而是在一定的法律意识指引下活化法律知识的结果，但必须通过主体用法的实践才能体现出来，也必须通过主体的反复实践才能得到提高。青少年是国家未来发展的中坚力量，不仅要具备良好的思想道德素养，更要具备一定的法律能力。中小学生法律能力的形成是实现依法治国的重要基础，是建设社会主义法治社会必须把握好的重要环节。加强青少年法治教育，使广大青少年学生从小树立法治观念，养成自觉守法、遇事找法、解决问题靠法的思维习惯和行为方式，是促进青少年健康成长、全面发展，培养社会主义合格公民的客观要求。要有效地培育中小学生的法律能力，首先要了解法律能力的本质特点，从中小学生法律能力现状着手，分析其法律能力缺失的原因，并在此基础上形成科学的培育策略。中小学生法律能力的形成是一个长期的，循序渐进、层层推进的过程，不仅要经过长期的法律知识的学习，更要把所学的法律知识运用到法治实践中去，真正做到理论与实践的结合。通过学习法律知识，规范自身行为，同时能够运用法律知识维护自身合法权益。约束力、执行力与反思力是中小学生法律能力形成的三个基本维度。前两者是外在的表现，后者是内在的升华。三者之间相互联系、相互制约、相互促进，从而形成了个体的法律能力系统。

## 1. 约束力

法律约束力,是指在一定时间、空间、范围内法律对人们行为的制约和规范。在法律能力实施的过程中,若想对违法行为起到约束力,便要使中小学生树立完善的法律意识。中小学生应该认识到守法的重要性,同时加强中小学生的守法意识教育也是建设法治社会的需要。对中小学生自身来说,他们常常认为法律离他们很远,并且片面地认为只要是不杀人、抢劫、放火等就是守法。对于绝大多数的中小学生来说,守法意识的培养就是遵守日常生活中的法律规则,就像公路交通过程中,红灯停,绿灯行,但是没有多少人能够严格遵守交规。所以,培养中小学生的法律意识,并不仅仅只是让他们知道法律的规定是什么,也不是一味地灌输法律的条款和规定。知法是建立在学法的基础之上的,通过学习法律知识,规范自身的行为,从而达到知法的目的与效果。守法意识体现在生活的一点一滴中,守法也要从最简单的法律规则做起,中小学生守法意识的培养,在其法律能力的实现中有着极其重要的作用,是一种对自身行为的约束力。

## 2. 执行力

所谓执行力,是指运用已有的法律知识去合理地解决日常学习、生活和工作中所遇到的法律问题的实际本领。形成法律意识、法制观念,掌握法律知识的目的是为了形成法律能力。中小学生运用法律的能力主要包括对法律的学习、理解、遵守和运用的基本能力,它是青少年法律意识、法制观念和法律知识形成的最终标志,是衡量青少年法律素质高低的重要尺度。清末法学家沈家本说"法立而不行,与无法等"[1],所以中小学生也要学会用法,也就是用法律来维护自身的合法权益,使用法律武器来保护自己。中小学生是祖国未来发展的生力军,其健康成长关系着国家的命运。近年来,随着国家经济发展和社会进步,中小学生的成长环境得到了不断改善。中小学生所在年龄段是人生塑造阶段的起点,但也是一个危险时期。近年来,我国中小学中出现的暴力现象、青少年犯罪的低龄化程度都呈现出逐步增长的趋势,由此也使得法律能力所必需的约束力引起了大众广泛的重视。

---

[1] 沈家本.历代刑法考·刑制总考三[M].北京:中华书局,1985:34.

### 3. 反思力

反思就是有意识地努力去发现我们所做的事和所造成的结果之间的特定的连接,使两者连接起来。对于个体来说,要使反思活动有效、顺利地开展,就需要具备相应的能力。反思能力本质上是一种能力类型,是反思者进行反思活动时所必须具备的心理特征和条件,它往往通过个体内隐的思维过程和外显的行为表现出来。中小学生的反思力主要体现在三个方面。一是较强的自我意识。自我意识体现的是个体对自我的认识及自己与外部世界关系的意识,包括自我感觉、自我评价、自我监督等内容。二是理性的批判意识。它是对盲从的一种主体性觉醒,能够使一个人用批判的眼光看待事物,避免思想的僵化和片面,从而保持思维的内在活力。具有批判精神的人能够对各种事物和观点不断进行思考和检讨,而不满足于现有的状态。三是有效的探究能力。杜威认为,"只有人们心甘情愿地经受疑难的困惑,不辞辛劳地进行探究,他才能有反省的思维"[1]。通过反思,不仅总结经验与教训、问题与不足,而且还深究问题产生的原因及探寻问题解决的有效方法与策略。同时,反思不仅要会"思",而且还要能"做",反思与行动相互统一。通过对法律行为及法律案件后果的反思与评价,吸取经验教训,用法律规范自身行为,同时维护法律权威,亦即凡法律所禁止的则坚决不做。

## 二、中小学生法律能力的形成阶段及特点

作为社会主义的建设者和接班人,中小学生法律能力的好坏直接关系到我国社会主义法治国家建设的进程。由于生理和心理发育的不成熟、社会不良风气的影响和法制教育的不完善,中小学生常常在不知不觉中触犯法律。面对当前一些学生因法律意识淡薄而走上违法犯罪道路的现象,中小学的法律意识培养已成为当务之急。处在未成年人向成年人过渡阶段的青少年既有少年的纯真稚气,又有青年人的朝气蓬勃,在思维方式日趋成熟的同时,也伴有青春期的躁动。他们渴望融入社会,渴望了解这个丰富多彩的大千世界,也渴望得到成人社会的理解和接纳。但对中小学生群体而言,法律能力的形成是具有阶段性的,是一个渐进的过程。其过程要经历法律

---

[1] 杜威. 民主主义与教育[M]. 王承绪,译. 北京:人民教育出版社,1990:153-157.

意识培养阶段、法律意识强化阶段和法律运用阶段,各个阶段之间呈现既独立又统一的特点,相互间的影响是相辅相成的。

**1. 法律意识培养阶段**

法律意识是社会意识的一种特殊形式,是人们关于法律和法律现象的观点和态度的总称,它表现为探索法律现象的各种学说,对现行法律的评价和解释,人们的法律动机(法律要求),对自己权利和义务的认识(法律感),对法、法律制度的了解、掌握、运用的程度(法律知识)以及对行为是否合法的评价等。[①]

青少年处于认知的发展阶段,对事物的认知尚有不确定性。在行为过程中,青少年意志力比较薄弱,一遇阻力和困难,就难以坚持正确的认知。为此,中小学生在学校开设了形式多样的法制教育,使青少年了解一些常见的法律、法规以及诸如"什么是违法""什么是犯罪""怎样才能预防违法犯罪"等常识,掌握一些基本的法律知识,并在法律知识的基础上形成对正确的权利和义务关系的认识。知道法律规范要求行为人在行使自己权利的同时,必须履行相应的社会义务,否则法律将给予其否定的评价,甚至会要求其承担相应的法律责任。培养正确的法律意识,不仅会带动中学生养成公平与正义的观念,更重要的是,这种公平与正义的观念会指引中学生选择公平和正义的行为,他们会对各种犯罪行为自觉地加以谴责和抵制,这样就会自然地实现法律能力的培养目标。

但在法律意识形成的初级阶段,青少年心理发展不成熟,人生观、价值观、世界观未完全形成,对社会和自身的认知还处在塑形过程中,由此导致部分青少年在面对外界刺激时易产生较强烈的主观反应,无法对引起情绪冲动的主客观因素做出正确的判断,从而容易感情用事。所以,中小学的法制教育还需要进一步加强。

**2. 法律意识强化阶段**

伴随着生理、心理上的变化,青少年自主意向增强,希望摆脱成人的约束,渴望得到与成人相同的社交地位。但有限的认知能力和较匮乏的社会

---

[①] 中国大百科全书总编辑委员会. 中国大百科全书·法学[M]. 北京:中国大百科全书出版社,2002:104.

经验往往导致他们对事物的认识还比较片面,缺乏真正独立思考和解决问题的能力。因此,如何加强青少年法制教育,是一个迫切需要解决的重要课题。学校已经把法制教育放在重要的位置,发布了法制教育大纲,为使法制教育教学得以实施,培养了相应的教师队伍,开展课外法制教育、活动,建立课外法制教育的固定组织形式,除了认真学习书本知识以外,还应督促学生学习相关法律书籍知识。如《未成年人保护法》《国强法》《国徽法》《九年义务教育法》《宪法》等。学校是青少年学习法律知识的主阵地,作为家庭的延伸,对青少年的成长教育和预防青少年犯罪,起着至关重要的作用。目前,很多学校都将法制教育贯穿于学校教学的全过程,使青少年的法律意识得到进一步的强化。与此同时,不少学校还开设了"法律常识课",聘请公安、司法部门的领导和法律工作者到学校做报告,对学生进行法制教育,并全面推出了长期聘请法制辅导员和法制副校长的活动,这对帮助广大学生增强法制观念起到了很好的作用。

对中小学生的法治教育,进一步增强了学生自身的法制观念,使学生树立了正确的人生观、价值观;但与此同时,处在这个阶段的青少年更多关注的是自身会不会去犯错,却很少维护自生的合法权益,当面对侵犯时不能运用法律知识保护自己。有关统计数据表明:近年来,随着经济社会的快速发展,我国青少年合法权益受到侵犯的现象越来越严重,且未成年人犯罪在我国呈不断上升趋势。因此,中小学生依法维护自身合法权益的维权意识还有待进一步增强。

3. 法律运用阶段

中小学生运用法律知识维护自身权益、通过法律途径参与国家和社会生活的能力,是全面依法治国、加快建设社会主义法治国家的基础工程。维护青少年合法权益的方法包含以下两种:一是法律制裁的方法;二是青少年本人维护和青少年之间互相维护自己的合法权益。法律制裁的方法规定明确、一目了然,即当某个青少年的合法权益遭到侵害后,诉诸法律、请求司法机关用法律对侵害实行制裁;而青少年的合法权益最终还是要靠青少年自己来维护,靠大家互相维护。同学们在日常学习和生活中,遇到问题要从法律的角度出发,维护他人的合法权益,自觉尊重他人的人格,尊重他人的法定自由权,这样才能维护自己的合法权益。

中小学生正确维护自己的合法权益还有一层含义,那就是要采取正确方法,在合适的程度内行使自己的合法权益。也就是说,青少年在维护自己的合法权益时,应采取符合法律规定的手续和秩序,准确、及时地把自己愿望和要求反映出来。如一个学生发现别的同学偷东西,应看他的动机、有无实施及怎样实施,然后报告老师;比较大的案件,可以拨打110报警,政法部门会保密,这也是应尽的义务。青少年正确维护合法权益的首要条件,是青少年自己要知法、懂法、守法,如果不知法懂法,便不知道自己有哪些受到法律保护的合法权益,便不知道他人有哪些受法律保护的合法权益,也便无从维护自己和他人的合法权益。

因此,只有先给中小学生树立一个法律意识,在这个基础上对其进行进一步加强,才能使中小学生有效抑制自身行为,但仅仅抑制还不能够起到完善的作用,还需要加强中小学的法律维权建设。只有通过有效的抑制和完善的维权机制,法律能力才能够得到高效的发挥。

## 第三节　中小学生法律思维的本质与形成特点

《韩非子·有度》云:"一民之轨,莫如法。"党的十八届四中全会通过的《中共中央关于全面推进依法治国若干重大问题的决定》明确提出,"必须弘扬社会主义法治精神,建设社会主义法治文化,增强全社会厉行法治的积极性和主动性,形成守法光荣、违法可耻的社会氛围,使全体人民都成为社会主义法治的忠实崇尚者、自觉遵守者、坚定捍卫者"。增强全民法治意识,必须从青少年时期就打下牢固基础,面对时代发展的形势,要求"把法治教育纳入国民教育体系,从青少年抓起,在中小学设立法治知识课程"。继而2016年教育部、司法部、普法办等三部门联合颁布了《青少年法治教育大纲》,目的在于贯彻党的十八届四中全会精神,推动法治教育的系统化、科学化水平。在全面依法治国的思想体系下,要求中小学生养成用法律思考问题的习惯,因为中小学生是未来建设祖国的栋梁,正处于树立正确"三观"的关键时期,加强中小学生法律思维的培育,不仅有助于其法治意识的提升,而且直接影响我国法治建设的进程。

## 一、法律思维的本质

法律思维作为现代社会中多元思维的一种,对推动社会进步起着重要作用,什么是法律思维?在明辨法律思维的本质概念前,首先需要厘清思维的含义。思维,通常来说是指依照逻辑判断来观察、了解、判定客观事物在人的脑海中形成的反映,通过语言、文字、图画等形式加以体现的,以达成认识和实践的活动。在亚里士多德看来,思维一般包括两种形式,即"沉思"(contemplation)和"审慎"(deliberation),前一种思维可以使人获得对事物的认识,即获得理论理性,后一种思维可以使人作出正确的决策,即获得实践理性。人类的思维总是由这两种理性发生作用的。① 关于法律思维的定义,不同学者看法各异。台湾学者王泽鉴认为法律思维能力是"依据法律逻辑,以价值取向的思考、合理的论证,解释适用法律"②的能力。陈金钊提出法律思维,有时也被称之为法律思维方式。对于这种思维方式,有人认为是"像律师那样思维",有人认为是"像法官那样思维"。③ 郑成良教授从思维的逻辑模式来看法律思维,认为法律思维就是按照法律的逻辑(包括法律的规范、原则和精神)来观察、分析和解决社会问题的思维。④ 孙笑侠教授则从法律思维不同于其他思维方式的角度来看法律思维,认为法律思维方式是一种特殊思维,它是法律人用法律术语进行观察、思考和判断,是一种通过程序进行思考,遵循向过去看的习惯。⑤ 还有学者认为,法律思维,就是头脑中有法治的基本观点,有法律逻辑的思维方式,有依法言行的思维习惯。⑥ 或是有学者认为,法律的思维方式是指在法律的适用过程中或者是人们思考法律问题时经常使用的思维模式,这种过程通常离不开对规范和法律事实的解释。⑦ 总而言之,法律思维是指公民通过对法律知识的学习,立足于法律的角度分析、判断、解决遇到的纠纷与问题的一种思维方式,是把法律意

---

① 张恩宏.思维与思维方式[M].黑龙江科学技术出版社,1987:2.
② 王泽鉴.民法思维:请求权基础理论体系[M].北京:北京大学出版社,2009:1.
③ 陈金钊.法律方法:第2卷[M].济南:山东人民出版社,2003:153.
④ 郑成良.论法治理念与法律思维[J].吉林大学社会科学学报,2000(04):3-10,96.
⑤ 孙笑侠.法律家的技能与伦理[J].法学研究,2001(04):3-18.
⑥ 杨以汉.《管子》的法律思维与现代法治[J].管子学刊,1995(01):28-30,23.
⑦ 叶惟.认定法律事实的基础[J].山西财经大学学报,2002(04):102-105.

识、法律思维、法律规则运用到实践的过程。

法律思维作为中小学生法治素养的核心要素之一,是中小学生法治素养培育的核心。中小学生法律思维的培育,需要从其身心发育都不够成熟的特点出发,虽然他们遇到的通常都是生活、学习中的小矛盾、小问题,但需要从小培养他们树立法律思维,运用合理、规范方式解决问题的意识,本质上希望其养成一种科学理性的思考方式。具备良好的法律思维既可以使中小学生将所学到的法律基本知识和基本原理内化于心,又可以使他们在此基础上运用所学知识,科学地指导法律实践,将法律思维和信仰外化于行。

1. 懂法守法思维

与以往封建国家为了维护自身的封建统治所设立的压迫人民的"恶法"决然不同的是,现代法治所提倡的"良法"就是"为人民的利益所需要而又清晰明确的法律"[1]。在十八届四中全会中,提出"法律是治国之重器,良法是善治之前提"的理念。国家制定法律时,是为了最大程度保护人民的合法权益,做到"有法可依",但"恶法非法",只有良法才能成为治国理政的依据。培育公民法律思维的过程中,不仅是对这些优良理念的传播,而且在思想与思想的碰撞中会逐步推动新的"良法"产生。在日本,小学是国民教育的第一站,而初高中则是青少年品格养成的关键期,所以特别强调"在普及法律的理念下,在小中高学校中进行法律教育"[2]。中国青少年犯罪研究会的统计资料显示,青少年犯罪总数占全国刑事犯罪总数的70%以上,其中14岁至18岁的未成年人犯罪占青少年犯罪总数的70%以上。[3] 因此,要使中小学生通过掌握良法,树立正确的法律思维,形成守法、用法的思维,自觉维护法律的权威和尊严,逐步形成自己的法律思维习惯,尽量避免其误入歧途,推进法治社会、法治国家的建设。

2. 公平正义思维

法律追求的崇高价值就是公平与正义,这不仅是人类追求的政治价值

---

[1] 霍布斯. 利维坦[M]. 黎思复,黎廷弼,译. 北京:商务印书馆,1985:113.

[2] 王印华,张晓明. 日本学习指导要领中法律教育内容的修改及其价值取向[J]. 现代中小学教育,2014,30(03):119-123.

[3] 青少年犯罪超全国总数七成呈暴力化团伙化趋势[EB/OL]. [2013-03-07]. http://www.chinanews.com/fz/2013/05-30/4872454.shtml.

和社会主义社会发展的价值核,更是衡量一个国家全面进步的重要标志,也是我国长期追求的根本目标。约翰·罗尔斯指出:"正义是社会制度的首要价值,正像真理是思想体系的首要价值一样。"[①]自古代以来,中国"不患寡而患不均"的民意,尽管带有平均主义色彩和历史局限性,但仍然是追求人人平等的价值理想的反映。[②] 改革开放以后,我国更是一直倡导社会的公平和正义是社会主义制度的本质要求,通过保障公平正义,逐步促进社会、国家和谐发展。另外,《宪法》第三十三条明确规定:"中华人民共和国公民在法律面前一律平等。"从法律的高度奠定公平正义的理念。中小学生在学习中要摒弃陈旧的诉讼理念和思维定式,要知道诉讼是维护自身合法权益的重要手段,只有将矛盾和问题展现在公平的机制下,才能促进公平公正思维的形成。

### 3. 权利义务思维

法治思维弘扬法治精神、致力于法治社会的构建,归根结底是为了保障每一个公民的合法权利,实现人民当家作主的民主理想。[③] 现代社会,治理国家越来越重视民众参与和民意表达,不同主体背后的利益诉求都应当得到重视。因此,只有切实了解基层民意,将大多数人的意志和利益反映在法律中,人民的权利才能得到最大限度的保护,法律规范才能为广大群众所认同,法律思维才能深入人心。每个人的合法权益都是神圣不可侵犯的,需要受到保护,法律思维高度重视公民合法权利的保障,"在承认一个理性的政治道德的社会里,权利是必要的,它给予公民这样的信心,即法律值得享有特别的权威……在所有承认理性的政治道德的社会里,权利是使法律成为法律的东西"[④]。现如今,一般家庭中只有一个孩子,祖辈、父辈都围着孩子转,导致相当一部分学生不清楚自己对国家、社会、家庭等应当承担的责任和义务,缺乏义务思维习惯。这就要求在理论与实践结合的基础上正确认识公民基本权利与义务之间的相互关系,明确权利义务相统一的观念,积极

---

① 罗尔斯.正义论[M].何怀宏,等译.北京:中国社会科学出版社,1988:3.
② 韩震.公平正义的和谐社会与核心价值观念[J].中国社会科学,2009(1):44-50,205.
③ 任红杰.法治思维的主要特征[J].理论观察,2014(10):74-75.
④ 德沃金.认真对待权利[M].信春鹰,吴玉章,译.北京:中国大百科全书出版社,1998:中文版序言21.

参与社会未来建设。

4. 程序正当思维

"离开了程序也就没有法律制度可言。"[1]程序法治实质上是正当程序之治,构建法治社会,需要的不仅是具备完整的法律体系,但"徒法不能以自行"(《孟子·离娄上》),如何在实践中有效地实施法律、实现法律的公平正义才是更重要的。在美国学者看来,法律程序的正当运行是对正义最好的展现。前联邦最高法院大法官杰克逊认为:"程序的公正、合理是自由的内在本质;如果有可能的话,人们宁肯选择通过公正的程序实施一项暴戾的实体法,也不愿意选择通过不公正的程序实施一项较为宽容的实体法。"[2]法律通过规定规范、约束人们的行为,而程序是体现实行法律过程中所遵循的条理、方式、步骤。每个国家的法治都离不开正当程序的运作,国家和公民对程序的服从状态正是衡量这个国家法治建设的程度和标准。中小学生将程序思维融入日常生活和学习中,需要懂得什么事先做、什么事后做,做事情之前要考虑行为的方式、步骤等。在自我学习过程中,要理清学习的思路;在与老师交流中,要懂礼貌、讲规则;在学校活动中,要遵守学校活动准则和流程,有序地进行,从而提升中小学生自我管理、自我组织的能力。

## 二、中小学生法律思维的形成阶段及特点

任何一种思维方式的形成都不是一蹴而就的,由浅显到深刻,法律思维的构建也经历了一系列这样发展的过程。我国杰出的科学家、思维科学的倡导者钱学森先生曾经指出:"以前我按我们习惯的称呼,把一个人的思维分成三种,抽象(逻辑)思维,形象(直感)思维和灵感(顿悟)思维。"[3]每个人的思维活动都不是单纯一种思维的作用,中小学生法律思维的形成也是从简单到复杂、从基础到深化、从现象到本质逐渐完善的过程。

1. 法律思维的形象(直感)阶段

古今中外,关于形象思维的论述很多,总的来说,形象思维是客观现实

---

[1] 郑成良. 论法治理念与法律思维[J]. 吉林大学社会科学学报,2000(04):3-10.
[2] 陈瑞华. 程序正义论纲[J]. 诉讼法论丛,1998(01):17-60.
[3] 李祖扬,汪天文. 思维类型辨析[J]. 南开学报(哲学社会科学版),2007(01):93-100.

反映到思维主体大脑中的一种思维活动，①是人们在观察世界、认识世界过程中，对事物表象进行取舍时所形成，只通过直观形象的表象探索问题、解决问题的一种思维方法。中小学生根因于身心发展的特点，对事物的认识一般都处在表层阶段，看到什么就想到什么，是一种直观的思维方式。在我们每天的日常生活中，我们很少意识到法律的存在或运行。我们付款，是认为这是应该的；我们尊重邻里的财产，是因为那是他们的；我们靠马路右边走，是因为这样做是谨慎行事。我们很少去考虑这些我们界定为"应该的""他们的"或"小心驾驶"的集体的判断和程序。② 在一般中小学生的心中，法律是遥不可及的存在。其实上述这些小事都反映着法律，法律时时刻刻渗透在我们的日常生活中。例如，开学时每个班级都要选班干部，被选上的同学既具备了管理班级日常的权利，同时肩负着相应的责任，这种权利与职责的观念，实际上就是法律思维的体现。最初，中小学生感知到的事物只是具备简单、模糊的法律概念，没有复杂的内涵，是在日常生活实践中获得的思维经验，表现出一种直观的感受。

2. 法律思维的抽象（逻辑）阶段

通俗来讲，逻辑思维是一种高级的思维形式，是人们在认识事物过程中根据本质、判断、推理等模式能动反映客观事实的理性认知过程，是一种有条理、有根据的思维。逻辑思维注重过程，在知识累积的基础上，一步一步向前推进，核心在于认识、分析事物的规律性。联合国教科文组织一项报告指出，全世界 50 多个国家的 500 多个教育家关于学生培养的最重要的 16 项教育目标中，专家们不约而同地把"发展学生的逻辑思维能力"放在第二位。③ 新时期中国人才的培养在于创新性人才，要求加强中小学生的思维训练和逻辑思维能力，良好的逻辑思维素质是一个人认识、创造知识的前提之一，只有把握这个关键，学生的逻辑思维能力培养才会收到事半功倍的效果。法律思维的抽象（逻辑）阶段，要求中小学生在学习法律知识、了解法律

---

① 冯国瑞. 论形象思维[J]. 中国高校社会科学, 2015(02):92-104.

② 尤伊克, 西尔贝, 等. 法律的公共空间：日常生活中的故事[M]. 陆益龙, 译. 北京：商务印书馆, 2005:31.

③ 王春丽, 何向东. "以人为本"与逻辑思维素质培养："钱学森之问"引发的思考[J]. 西南大学学报（社会科学版）, 2010, 36(06):46-50.

概念的基础上逐渐确立自己的法律规则意识。目前,中小学在国家政策的号召下,根据《青少年法治教育大纲》的内容,学校增设相应法律课程,配备教师进行课程讲授,教师"通过譬喻、类比等方法,深入浅出、形象生动地讲授知识,才能使学生既快又好地理解并接受"[①]。这就是建立学生独立思考逻辑思维的过程。抽象(逻辑)阶段强调主体和客体之间的二分,中小学生对法律事实的认知是一种客观化、概念化的认知,是在观察者的角度完成事实的认定,为避免中小学生在认知过程中产生随机性和个体化的确定,需要在教师的讲授和自我的体会中,慢慢深入认识法律,探索法律的规律性,把发生在自己身边的事情与法律规范结合起来,形成一种法律逻辑思维。

### 3. 法律思维的灵感(顿悟)阶段

"灵感"这一概念由来已久,从古至今不同的学者、不同的时代对灵感有不同的见地。总的来说,灵感思维是思维主体在实践基础上获得了某事物或问题的大量信息并对这些信息进行了较长时间的思考仍未认识该事物的情况下,调动潜意识活动达到一定程度而与显意识活动通力协作,使对该事物的认识产生顿悟或突然质变的一种高级创造性思维活动。[②] 产生灵感思维需要一个长期孕育的过程,在知识积累到一定限度时,酝酿成熟,突然涌现,成为灵感,也是顿悟的过程。生活中时常会遇到一瞬间想不起来的事情,但过后又会记起来,说明这些事物并没有从脑海中消去,只是暂时地隐藏在大脑中,成为潜意识。潜意识的形成需要通过大量显意识的累积,在不断重复中转化为一种潜在意识。获得灵感需要主体具有:(1)丰富的知识储备。在学习过程中积累、探索所需要的知识,沉淀智慧。(2)发掘事物的热情。只有对一件事物产生极大的兴趣,才会激发学习的动力。(3)体悟意境的能力。要把客体产生的各种信息,经过主体能动的作用,在脑海里形成独有的意境。中小学生法律思维的培养在于建立一种用法律思考、分析、解决问题的方法和形式。伴随着时代的发展,法律思维的普及给人们日常生活带来巨大改变,这种法律性已经渗透到人们生活的方方面面,因此需要调整生活中的思维惯性,培养普通人对于法律的忠诚,要使中小学生在学校的学

---

[①] 吴越滨. 形象与抽象思维论[J]. 扬州大学学报(人文社会科学版),2014,18(01):97-100.
[②] 黄辉. 论灵感思维的本质、特征及实践意义[J]. 中共四川省委党校学报,2002(02):26-30.

习和生活中,养成法律思维的取向和习惯,当形成下意识的行为后,遇到事情时就会自然而然地想到通过法律方式解决问题。

## 第四节 中小学生法律信仰的本质与形成特点

依法治国是治国理政的重要方针,中小学生作为国家未来的建设者、开拓者,其法律信仰的培养直接关系到我国的法治建设的发展和进步,自从1997年党的十五大提出依法治国基本方略以来,培养国人法律信仰显得尤为重要。党的十九大和十九届五中全会精神,也明确表示,要贯彻落实党中央关于学生深入了解宪法,学习宪法。弘扬宪法精神,树立法律信仰,强化同学们的宪法观念,法律意识,维护法律尊严,初步树立法治意识,中小学法律信仰的形成成为重要课题。

### 一、法律信仰的本质特征

卢梭曾说最重要的法律是镌刻在公民内心的法律,美国法学家伯尔曼更直接指出,在法治社会中,"法律必须被信仰,否则它形同虚设"[①]。我国党和政府强调:"法律的权威源自人民的内心拥护和真诚信仰。"[②]人民对法律的信仰是我国法治社会建设的理念基石,是中国法治化的道德支撑力,[③]极大地影响着我国依法治国方略的深化。法律要从一种毫无生命力的制度条文转化为人民生活中鲜活的一部分,得到民众自觉地遵循与维护,需要以民众对法律的信仰为推动力。青少年是国家未来发展的中坚力量,其法律信仰的形成更是实现法治社会的基础性工程。同时,青少年时期是个体世界观、人生观、价值观形成的关键期,个体抽象推理能力和社会理解力快速发展,加之与社会法律体系的互动增加,从而促使青少年容易对法律产生一种

---

① 伯尔曼.法律与宗教[M].梁治平,译.北京:三联书店,1991:14.
② 刑法中的犯罪合作模式及其适用范围[EB/OL].[2019-03-10]. https://book.dux.u.com/infoDetail.jsp?dxNumber=360147994609.&d=6854288B7E3EF(9BEA55)3D6288927F2.
③ 范进学.论法律信仰危机与中国法治化[J].法学研究(中南政法学院学报),1997(02):3-8.

微妙的信念。① 因此,培育中小学生对法律的信仰既有必要性,也具有紧迫性。要有效地培育中小学生的法律信仰,就须了解法律信仰的本质特点,掌握其心理特征结构,在此基础上形成科学的培育策略。信仰指主体对某种思想或主张的信奉和敬仰,表现为将其作为自身的行为模式和价值尺度。信仰能够对个体的其他意识形式产生统摄作用,② 个体也能从确立的信仰中得到明确的生活规则和生活的终极意义,从而免除内心的焦虑、紧张以获得安定感。法律信仰以法律为客体,是社会主体在对法律知识、理念及原则等进行认知的基础上对法律产生认同感和归属感,以此为评价外界的价值标准和自身的行为准则,并坚信唯有此才能够保障自身的权利获得安全感。中小学生的法律信仰如同其道德品质一样也是一个具有结构性的系统,包含法律认知、法律情感、法律意志、法律行为等四要素,四者之间相互联系、相互制约、相互促进,从而形成了个体的法律信仰系统。

1. 法律认知

认知本质上是一种信息加工过程,中小学生的法律认知指个体对法律相关现象进行内部信息加工的过程,是形成法律信仰的基础和先导。认知从结果来看是获得相关知识,从过程来看则是指形成信息加工能力。由此,中小学生的法律认知既包括通常强调的法律知识的获得,还应包括法律认知能力的形成。在法律知识获得层面,按照《青少年法治教育大纲》中对青少年法治教育内容的阐述,中小学生的法律认知客体主要有四部分:一是法律常识;二是自由、平等、公正、民主、法治等理念;三是宪法法律至上、权利保障、权力制约、程序正义等法治原则;四是立法、执法、司法以及权利救济等法律制度。在法律认知能力形成上,则是要求中小学生能够对法律知识进行内部加工以储存和顺利提取,即既要能将外来的法律知识吸收、同化到已有的知识体系中,还要能在一定的问题情境中再现相应的法律知识。法律认知能力的形成以中小学生的认知发展特征为基础,如小学生以形象思

---

① OOSTERHOFF B, METZGER A. Domain specificity in adolescents' concepts of laws: associations among beliefs and behavior[J]. Journal of research on adolescence, 2016, 27(01): 139 - 154.

② 陈金钊. 论法律信仰:法治社会的精神要素[J]. 法制与社会发展, 1997(03): 1 - 9.

维为主,其认知过程普遍需要借助具体实物为表征进行,因此小学阶段的法治教育应注重教学的直观性、形象性;中学生已发展出抽象推理能力,其认知过程则主要以逻辑推理、假设演绎等方式进行,因此中学阶段的法治教育则应注重逻辑的合理性。总体而言,中小学生只有形成合理的法律认知,才能明确法律的界限,以此对个体行为产生外部制约,使其在法律许可范围内行事,并以不违反法律法规或不侵害他人利益为行为原则。[①] 主体对法律认知得越全面和深刻,其法律观念就越明确和坚定,并能逐步转化成为个人的法律信念。

### 2. 法律情感

情感是主体对客体满足其需求情况产生的一种态度体验,法律情感是个体在理论学习或具体实践中产生的对法律及相关现象的态度体验。法律情感的产生既可以是针对自身的行为评价或体验,也可能源自对他人行为的评价或判断。源于自身体验的法律情感主要基于法律规范是否满足自身的利益需求,当学生在学习生活中感受到法律能使其从中获益时,如法律能保护自己免受任何形式的体罚,这样的法律能使他们产生积极的情感体验。源自他人行为而产生的法律情感,主要是指"重要他人"对中小学生法律情感的影响。重要他人是指在个体社会化过程中具有重要影响的人物,包括互动性重要他人和偶像性重要他人,具体包括同伴群体、教师、家长及社会知名人物等。这些重要他人对待法律的态度以及行为都会对学生的法律情感产生重要影响。如明星的违法犯罪行为或无视法律的态度一经传播,就会影响到将这些明星视为偶像的学生群体对待法律的态度;家长、教师等对法律的漠视,也将传递给学生负面的信号。当学生对某个法律现象产生了情感体验,这种情感就会推动他对相关客体产生追求或舍弃的行为;反之,学生则会冷漠对待,既不支持也不反对。[②] 没有法律情感的产生,法律知识也就仅停留在接收层面而无法对学生

---

[①] 朱平平.论知、情、意、行在品德形成过程中的重要意义[J].首都师范大学学报(社会科学版),1997(03):53-58.

[②] 徐淑慧,苏春景.法律信仰的特点、结构与培养策略[J].教育研究,2016,37(06):97-103.

产生应有的影响。因此,在中小学生法律信仰的形成过程中,须重视创造情境与条件以培养法律情感。

3. 法律意志

意志是主体自觉确定目标,并据此支配、调节自己的行动,克服困难实现预定目标的心理过程。[1] 法律意志是指主体将按照法律规范行事及维护法律权威作为目标,自觉调整行为,克服困难实现目标的心理倾向。法律意志包含自觉与自制两种重要的要素,自觉指个体能够认识到自己行为的社会意义,并因此主动进行行为选择以最大化实现其社会意义,自制则指主体为实现预设目标而控制自己情绪和言行的能力。中小学生的法律意志主要体现在,一是能否认识到按照法律规范行事的社会意义,并能自主选择行为方式以最大化这一社会意义。例如,当一个学生意识到个体履行法律义务是为了让每个人都从中受益,并且认为人人受益是具有重要社会意义的,因此这个学生主动选择严格按照法律规范履行义务,就形成了法律意志中的自觉。二是能否为了守法和维护法律权威而抵制外界的诱惑,学校中不乏青少年纯粹因为不能抵制外界诱惑而走上违法犯罪道路的事例,抵制诱惑实则是法律意志中自制因素的体现。由此,中小学生要具备坚定的法律意志,以上两个要素缺一不可。法律意志的形成,使法律对个体的外在约束转化为个体对自我的内在要求,即主体的法律行为由他律变为自律,这也是法治教育的理想目标。青少年在坚定的法律意志驱使下能够自觉遵守法律规范,履行法律义务以及抵制诱惑以捍卫法律权威,是形成法律信仰的实践支撑力,必须创造条件予以磨炼。

4. 法律行为

法律行为是主体在自身法律观念的指导下活动,是主体法律动机的行为意向及外部表现,也是个体法律认知、法律情感及法律意志集中的外在表现,因此也是衡量中小学生法律信仰的重要标志。法律行为主要包括理论层面、实践层面以及超理论实践层面等三个层面。[2] 中小学生在理论层面

---

[1] 荆其诚,林仲贤. 心理学概论[M]. 北京:科学出版社,1988:428.
[2] 徐淑慧,苏春景. 法律信仰的特点、结构与培养策略[J]. 教育研究,2016,37(06):97-103.

的法律行为，主要是指通过学习法律知识去了解基本的法律常识及国家法律体系的构成与运行等，可视为一种认知性法律行为。《我国青少年法治教育大纲》中规定的法治教育内容都可视为中小学生理论层面的法律行为对象。实践层面的法律行为本指主体的涉法行为，对中小学生而言，实践层面的法律行为主要指学生通过参与模拟法庭等情境化法律问题的解决，达到能够实际运用法律知识与法律程序的目的。超理论实践层面的法律行为指通过学习对法律形成一种神圣的认知，不仅严格遵守法律规范，同时还主动捍卫法律规范所蕴含的价值，这实质上就是一种信仰性法律行为。这一层面的法律行为正是中小学法治教育要实现的目标——培育中小学生的法律信仰，使其成为法律法规的遵守者与捍卫者。超理论与实践层面的法律行为是最高层次的法律行为，需要以前两个层面为基础才得以形成。因此，要培育中小学生的信仰性法律行为，首先就要确保在理论与实践层面上达标。

## 二、中小学生法律信仰的形成阶段及特点

中小学生心理发展规律为其法律信仰形成的心理机制提供了一个基础性框架，即中小学法律信仰的形成以其心理发展状况为前提。因此，分析与培育中小学生的法律信仰都须结合其心理发展的阶段性特征。对于中小学生而言，法律信仰的形成本质上即是一种法律规范的内化过程，具体可分为依从、认同与信奉三个阶段。中小学法律信仰的培育要从法律规范的纪律约束和外部控制开始，但不能仅停留在学生表面化的依从阶段。必须以合适的方式和途径引导学生对法律规范及其价值原则进行思考、分析和判断，促进法律规范的认同和信奉。

### 1. 法律规范的依从阶段

依从即表面上接受规范，依照规范的要求来行动，但对规范的必要性或根据缺乏认识，甚至有抵触情绪。① 中小学生对法律规范的依从，指中小学生表面接受法律规范，并按照规范要求行为，但这种接受具有盲目性与被动性。中小学生之所以依从法律规范，一是迫于权威或压力，如教师、群体等

---

① 陈琦，刘儒德. 当代教育心理学[M]. 2版. 北京：北京师范大学出版社，2007：420.

外部力量,而不得不采取表面的顺服;二是因为对法律规范的合理性缺乏认识,法律规范可能被视为一种不必要而又无法摆脱的束缚,因此产生抵触情绪。对法律规范的依从是法律规范内化的初级阶段,但同样是法律规范进一步内化的必要准备。针对中小学生产生依从心理的原因,要使中小学生产生对法律规范的依从,一是需要合理运用各种权威的威慑力,如法律专业人士、学校管理者、教师、家长等,都可凭借其对于学生的权威而向学生施加一定的压力,督促学生依从法律规范。另外,营造法治校园氛围同样重要,这可迫使学生因从众心理或群体压力而避免采取与法律规范、校园氛围抵触的行为。二是要向学生证明法律规范的合理性以避免其产生抵触心理,即要晓之以理。对于低学年阶段的学生而言,规范的合理性取决于结果,或者是否有利于自己。针对此特点,对低年级学生进行说服的时候就要着重强调,违反法律规范者最终受到了惩罚,以及法律保护了当事人的权利免受他人侵害。而对于高年级学生来说,他们对规范合理性的判断更多取决于是否维护了基本的道德伦理,向他们说明法律规范的合理性则要强调法律价值与道德伦理的一致性,以及法律如何捍卫道德伦理底线。依从阶段的心理特征决定了依从水平的法律规范具有不稳定性,即一旦外部力量对其产生的压力减少,法律规范对其的约束性就会相应减弱甚至消退,越轨行为发生的可能性也随之提高。有鉴于此,该阶段必须尽快使依从的法律规范得到主体的进一步内化。

2. 法律规范的认同阶段

认同是个体在思想、情感和态度上主动地接受了规范,从而试图与之保持一致。[1] 中小学生对法律规范的认同是中小学生在思想、情感与态度上接受了法律规范并试图采取与规范要求一致的行为。法律规范的认同具有自觉性与主动性,其动力源与依从阶段依靠外力不同,法律规范在此阶段由于对主体产生了吸引力与感染力,从而受到主体发自内心地接受并具有明确的行为意图。相应地,认同水平的规范因涉及主体的情感、价值卷入而具有一定的稳定性,是法律规范内化的深入阶段。法律规范能够得到认同的主要原因在于法律价值对主体的吸引力,即法律构建了一个可预见的规范体

---

[1] 陈琦,刘儒德. 当代教育心理学[M]. 北京:北京师范大学出版社,2007:420.

系,能够对主体的行为提供指示,理顺复杂的社会关系并最终突出主体行为的效益,简言之就是为人们提供方便。① 因此,在对中小学生的法治教育中,需要通过展示法律维护社会秩序的作用让个体形成对法律社会价值的认同。中小学生对法律规范产生认同,除受到法律自身效益性影响外,还受到学生自身主观因素的影响。中小学生具有通过模仿学习社会规范的重要心理特征,模仿的对象可以是同伴、教师、家长及社明星偶像等。榜样通过其"精神感召力、行为带动力和心理共鸣力可引发公众产生尊崇心理,进而效仿和学习"[②]。因此,这些人物对法律的态度将会影响中小学生对法律规范认同。为强化中小学生对法律规范的认同,需要塑造知法守法护法的榜样人物供学生模仿学习,并且需要根据不同学年阶段学生尊崇的榜样人物的不同特点,为学生提供高匹配度的榜样。在认同阶段,主体对法律规范的合理性与必要性有所了解,也因法律规范的价值与原有价值体系的一致性而得以吸收整合,但这并不意味着主体就会将此规范主动作为日后的行为准则,并能与违背准则的行为作斗争。因此,中小学生对法律规范的内化也不能停留在认同阶段,必须将其落实到个体的行动中,这就需要进一步内化法律规范,即达到主体对法律规范的信奉。

3. 法律规范的信奉阶段

信奉是内化的最高阶段,是个体对社会规范及其价值原则有了深刻的理解,并产生积极的情感体验进而升华为一种信念,最终与原有的价值体系实现一体化。③ 中小学生对法律规范的信奉,是指学生个体对法律规范及其中蕴含的价值原则等有深刻的认知,不仅真正领悟并发自内心地接受认可法律规范中传递的价值观念,并将其与原有的价值体系融为一体,自动化为后续行为的指导准则,如遇违法行为,还会主动承担起捍卫法律的责任。中小学生对法律的信奉主要表现在行为中自发自觉地严格遵守法律,对违法犯罪行为坚决抵制,对他人违法行为给予批判。此时,学生个体按照法律规

---

① 谢晖. 法律信仰:历史、对象及主观条件[J]. 学习与探索,1996(02):89-96.
② 王书,贾安东,曾欣然. "偶像—榜样"教育的德性心理分析[J]. 中国青年研究,2006(09):11-14.
③ 陈琦,刘儒德. 当代教育心理学[M]. 北京:北京师范大学出版社,2007:420.

范行事是基于自身价值观念的驱动,而非迫于外界权威或压力,也不是对榜样行为的简单、机械的模仿。并且当个体遵循其价值准则,依照法律规范行动,个体会产生愉悦的情感体验;当个体违背其价值标准,不按法律规范行动,个体会感到内疚和焦虑。因此,学生个体对法律规范的信奉具有自觉性与主动性,相信法律能够维护社会公平正义,能够带来更美好的生活,对法律产生信仰和捍卫,愿意为了维护法律而主动与违法行为作斗争。信奉阶段的法律规范不仅具有高度的稳定性,并且已经融入学生的日常生活中成为生活方式的一部分,实质上就是一种对法律信仰的心理状态。中小学生如能对法律规范产生信奉,将大大减少执行外部约束的成本。因此,这也是中小学法治教育应该努力帮助学生实现的心理转变。

# 第三章　中小学法治教育课程体系建设

在全面提升国家治理能力与治理体系现代化的关键期,依法治国、依宪治国成为社会发展的时代焦点与当代语境。法治是国家治理现代化的标准,更是公民应具备的基本素养与信仰。党的十八届四中全会首次明确指出,"把法治教育纳入国家教育体系,从青少年抓起,在中小学设置法治知识课程,培养法治人才创新机制,形成完善的中国特色社会主义法学理论体系、学科体系和课程体系"[①]。在此社会背景之下,如何在中小学场域中开展法治教育、形成培养青少年法治精神的实践惯习已成为构建现代学校制度、建设法治校园的核心任务。中小学法治教育课程体系建设对于确立学校生活制度、规范教学秩序、形成法治公民具有重要意义。中小学法治教育课程建设不仅仅是关注知识的传授或知识灌输,更是倡导内含于心的一种价值观引导与精神教化的行动力。虽然国家一再强调建立中小学法治教育课程体系的重要性,但在现实语境下的学校实践中,中小学法治教育课程建设呈现出"运动式"治理的面子建设工程,"上有政策、下有对策"的虚假建设占据上风,如课程内容的难度与中小学生的身心发展相差甚远、衔接性不强、课程内容与法治教育价值存在偏移等。正视这些现实困境,凝聚法治精神,将法治思维贯穿于中小学课堂教育教学秩序始终,通过法治化的课堂来陶冶学生的法治情操,创设中小学法治教育课程体系建设改进的具体路径,提升学校课程制度与教育体系的法理规范性,成为当下推进课程体系治理能力现代化与法治化的关键所在。

---

① 中共中央关于全面推进依法治国若干重大问题的决定[N]. 人民日报,2014-10-29(01).

# 第一节 中小学法治教育课程建设的价值意蕴

课程是释放教学内容正义秩序内在价值的载体,也是学校实现知识与人生命相遇,将探究教学、共生教学融为一体的媒介。课程承载着确证、探究、辩护学科知识假设的理智探险和创造性问题的解决。[①] 在强化法治观念、树立法治意识的现代社会中,中小学法治教育的推进需要切实落实法治课程教材的编写与研制,创生知、情、意、行共生的法治理念,在学校生活世界中践行一种法治课堂教育观,这对建设法治校园、塑造法治价值观以及凝聚学生具身发展的法治意识等方面具有重要价值指向。

## 一、中小学法治教育课程建设引领法治校园文化新风尚

中小学法治教育课程作为一种"刚性"的学校法治教育制度规范的缩影,凝聚了学校制度生活的法治理念。在学校场域的学习实践生活中,学生往往并不直接面对法律诉讼、法律申诉等现实纠纷问题,而更多的是通过课程知识的建构与传播来生成一种自生自发的法治意志。从本质上来讲,中小学法治课程是内生于学生内心的一种法治精神,映射着学校公共法治意念的生成机理,既彰显法治精神的规范化水平,也是国家治国理政以及学校内涵式发展的体现。因此,基于共生交往的中小学法治教育课程,不仅可以提升中小学校园法治建设水平,而且还可以通过渗透于中小学课程体系的法治理念来潜移默化地创生学校法治缄默文化,在师生理性的教学互动交往中形成内隐、稳定、持久的校园法治文化新风尚。

一方面,中小学法治教育课程体系建设为提升校园法治文化建设水平提供重要标准。课程是校园文化、法治文化的重要载体,课程背后蕴含着学校内生性文化建设的价值理性,暗示着学校作为学生受教育场所开展文化的创新力与执行力。中小学法治教育课程体系建设能为校园法治文化建设提供标准。首先,中小学法治课程体系建设不仅呈现的是法律条文与知识内容本身,更是校园制度生活的共生世界的融入,如通过校园法治安全文化

---

① 本特利,等.科学的探索者:小学与中学科学教育新取向[M].洪秀敏,等译.北京:北京师范大学出版社,2008:10-13.

的宣传、校园法治制度惯习的养成、校园法治文化交流的平台等形成师生互动交往的校园法治文化"生活世界",以避免毫无法治氛围的呆板校园文化生成。另一方面,中小学法治教育课程体系建设为创生学校法治缄默文化奠定基础。中小学法治教育课程体系建设不仅注重显性知识内容的完整性、新颖性等,而且注重隐性知识(缄默知识)的摄入,强调法治素养、法治观念潜移默化地渗透。这种价值理性是一种"看不见"的文化智慧,倡导法治知识与人的法治素养、法治观念生命的相遇,在交往中达成行动文化自觉共识。学校作为传播法治知识、提高人的法治素养与培养法治观念的生活场域,自然需要缄默文化的润养与关照,以助力校园法治文化新风尚的形成。

## 二、中小学法治教育课程建设形塑法治教育教学秩序观

秩序是维系场域各系统有序运行的"安全阀",也是作为社会共同体中的成员应当遵守的"游戏规则"。因为社会性是人的根本属性,人不可能脱离社会场域而成为独立的个体,在社会共同体中,每个成员需要在相互合作的前提下形成互动交往的惯习,而秩序是确保合作达成的保障。[①] 中小学法治教育课堂文化的形成、教师法治素养的养成、师生互动的意念等都需要教学秩序的规范和引导。教育部教材局依照法律法规等国家政策方针以及新课程标准制定中小学法治教育教材,学校通过一系列合乎法律的教学制度生活,形成自生自发的师生交往生态秩序,可为中小学法治教育教学秩序观的形成奠定实践基础。

一方面,中小学法治教育课程建设为法治教育教学提供方法论指导。法治教育教学的有序开展需要课程建设作为媒介,为教师指明正确的教学理念、教学方法以及树立内化于心的教学价值观。正如沃尔特·帕克(Walter C. Parker)所强调的,法治教育教学必须"培养学生对法律系统基础理念的理解,如自由、公平、容忍、权力、诚信、财产、平等和责任"[②]。而这些理念的培养都需要教师以法治课程内容为标准,在提升自身法律素养的基

---

① 哈耶克.自由秩序原理:上[M].邓正来,译.北京:生活·读书·新知三联书店,1997:26.

② TAPP J L, KOHLBERG L. Developing senses of law and legal justice[J]. Journal of social issues,1971(02):65-91.

础上改进教学方式与教学方法。另一方面,中小学法治教育课程建设为法治教育教学创生秩序伦理依据。课堂教学秩序是生成的,是潜移默化的熏陶与渲染下产生的,而非既定模式的塑造。中小学法治教育课程建设在课程维度确立、课程价值设定、课程目标树立以及师生互动等层面有较为详细与深刻的内容规定,每个维度都渗透法治精神,传递法律意念秩序,为生成性的法治教育教学秩序提供一种缄默指向与光明道路。

### 三、中小学法治教育课程建设凝聚学生具身发展的法治意识

理想状态下的中小学法治教育课程建设将法治教育课程看作是探究生活世界的一种工具、解释生活世界的一种独特视角,在协商与互动中为学生营造发现法治思维价值、发现法治理念生态的和谐氛围,最终能在共意的知识建构情景中凝聚学生具身发展的法治意识。中小学法治教育课程建设作为学校制度生活的一种契约,不仅指导教师的教学行为、形成学校的文化氛围,更重要的是让学生在实践中内生自律、自强的民主法治契约精神,促进学生身体发展、心灵健全、行为得体相统一的具身发展法治意识。

一方面,中小学法治教育课程建设为学生形成健全的法律人格提供了素材。中小学法治教育课程资源建设内容是以学生身心发展的规律为宗旨,帮助学生在教学互动中明确日常法治观念,让他们懂得社会主义核心价值观的内涵要义,以行动为导向,健全学生的法律人格,培养学生的法律品性,知荣明耻,确保学生作为公民的基本权利与义务得以落实,践行民主社会契约精神。契约精神是公民作为社会场域共同体的一员,遵循法律规定,与外界展开交流所应具备的诚实守信、信守诺言的品性,而中小学法治教育课程作为载体为其提供了发展指向。另一方面,中小学法治教育课程建设为学生形成法律行动自觉提供了指南。中小学法治教育课程建设最终实现的是受教育者(学生)形成自觉守法、自觉懂法、自觉尚法的法治情怀。中国特色社会主义新时代的发展背景下,学生的法治行动自觉应是生成的、建构的,法治课程作为引领学生走向法治生命自觉的领路人,在学生的寓身教育、品格形成以及行动意念层面发挥着重要作用。

## 第二节　中小学法治教育课程内容的历史与现状

中小学法治教育课程内容是复合词语。法治教育与课程内容是该词语的核心词，前文已经将两词内涵进行了分析。本节所指课程是微观层面的课程，即某一学科、科目所对应的课程。课程内容包括在课程实施过程中以教材为载体所呈现出来的内容和教师在课程授课时所引用的来自非教材的内容，而这里所指的课程内容则只包括以教材为载体所呈现出来的课程内容。本节中小学法治教育课程内容的内涵如下：第一，中小学法治教育内容的载体是教材。目前法治教育被包含于政治思想品德课程之中，而相应的内容则是在政治思想品德课教材中呈现出来的。第二，中小学法治教育课程内容选择及组织结构是以实现法治教育课程目标为最终目的的，而目前我国中小学生法治教育目标也正在从学习法律知识、尊法、守法等目标向培养学生法治情感、意识、精神等目标过渡。第三，中小学法治教育课程内容的构建依据是法治教育课程自身的学科逻辑及中小学生可接受性逻辑。

### 一、中小学法治教育课程的历史沿革

中国现代法治教育在硝烟四起的历史背景下缓慢生长和发展。新中国的成立对于饱受战争摧残的各个领域来说都是一个新的开始，中小学法治教育作为其中一个微小的领域亦是如此。所以这里以新中国的成立为开端来论述中小学法治教育课程及内容在70多年里的曲折发展。

1. 改革开放前中小学法治教育课程

新中国成立以来，我们废除国民政府在学校开设的《公民》教育课，所以包含在公民教育中的法治教育也被废除，随之建立起来的是在苏联教育模式影响下开设的思想政治课。自此，中小学法治教育课就与政治思想品德课一直相关联，基本上是前者被包含在后者中。

中小学法治教育课程在社会主义改造期间是萌芽阶段。我国中小学校在新中国成立初相继开设政治课。中学阶段自1949年上半年就开设了政治课，小学阶段则伴随着1950年《小学课堂暂行标准初稿》的颁布而开设，但好景不长，由于受大规模经济建设的影响，从1951年开始，初中阶段及小

学阶段的政治课相继停开,到1956年下半年,只剩下高中三年级还保留着一周一节课的政治课。

虽然中小学政治课都有开设,但法治教育并没有与之相伴,一起进入中小学课堂。1950年《共同纲领》作为新中国成立后第一本有法治教育内容的教材为高三年级下学期所使用,1954年下半年更名为《中华人民共和国宪法》,自此法治教育课正式走进课堂。《国务院关于整顿和改进小学教育的指示》强调要加强小学生的纪律教育,培养其自觉遵守纪律的习惯。虽然"纪律教育"只是法治教育的一个方面,体现着强制性,从某种意义上说不利于小学生活泼自由地生长,但可以看出国家也开始注重对小学生的法治启蒙教育。但自1953年停开后,直至1957年,小学都没有开设政治课,而是强调通过其他学科的渗透来完成对小学生的纪律教育。

自全面建设社会主义开始至改革开放前,我国中小学的法治教育没有得到任何发展,反而一直在衰落。毛泽东的《关于正确处理人民内部矛盾的问题》使中小学保住了政治课,但中小学法治教育却没有那么幸运。1957年、1958年伴随着"反右"和"大跃进"的相继发生,再加上在毛泽东、刘少奇等党和国家领导人"要人治,不要法治"思想的指导下,类似于"法律在我国没有必要存在了"的言论甚嚣尘上。至此,仅存的高三年级的宪法课也被停开,刚刚发展起来的中小学法治教育也彻底退出了中小学课堂。后期中小学法治教育课虽得以重开,但基本沦为阶级斗争的工具,政治色彩浓厚,教学不成体系。

"文化大革命"的十年,教育领域作为重灾区,刚刚有所稳定发展的中小学思想政治教育又被推向深渊,法治教育荡然无存。

2. 改革开放后中小学法治教育课程

十一届三中全会以来,中国进入民主法治国家新时期,中小学法治教育也受到广泛重视。随着1978年教育部思想政治教育计划的颁布,中小学政治课系列教材被快速编纂出来。自此,我国中小学思想政治教育步入正轨,法治教育课在中小学也逐渐发展起来。对于中小学法治课,当时,邓小平同志多次做了批示,他指出,"……学校和全体人民都必须加强法律教育和法制教育""大中小学的学生从入学起……都要学习和服从各自所必须遵守的法律"。① 1980年9月12日,教育部发布了《改进和加强中学政治课的意见》,明确规定在初三年级开设法律常识课,并于1981年秋季入学起正式启动,这是新中国成立后首次在初中学年段开设法治教育课。

在党和国家领导人的关心和重视下,从1985年起,我国每五年一次的普法计划开始实施。1986年,邓小平提出"一手抓建设,一手抓法治",并逐渐将青少年纳入法治教育的主体。1986年,邓小平强调"法制教育要从娃娃抓起"。1985年,中共中央颁布《关于改革学校思想品德和政治理论课教学的通知》,通知决定:小学阶段提倡进行社会常识及公德等教育;中学阶段则以民主、法治及纪律等教育为主。法治教育方式包括集中教育、分散教育两种,并决定从1988年秋季入学起在初中开设公民课,这是初中阶段法治教育开设的主要课程。

1990年开启的"二五"普法较"一五"普法,在普法对象及目标上均有较大幅度的提升。"二五"普法主要针对大、中学阶段的学生。其中,中学阶段主要在初中年级。依据《全日制中学思想政治课教学大纲》,初一年级主要开设的课程是法制教育与公民道德,其中法制教育主要是观念教育;初三年级则主要进行关于《宪法》的法治常识教育。

1996年的"三五"普法,普法目标为"学法并会用法",普法对象依旧是青少年。和上一个普法计划相比,中小学法治教育的重点仍在初中阶段。1997年国家教委编订的《九年义务教育小学思想品德课和初中思想政治课课程标准(实行)》(简称《课程标准》)规定在初中二年级阶段进行法律常识的教育。1999年教育部印发《教育部关于加强教育法制建设的意见》,提出要加强教育普法工作,在广大师生中开展法律法规知识学习及法制教育。但直至20世纪末,整个中小学,除了初中阶段开设法治教育课程外,小学及高中阶段均没有开设明确的法治教育课程。

21世纪初,江泽民提出依法治国与以德治国相结合的治国方略。2006年,党中央正式提出了以"依法治国"为基本内涵的"社会主义法治理念"的重大命题。《关于进一步加强青少年学生法制宣传教育工作的通知》倡导

---

① 邓小平.邓小平文选:第2卷[M].2版.北京:人民出版社,1994:360.

"探索有效的教育方法,健全青少年学生法制教育网络",针对青少年普法教育的方式方法给予引导。"四五"普法也随即在全国各地顺利展开,其针对目标也从之前的提高公民法律意识转向提高公民法律素质。2001年颁布的《公民道德建设实施纲要》将"爱国守法"作为公民基本道德规范之一。2002年四部[①]就"四五"普法中小学法治教育的基本内容、目标、途径、保障措施等方面做了初步规定。在国家领导人的重视及相关政策的引导下,中小学法治教育得到社会各界的广泛关注。2001年教育部印发了《基础教育课程改革纲要(实行)》,明确规定:小学阶段一、二年级开设品德与生活课,三至六年级开设品德与社会课;初中阶段开设思想品德课,初中二年级主要进行以法律常识为基本内容的法治教育;高中阶段开设思想政治课,包括四门必修课和六门选修课,其中"生活中的法律常识"是选修课之一。随着新一轮课程改革的进行,我国中小学政治思想品德课程体系基本保持稳定,而中小学法治教育课程作为政治思想品德教育的一部分也逐步得以开展。

伴随着"五五"普法计划的到来,普法目标进一步提升,青少年已成为普法对象中的重中之重。在相关文件的精神和要求下,2007年《中小学法制教育指导纲要》(简称《纲要》)制定颁发,这标志着我国中小学法治教育进入新的阶段。《纲要》是我国中小学法治教育发展和评估的主要依据,其明确规定了中小学各阶段法治教育课程开设的方式,对中小学各阶段的法治教育课程内容也规定得非常细致。其中,小学阶段法治教育的内容是:使得学生在具备初步的法律认知后,了解法律的作用、自己依法享有的权利、宪法的地位、未成年人基本权利及自我保护的基本方法。初中阶段法治教育的内容是:对宪法进一步学习,增强宪法意识;了解法律精神是什么;了解权利义务的独立统一,学习与学生息息相关的法律知识;了解预防未成年人犯罪的内容及掌握自我保护和维权的方法;等等。普通高中法治教育的内容是:了解法律反映个人自由与社会秩序关系是国家意志的体现;了解我国政治、经济文化生活等方面的主要法律;了解国际的基本原则及我国批准的重要

---

① 指教育部、司法部、中央综治办、共青团中央。

国际公约;进一步理解权利与义务的关系;等等。① 至此,我国中小学法治教育课程内容基本建立起来。

2010年《国家中长期教育改革和发展规划纲要(2010—2020年)》主张"树立社会主义民主法治……培养社会主义合格公民"。紧接着在党的十八大精神和"六五"普法规划的指引下,2013年五部②联发的《关于进一步加强青少年法制教育的若干意见》提出应"深刻意识到整体提升青少年学生法律素质的重要性和紧迫性""法律意识要从小启蒙""把社会主义法治理念贯穿于大中小学法制教育全过程"。2014年,以"依法治国"为主题的中国共产党的十八届四中全会召开,拉开了我国全面建设法治国家的新序幕:"把法治教育纳入国民教育体系,从青少年抓起,在中小学设立法治知识课程""推动中国特色社会主义法治理论进教材进课堂进头脑,培养造就熟悉和坚持中国特色社会主义法治体系的法治人才及后备力量。"在此通知的影响下,教育部官方网站设置了"加强青少年法治教育"系列教育专题版块。

## 二、中小学法治教育课程内容现状

依据系统论,我们可以将中小学法治教育课程内容看作一个系统,根据系统的部分相关原理来分析当下以中小学政治思想品德教材为载体呈现出来的法治教育课程内容。如在系统论的整体性原理下,我们主要分析中小学法治教育课程内容的要素是否完整,对整体与部分和的关系等方面进行分析和总结,同时学会以全方位的视角去把握事物整体的研究方法。以此类推,在系统论基本原理的指导下,全面认识和把握中小学法治教育课程内容的状况。

中小学法治教育课程内容的分析对象——政治思想品德教材(人教版),虽然各阶段教材并非同年出版,但其均是在新课程标准的背景下于

---

① 中共中央宣传部、教育部、司法部、全国普及法律常识办公室关于印发《中小学法制教育指导纲要》的通知(教基[2007]10号)[EB/OL].(2007-07-24)[2018-12-20].http://www.moe.gov.cn/s78/A06/s7053/201410/t20141021-178447.html.

② 指教育部、司法部、中央综治办、共青团中央、全国普法办。

2003年及2004年经全国中小学教材审定委员会初审通过,目前在中小学已被广泛使用。所以,这些被审定的系列教材可全面反映中小学法治教育课程状况。

1. 中小学法治教育课程内容的整体性分析

中小学法治教育体系作为中小学政治思想品德教育的一部分,有必要先简单阐述法治教育内容在政治思想品德教育中的情况。对教材分析发现,各个阶段教材编写的标题等级不统一,小学阶段及高中选修部分最细编辑到三级标题,初中阶段及高中必修部分编辑到四级标题。为方便统计,以三级标题为统计对象,对中小学法治教育内容进行统计。统计结果如表3-1。

表3-1 中小学法治教育内容在政治思想品德教材中的分布

| 项目 | 小学 1—2年级 | 小学 3—6年级 | 初中 | 高中 |
| --- | --- | --- | --- | --- |
| 法治教育内容(个) | 8 | 36 | 35 | |
| 内容总数(个) | 106 | 171 | 121 | |
| 百分比 | | 15.9% | 28.9% | 10.0% |

小学阶段1—2年级的品德与生活是以培养学生良好的品德与行为习惯为教育目标,在课程标准中没有提到明确的法治(制)教育目标,但在教材中发现有责任意识与交通安全等教育内容,为后续相关法治教育打下基础,故将其列入法治教育内容中来。小学3—6年级的品德与社会的教育内容包括"品德、行为规则和法制教育;爱国主义、集体主义和社会主义教育;国情、历史和文化教育;地理和环境教育"[①]等共11种教育内容,其中行为规范和法制教育、集体主义两部分内容主要涉及法治教育内容,且内容主要集中在民主参与与规则意识两方面,占此阶段政治思想品德教育内容的2/11。初中阶段思想品德将教育内容分为"道德、心理健康、法

---

① 中华人民共和国教育部. 义务教育品德与社会课程标准(2011版)[M]. 北京:北京师范大学出版社,2012:2.

律、国情"①四部分教育内容,法治教育内容占 1/4 左右。高中阶段采取必修与选修相结合的课程开设形式,且必修与选修的标题等级不统一,法治教育内容主要集中在思想政治生活中的法律常识(选修五)中,是 10 本教材之一,所以推断出其法治教育内容总 1/10 左右。

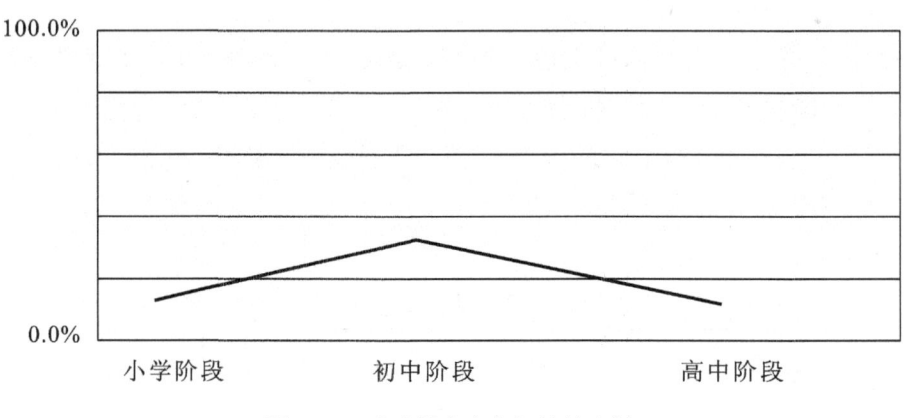

图 3-1 法治教育内容与教材比例

从图 3-1 可以看出,中小学法治教育内容在中小学各阶段政治思想品德课教材中所占的比例高中阶段最小、小学次之,而初中时期所占比例最大。义务教育阶段法治教育内容呈上升趋势,但到高中阶段则呈下降趋势,且高中法治教育内容所占比例最小。原因在于,法治教育内容所占比例的大小与相应阶段政治思想品德教育内容种类有直接关系,教育内容种类越多,法治教育内容所占比例也就越小。

对法治教育内容在政治思想品德教育中的情况进行简单介绍后,接下来分析中小学法治教育课程内容的各个组成部分。

系统的整体性是以组成系统的各部分(要素)的有机组合为前提的,没有部分就没有整体,没有要素就没有系统。所以中小学法治教育课程内容的组成要素对该体系的整体性有着直接的影响。

亚里士多德将"目的因"作为事物存在及发展演化的原因之一,即事物的发展与演化均趋向于实现某种目的。霍斯帝(Holsti)将教科书内容分析

---

① 中华人民共和国教育部. 义务教育品德与社会课程标准(2011 版)[M]. 北京:北京师范大学出版社,2012:1.

研究区分为三类,其中一类就是"内容符合某些外在标准的程度",如思想政治课程内容受课程标准的制约。[①] 同样,中小学法治教育课程内容的组成要素也受其目的制约。自新课改以来,"三维"课程目标的达成成为各门课程的追求,中小学法治教育亦不例外,根据政治思想品德相关课程目标(知识、能力、情感态度价值观)的分类,将中小学法治教育课程内容的构成要素分为三个基础部分:法治知识、法治能力、法治情感态度价值观。接下来对三个要素进行逐一的分析。

(1)要素——法治知识

法治知识是三要素中最基本的要素,合理科学的知识结构可以促使中小学生法治能力的形成及价值观的培养;反之,没有知识或者知识结构不合理都会有碍于相应能力的形成与价值观的培养,甚至根本形成不了法治教育能力及正确的价值观。

1)法治知识整体分析

法治知识是构成上层系统的要素,同时也是由更低一层要素(子系统)构成的系统。通过对教材和课程目标的分析,可以将法治知识分为法的认知和法律知识。法的认知是指对法的定义、特征、基本作用及意义方面的阐述;法律知识不是指我国当下正在实施的法律法规的条文,而是指通过合理的叙述方式编排在教材里,与我国现行法律体系相关的知识。在法律知识归类中,以我国现有法律体系为依托,将法律知识归总在七个部门法之下,以便对法律知识出现的种类、所占的比重、出现顺序、阶段等方面进行统计与分析。

以三级标题为统计对象,统计结果如表3-2所示。

---

[①] 姚冬琳.内容分析法在教科书研究中的应用[J].现代教育科学,2011(04):45-47,14.

表 3-2 中小学法治知识分布

| 分类 | | | | 小学 | 初中 | 高中 | 总和 | 百分数 |
|---|---|---|---|---|---|---|---|---|
| 法律知识 | 法的认知 | | | 0 | 4 | 10 | 14 | 13.0% |
| | 宪法及其相关法律 | 基本权利 | | 7 | 4 | 0 | 11 | 10.2% |
| | 社会法 | 未成年保护 | | 6 | 3 | 0 | 9 | 16.7% |
| | | 预防未成年人犯罪 | | 0 | 5 | 0 | 5 | |
| | | 劳动者保护 | | 0 | 0 | 4 | 4 | |
| | 特别行政法 | 交通安全 | | 5 | 0 | 0 | 5 | 7.4% |
| | | 环境保护 | | 3 | 0 | 0 | 3 | |
| | 民商法 | 民事权义务 | 人身权义务 | 1 | 5 | 3 | 9 | 35.2% |
| | | | 财产权义务 | 0 | 5 | 9 | 14 | |
| | | 婚姻成员权利义务 | | 0 | 0 | 6 | 6 | |
| | | 合同法相关知识 | | 0 | 0 | 9 | 9 | |
| | 经济法 | 消费者权益保护 | | 1 | 2 | 0 | 3 | 4.6% |
| | | 经营者公平竞争 | | 0 | 0 | 2 | 2 | |
| | 刑法 | | | 0 | 1 | 0 | 1 | 0.9% |
| | 诉讼及非诉讼程序法 | | | 0 | 0 | 13 | 13 | 12.0% |
| 总和 | | | | 23 | 29 | 56 | 108 | 100% |
| 百分比 | | | | 21.3% | 26.9% | 51.9% | 100% | |

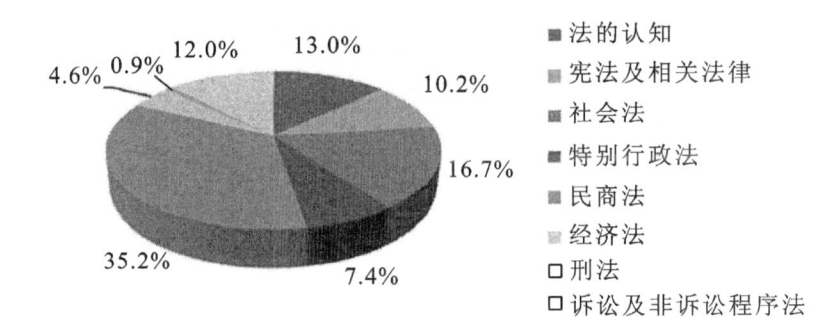

图 3-2　各类法治知识所占百分比

如表 3-2 所示,法的认知只占中小学法治内容的 13%,法律知识的比例高达 87%。其中,涉及民商法领域的知识在法律知识中占有较大比例;其次是涉及未成年人保护、预防未成年人犯罪、劳动者保护等知识的社会法,刑法领域的法律知识所占比例最小,占比不到 1%,可见对刑法相关知识重视不足(如图 3-2)。由此可以看出,法律知识在中小学法治教育中占主导性地位。另外,目前的法治教育仍以传递法律知识为主。

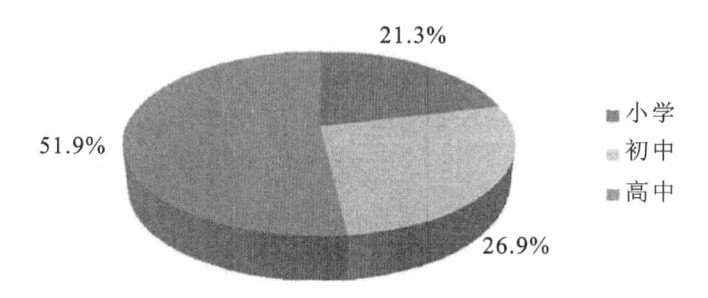

图 3-3　法治知识各阶段比例

中小学法治知识在不同阶段所占比例不同(如图 3-3 所示),其中,随着学段的上升,法治知识所占比例也在逐渐上升,且高中阶段法治知识已达到中小学法治知识总量的一半以上。高中阶段在法治知识量上的优势是源于高中思想政治所含内容数量较多而导致的,并非高中思想政治教育对法治教育给予了更多的关注。

2)对法律知识分类分析

宪法教育内容一直贯穿着中小学法治教育,主要涉及选举权、被选举权及监督权等方面的知识。从表 3-2 统计可知:随着学习阶段的上升,知识量越来越少。总体而言,宪法教育没有受到足够重视。

社会法①是旨在保护公民,尤其是保护弱势群体的社会权利的法律。所以社会法领域主要涉及未成年人保护、预防未成年人犯罪及劳动者权益保护等相关法律知识。各内容分布情况如下:

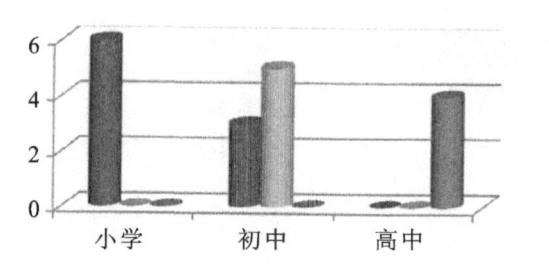

图3-4 社会法内部法治知识分布

青少年作为社会群体中的弱势群体,在青少年法治教育内容中必然少不了相关的法治知识,从图3-4中可以看出,未成年人保护内容出现最早,且主要集中在义务教育阶段,并且随着阶段的上升,知识量逐渐减少,高中阶段没有涉及。未成年人保护法律知识从出现阶段及比重上设计比较合理,基本符合学生的生长发展规律及年龄特征;预防未成年犯罪的法律知识只出现在初中阶段,初中阶段学生处于青春期,还不具备完整的人格,且具有叛逆性,在初中阶段涉及预防未成年犯罪的知识是十分必要的;劳动者权益保护集中涉及在高中阶段,对劳动者的权利义务关系知识进行介绍,包括求职的路径、签订劳动合同的原则及意义、劳动者具体权利与义务,劳动者权利受侵害后的维权路径等知识,这些知识能有效地帮助学生解决在进入社会进行劳动时所面临的问题。

特别行政法的相关知识占行政法知识的绝大部分,而一般行政法鲜少涉及。特别行政法调解的一般是教育、交通、体育、公安、卫生、民政、海关、基建等特别行政关系。交通、教育环境保护方面的法律知识是特别行政法知识的主要构成部分。交通安全和环境保护是中小学法治教育体系极为重要的组成部分,但该部分知识内容只出现在小学阶段(如表3-2所示)。从

---

① 目前我国的社会法包括:《残疾人保障法》《未成年人保护法》《工会法》《妇女权益保障法》《红十字会法》《劳动法》《老年人权益保障法》《预防未成年人犯罪法》《公益事业捐赠法》《职业病防治法》《安全生产法》《劳动合同法》《就业促进法》《劳动争议调解仲裁法》《社会保险法》等。

小学习交通安全和环保知识是必要的——需要给学生一个良好的启蒙教育,但如果中学阶段不再进行相关知识的教育,则交通安全教育及环境保护教育是不彻底、不完整的。

民商法与中小学生也有着密切的关系,"民法的成文法规范包括:民法通则、婚姻法、继承法、收养法、物权法、合同法、担保法、侵权责任法等"①。关于民法所涉及的民事权利义务、婚姻成员权利义务、合同法等相关法律知识在各学段具体的分配情况如图3-5所示。

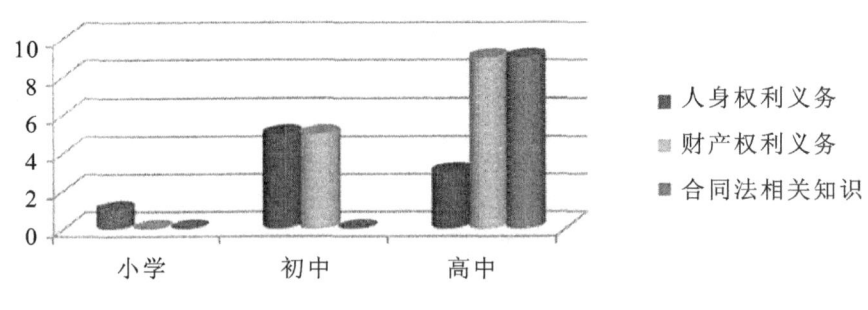

图3-5 民商法内部法治知识分类

从总体上分析,民商法所涉及的法律知识随着学习阶段的上升逐渐增多,小学阶段只涉及较少的人身权利义务方面的知识,高中阶段涉及面广,且数量较多。基本上是依据学生身心发展规律及生活经验而进行编写的。人身权利义务从小学到高中所涉及的知识量先增长后下降,小学阶段只有一处,初中阶段数量最多;财产权利义务随着学习阶段的上升逐渐上升,小学阶段基本不涉及;合同法相关知识只在高中阶段涉及,数量较大并且相对集中——这是在为学生走向社会所准备。

人身权利知识从小学四年级下册的隐私权知识开始渗透,到初中阶段,人身与财产的权利义务知识并存,并且主要针对民事权利基本知识的学习,一般不涉及相关义务知识,且主要安排在八年级下半年;人身权利义务知识主要涉及对人身权利内容全面的初步了解,在此基础上又编排与青少年日常生活比较密切的人格尊严、隐私权等权利的内容、侵权形式及如何防止侵权和维权等知识;财产权利义务知识主要涉及财产的分类、个人财产及财产

---

① 董巍.刍议民商法之发展演进[J].才智,2014(36):285.

所有权、财产继承顺序及知识产权等方面和以上财产权被侵害时基本的维权方法等知识。高中阶段的"民事权利与义务"专题开始全面涉及相关知识,除了更深入地了解权利义务的基本概念、内容等知识外,还加入对人身权与财产权受到侵害时侵权方应负的法律责任及如何正确有效地维权的知识,在强调权利的同时,也强调义务。合同法知识也是教材中民法知识的重要组成部分,出现在高中阶段专题三"信守合同与违约"。商法内容基本没有涉及。

经济法知识较少。消费者权益保护知识出现在义务教育阶段,小学阶段四年级渗透维权意识一次,初中阶段两次。在八年级下册教材中,对消费知识做了基本的介绍,如消费的概念、具体的侵权行为、具体权利内容及抵御侵权行为的基本知识等;合法经营的内容在高中出现两次。此部分内容相对较少,没有形成相应的系统。

刑法是法律保障的最后一道防线,但其所占比例非常小,只出现一次;刑法知识都是掺杂在其他法律知识之中,没有单独在某阶段集中编排。小学阶段没有编排相应的法律知识,七年级的法治教育均是围绕"预防未成年人犯罪"的法治知识,在"法不可违"小节中阐述了刑事违法(犯罪)的概念、刑罚分类等基本知识。

非诉讼与诉讼程序法主要集中在高中阶段。高中阶段,《生活中的法律常识》的专题六"法律救济"的非诉讼与诉讼程序法知识包括:调解、仲裁、行政复议、非诉讼类型相关法律法规规定的调解的原则、仲裁的基本制度及行政复议机关履行相关职责的原则;诉讼程序法知识包括诉讼的类型及诉讼法包括的三部法律、其各自管辖范围及公民诉讼权利的内容等基础知识。

(2)要素二——法治能力

法治能力在三要素之间处于核心位置,促进法治知识与法治价值观的联系与统一,加强三者之间的相互作用,有利于加强中小学法治教育课程内容的稳定。法治能力相对于法治知识更抽象。如果说法治知识是静止的,那法治能力是动态的、连续的,这也决定了法治能力在教材中的出现方式往往是以故事或画面的形式出现的。

法治能力在个体、组织与其他个体、其他个体组织或环境相互作用中体现出来,具有一定的过程且要通过一定的实践表现出来。法治能力的形成与体现要经过法律知识储备、训练、实践等过程。教材只能提供给学生形成相应能力的知识储备和引导,如与法治知识相关的照片、漫画及连环画,再在周围配上文字,为帮助学生理解和习得相应的能力做些准备。所以本书将法治能力内容的范围锁定在引导学生形成法治能力的内容方面。

法治能力内容主要分为两个部分:预防能力、维权能力。预防能力内容指的是使中小学生能够预防自身权益受到侵害和避免触犯法律法规(守法)的内容。维权能力内容指的是使中小学生在法定权益受到侵害时能够积极主动维护自身权利和自主行使自身权利两部分内容。

经过分析教材,发现法治能力内容在中小学法治教育课程内容中的现状是:预防能力,在中小学各个阶段对未成年人保护都有涉及,如交通安全及各个针对青少年特殊保护的法律法规、预防未成年人犯罪、抵御相关权利受到侵害的能力等内容,以及遵纪守法(如表3-3所示)。

表3-3 预防能力分布

| | 分类 | 内容主要形式 | 内容出现阶段 |
|---|---|---|---|
| 预防能力 | 未成年保护 | 预防交通事故的能力 | 图画、照片配文字引导等 | 一——三年级 |
| | | 抵御各种不良诱惑、预防自身违法犯罪的能力 | 故事、案例、法律条文解释等 | 七—八年级 |
| | 遵纪守法 | 积极履行义务 | 文字讲解 | 八年级、高中 |

预防交通事故损害生命健康的能力,即交通安全教育内容主要安排在小学阶段中低年级,配合小学生的认知特点和年龄特征,多以图画和照片并配合简短文字以加强学生安全出行的能力。预防未成年人犯罪即是关于未成年人如何抵御各种诱惑、防止自身违法犯罪的内容,该部分内容主要安排在七年级。在七年级上半年涉及内容主要包括如何战胜不良诱惑的办法及"防范侵害、保护自己"相关的能力内容,但此能力内容相对较浅显,多采用故事或案例叙述的方法来帮助中小学生法律能力转化为现实生活中的相应能力,八年级主要涉及的是预防未成年人网络犯罪问题的内容。

遵纪守法等相关知识主要出现在中学阶段。八年级下册"我们应尽的义务"的"忠实履行义务"是从法律鼓励、要求、禁止三个层面对义务做出的规定,目的是引导学生积极履行义务,以免因不履行相应义务而受到法律的制裁。高中阶段《生活中的法律常识》中"认真对待权利和义务""违约与违约责任"两小节提出违反义务须承担法律责任的命题,从而引导学生履行相应的义务。小学阶段权利义务的相关内容相对比较少,这可能考虑到小学生所处年龄阶段而做出的安排。

维权能力内容是指引导中小学生积极地行使法定权利和在法定权利受到侵害时能够积极、主动地维护自身权利的内容。我们日常所说的运用复议、诉讼等手段维护自身合法权益不是维权能力的全部,维权能力还包括积极地、合法地行使行动权和要求权。具体内容如表3-4所示。

表3-4 维权能力分布

| 分类 | | | 内容主要形式 | 内容出现阶段 |
|---|---|---|---|---|
| 维权能力 | 积极行使权利 | 政治权利行使 | | |
| | | 民主协商能力 | 图画场景 | 三—五年级 |
| | | 选举、申诉、控告、检举、监督等能力 | 文字叙述配照片 | 九年级 |
| | | 民事权利行使 | 案例、文字讲解 | 八年级 |
| | | 其他(文化、经济权利行使) | 文字叙述 | 八年级 |
| | 合法权益受到侵害后的维权 | 民事权利 | 人身权益 | 案例、文字叙述 | 七—八年级 |
| | | | 财产权益 | 案例 | 七年级 |
| | | 消费者权益 | 维权基本途径、方法 | 文字叙述 | 八年级 |
| | | 劳动者权益 | | 劳动、维权网络关系图 | 高中 |

由表3-4分析可以看出,积极行使权利方面的知识主要集中在义务教育阶段,合法权益受到侵害后的维权能力的培养内容则集中在中学阶段,特别是初中阶段。

引导中小学生积极行使合法权利方面的内容主要包括引导学生行使政治权利,民事权利及文化、经济权利等。

有关政治权利行使的引导内容贯穿于学校教育的整个阶段,其中小学阶段相关内容主要出现于中高年级教材中,如三年级"我们给自己定规则",四年级"电视引起的风波",五年级"有事大家商量""如何商量"等章节阐述的主要是通过少代会及制定听说规则的方式解决集体问题,以及对选举权、监督权的积极行使等内容。由此可以发现,小学阶段在政治权利引导方面是基于学生与生活环境相互作用过程中,引导学生用民主协商的方式解决问题。中学阶段主要出现在九年级(全一册)"依法行使政治权利"一小节中,目的是引导学生行使(被)选举权及申诉、控告、检举及监督权。政治权利的行使已进入到社会生活的方方面面,即使学生很少能参与到真正的社会政治生活中,所学知识与学生实际生活经验还不能有机融合,但作为一个未来公民行使的最重要权利之一,在受教育的中小学阶段必须做出相应的安排。

民事权利的相关引导主要集中在中学的思想品德课教材中。人身权利的引导在八年级"我们的人身权利"中分别对如何积极行使生命健康权、人格尊严权、肖像权、姓名权及隐私权做了阐述。有关继承权及知识产权的相关引导在八年级教材中虽有涉及,但表述不完善,更多的是关于相关权益受到侵害后维权的引导内容。高中阶段《生活中的法律常识》(选修五)专题二中"依法行使财产权"从所有权、用益物权及担保权三方面对如何行使好财产权做了全面论述,这引导学生行使好财产权有积极的意义。

教材中,之所以将文化与经济放在一起是因为两者之间的联系比较紧密,即人可以通过获得的知识文化创造财富进而给自身带来经济效益。文化权涉及中小学生方面的主要就是受教育权,这部分内容只在八年级教材中有所涉及,但没有做详细介绍,特别是引导学生如何正确地享有受教育权也未提及。消费者权益的引导在小学阶段便开始渗透,如四年级上册引导小学生多途径行使作为消费者的权利,以保护自身合法的权益。

教材中引导学生在合法权益受到侵害后维护自身合法权益的内容主要是针对民事权益(人身权益及财产权益)和消费者权益、劳动者权益等受到侵害时引导学生进行法律救济的内容。

人身权利受到伤害后的法律维护内容主要出现在中学阶段。在七年级"善用法律保护自己"一节中通过举例引导学生在身体受到伤害后运用法律手段寻求帮助,但此处没有将其概括,总结为人身权受到伤害;八年级涉及的则是在肖像、隐私权利受到侵害时应运用法律武器保护自身权益来引导学生运用法律维权,但教材安排也只是点到为止,目的只是通过教学来提升学生利用法律维权的意识;高中《生活中的法律常识》"积极维护人身权"一节主要阐释的是法律对这些权利的保护,并通过举例帮助学生理解,但对这些权利受到伤害时可以进行法律救济对学生没有做出引导。财产权的相关内容在中学阶段相对较集中,如八年级教材中结合个人与个人、个人与国家行政机关之间的财政纠纷案例较全面地阐述了法律如何保护公民合法的财产,以此来引导学生学会如何依法保护合法财产。依法维护知识产权的内容也是以案例的形式渗透在七年级"防范侵害、保护自己"一节中,目的是培养学生运用法律维护自身权益的勇气与意识;高中阶段"切实维护知识产权"则是通过一个关于专利权侵害的法律案例引导学生在相应权利受到侵害后该如何依法维护,该小节对涉及著作权、专利权、商标权及商业机密的保护对象及获得权利的程序及保护期限等做了全面的论述。

依法维护消费者权益的内容在八年级的"维护权益途径"一节中,通过不平等交易发生之后的事例引导学生拿起法律武器维护自身权益,终止侵害,并简单列举了协商、调解、仲裁、诉讼等维权路径;高中阶段虽然在专题四"公平竞争与诚信经营"中涉及关于法律对消费者权益保护的内容,但是以经营者的角度进行阐述应如何保护消费者的权益,没有涉及相关消费者权益受到侵害时该如何救济的内容。

通过对表3-3、表3-4分析可以看出,有关法治能力知识内容主要出现在初中阶段,虽然小学及高中阶段均有涉及,但三个阶段间缺乏有效衔接。从内容形式上看,基本遵循了学生心理发展特征,注重运用图画、故事、案例及文字叙述等形式来讲述法律知识,符合学生从具体形象思维到抽象逻辑思维的发展顺序。中学阶段的学生虽具备抽象逻辑思维能力,但对法治教育的认知结构还不够完善,简单的文字叙述仍然不利于学生法治能力的养成。以上关于引导学生在权利受到侵害后的依法维护内容都是点到为止,这对培养学生维权能力是远远不够的。当合法权益受到侵害时,学生除了具备"我能做什么"外还应该具备"怎么做"的能力;而"怎么做"的能力主要涉及诉讼的法定程序及规则等一系列内容。

(3)要素三——法治情感态度价值观

通过对教材总体分析可知,小学阶段的法治价值观内容更多的是与法治知识、能力相融合,极少对价值观单独进行阐述,这种安排是符合小学生的学习特征的,因为小学生受年龄特征的限制,思维还处于具体形象思维阶段,对抽象的概念化的内容理解力相对较弱。初高中阶段,八年级下册"公平正义"中涉及了法治价值观内容,而高中阶段,则是在思想政治选修五第一个单元中单独进行权利义务的价值观教育。从以上教材内容来看,教材显然是考虑到学生的身心发展规律,因而对法治价值观内容的呈现由具象逐渐向抽象过渡。这样,既能够使学生由浅入深地接受相关知识,又有利于法治价值观在学生脑海中的逐渐固化。一般而言,法治价值观在多数情况下与法治知识或法治能力同时出现,是在知识与能力基础之上进行价值观的升华,这种编排方式在很大程度上使法治价值观具体化,一定程度上避免了价值观的"假大空",有利于学生的理解与学习,但同时也削弱了法治价值观内容编排的系统性,只是点到为止,没有对价值观进行全面、深入地阐释,不利于学生法治价值观的形成。

通过对中小学政治思想品德相关课程标准的总结发现,中小学法治教育在情感、态度、价值观方面主要以培养学生的民主意识、法治观念及公民意识为目标。

民主意识教育内容在中小学各个阶段都有呈现。其中,小学阶段"给自己定规则"培养民主协商的意识,"看电视引起的风波"引导学生通过与家人协商达成一致的事例培养学生的民主意识;另外,在小学阶段还集中论述了在集体政治生活中应具有的价值观。中学阶段民主意识的培养主要渗透在初中阶段。九年级全一册教材第六课"依法参与政治生活"一节引导学生认识到(被)选举权及检举、监督权等法定权利意识中渗透着民主意识,民主与法治是相互渗透、互为依托的。高中阶段《政治生活》(必修2)通过列举公民依法行使民主监督权利的方式、渠道及公民参与决策的民主形式培养学生的民主意识,体会民主参与及监督的重要性与价值。

法治观念包括权利义务意识、公平正义、法律至上、尊重与保障人权及党的领导等观念。

义务意识方面:小学阶段主要集中在中高年级,依次从遵守学校规则、交通规则及遵守通信过程中的法律对学生进行守法意识的教育;培养学生履行法定义务的意识的内容主要出现在五年级,包括保卫祖国、维护国家安全、尊重不同民族及保护文物等较大层面的义务履行。初中阶段主要从预防未成年犯罪方面引导学生要遵守法律,否则就要受到法律的制裁。高中阶段涉及守法意识的内容相对较少。

综上,有关守法意识的知识内容在中小学各阶段都有编排,但分量都不大,且采用的多"润物细无声"的渗透方式,如在介绍完一项权利之后,加之一句"侵犯他人的……权益要受到法律的制裁"。目前,校园暴力事件频发,未成年犯罪也逐年增多,可以说这与守法意识与责任意识教育的缺乏有着直接的关系。

在用法意识教育方面,目前采用集中与分散相结合的教育方式。用法意识则集中在中学阶段进行,如初中阶段七年级的"做学法尊法守法用法的人"中"善用法律保护自己"从情感上引导教育学生要有勇气打官司并且对"打官司"进行正确的价值判断;八年级"我们享有广泛的权利"引导学生树立依法使用权利的观念。高中阶段《生活中的法律常识》中"法律救济"集知识、技能及价值观于一体,全面叙述关于法律救济相关的基本内容,帮助学生在学习相应知识与技能的同时树立起正确的依法维权的价值观。有关政治权利、人身权利、文化经济权利等具体权利在受到不法侵害时运用法律维护自身权益的用法意识教育则分散在各阶段相关的教育中。政治权利主要指的是选举权和被选举权的使用意识,在义务教育阶段的五年级和九年级教材中都有涉及;人身权利的依法维护意识培养内容则主要在中学阶段呈现,教材中"积极维护人身权"一节就生命健康权及名誉、隐私权的依法维护意识做了更深入地阐述和引导;文化经济权利方面内容繁多,涉及消费者权益保护、受教育权、财产权等。关于学生用法意识的培养目标主要是引导学生在常见的权利受到侵害时培养依法维护自身权益的意识,但教材呈现多属点到为止或反复呈现,比如"××权益受到侵害后要运用法律手段维护合法利益"等内容就是反复呈现。

公平正义的相关内容出现在八年级下册的第一单元,从"我们崇尚公平""我们维护正义"两个方面入手培养学生的公平正义感;高中思想政治选修五的专题一以"社会主义法治国家"为核心,引导学生树立生活在法治国家应具有的法治观念,并养成尊重法律、维护法律的意识。

公民意识是法治教育的重要组成部分,公民意识包括四个基本方面:公民身份意识、公民权利意识、公民义务意识、公民参与意识。[1] 公民身份意识的教育内容在五年级上册"集体的事谁说了算"一节中,以学生熟悉的班集体生活为背景,引导学生树立在集体生活中的身份意识,为学生公民身份意识的树立打好基础、做好铺垫;中学阶段的"人民当家作主的国家""人民当家作主的法治国家"都是对学生公民身份意识的教育。公民权利义务[2]意识是公民意识教育中的重中之重,特别是权利意识。但在我国传统的教育中,义务意识教育的效果要优于权利意识教育的教育效果。在小学阶段基本权利意识的教育相对较少,基本是关于"热爱祖国、热爱同胞以及热爱环境、公物"的公民义务意识的教育;中学阶段的八年级下册通过"我们享有广泛的权利"和"我们应尽的义务"对权利义务意识进行培养,但明显还是义务意识教育多于权利意识教育;高中选修五中的"依法做事:树立社会主义权利义务观"中从权利与义务的关系着手,培养学生的公民权利义务意识。公民参与意识在小学三年级和五年级的教材"班级规则制定"和"班队干部选举"中有所渗透,九年级全一册第六课"依法参与政治生活"一节中主要涉及学生公民参与意识的培养,在高中《政治生活》(必修一)中对公民参与意识进行了更为深入的探讨。

2. 中小学法治教育课程内容的层次性分析

系统是具有层次的,中小学法治教育课程内容自然也是有层次的。如三个要素各自又由更细微的要素构成,这就是中小学法治教育课程内容层次性的一种表现。除此之外,层次性还表现在学习阶段的划分,如小学阶段、中学阶段(初中阶段、高中阶段),具体表现在课程内容的编排形式上。

分析系统的层次一般从以下三个方面入手:第一,不同层次的功能不同,而不同层次的功能还受系统层次的相互作用强度影响;第二,系统层次性是其发展的阶段性与联系性的统一,阶段性体现在规定系统性质的结构,而连续性体现在不同系统层次间的连续性;第三,不同系统层次应该包括系

---

[1] 张宜海.公民意识的基本内涵、培养思路及途径[J].学校党建与思想教育,2013(18):26-28.

[2] 权利与义务均指宪法所规定的公民的基本权利与义务。

统内的部分及至全部类型,一种类型可以穿越系统的不同层次。通过以上三个方面对中小学法治教育课程内容的层次按阶段进行剖析(如表3-5)。

表3-5 三要素在各个阶段的内容分布

| | 知道 | 能力 | 情感态度价值观 |
|---|---|---|---|
| 小学 | 交通安全、爱国主义、儿童特殊保护、诚信、环境文物保护及消费者权益保护等 | 交通安全、政治权利、维护消费者权益 | 民主意识、规则意识、公平正义、公民意识的渗透 |
| 初中 | 爱国教育、依法参与政治生活、未成年人保护及预防未成年人犯罪、受教育权、人身与财产权利、消费者权益保护、刑事违法的基本知识等 | 预防未成年人犯罪、积极履行义务及政治权利、人身权、受教育权、财产权的行使与维护 | 民主意识、守法意识、用法意识、公平正义、公民意识的培养 |
| 高中 | 劳动者权利义务及保护、民事权利与义务、婚姻家庭内的法律知识、订立合同及违约知识、守法经营、法律救济知识 | 引导学生履行义务、依法行使政治权利及财产权;依法维护人身权利、知识产权、劳动者权益、婚姻家庭中的权益、因合同纠纷而损伤的权益 | 民主意识、法治意识、公民意识的深化 |

依据学段,中小学法治教育课程内容可分为小学阶段、初中阶段、高中阶段三个阶段。其中,每一阶段都是由知识、能力、情感态度价值观三部分组成,但各自所包含的内容及侧重点又有所不同,因此各个阶段所要承担的功能即课程目标也就不同,与此同时,三个基本要素各自的部分要素同时出现在两个及以上不同阶段,如:消费者权益保护的知识贯穿小学、初中两个阶段,人身权利内容贯穿初中与高中两个阶段,不同阶段的同类内容又是在不断地发展变化之中,这体现了中小学法治教育课程内容的连续性。各个阶段的内容以不同阶段的课程目标为准绳,发挥着各自相对独立的功能。

进一步分析发现:法治教育内容从总体上讲主要集中在中学阶段,并且随着阶段的上升,教育内容全面化及深入化,应用性更强。法治知识、能力、情感态度价值观三个要素在三个阶段有一定的联系性,但各个阶段的侧重点有所不同。其中,法治知识在小学阶段侧重于交通安全知识的教育,其次是爱国主义及环境文物保护等,民商法、刑法及非诉讼与诉讼法领域内的相关内容则没有涉及。初中阶段的法治知识内容侧重于预防未成年人犯罪、未成年人保护及人身权利方面的知识,并涉及消费者权益保护、刑法、基本政治权利(选举权、被选举权)等知识,非诉讼与诉讼法的知识仍没有涉及。高中阶段,侧重于民事权利与义务(人身权利、财产权等)、婚姻家庭内的权利义务及劳动者权益和合同法的基本救济渠道等知识内容,而宪法、刑法方面的知识提及的则相对较少。

法治能力的知识,在小学阶段主要是引导学生如何遵守交通规则及对相关政治权利的初步尝试,如制定班规及选举班集体的班队领导,较多关注的是自身的保护及相关权利的初步尝试。初中阶段仍以预防能力的提升为主,如预防犯罪、如何自我保护,只不过相对于小学阶段,这种自我保护能力的范围更广泛、具体,与相关法律的关系更明显。同时还注重人身财产权利的行使及维护,只不过是点到为止而已,没有做深入剖析,缺乏针对性及实效性。高中阶段法治能力以依法维护人身财产权利、家庭婚姻内的法定权益、劳动者权益及与合同相关的权益等用法能力的培养为主,特别是在法定权益受到侵害后维权能力的培养是重点。

法治情感态度价值观方面,在小学阶段渗透的主要是民主意识、法治意识、公民意识的培养,但也并非面面俱到,其中法治意识方面主要涉及规则意识的培养,公民意识方面涉及公民身份意识及公民义务意识和参与意识的启蒙,公民的权利意识涉及的则相对较少。初中阶段以法治意识和公民意识的培养为主要内容,以法治意识中的守法用法意识、公平正义为重点,注重公民权利义务意识的培养,但尊法、护法意识方面涉及的则相对较少。高中阶段主要通过选修五的相关知识内容来培养学生的法治意识。

在内容的呈现方式上体现出一定的阶段性及连续性,并且同种方式在不同阶段有着不同的地位和作用。从表3-3及表3-4可以反映出小学阶段的法治教育内容在呈现方式上是以图画为主,图画色彩鲜艳且情景感十足,将所要传递的内容以第一人称的方式转化为图画里人物间的对话,具有很强的引导作用。除了运用大量的手绘图画之外,教材中还运用了不少的照片。此外,小学阶段的法治教育教材中都有一个小主人公,小主人公作为学习的主体引导法治教育内容的进展和对相关内容的总结。总体而言,小学阶段的法治教育内容以图画为主要载体,以第一人称搭配图画人物叙述相关知识内容,纯粹的文字叙述则少之又少。初中阶段的内容呈现方式以文字描述为主,且长度有所增加、逻辑性有所提升。初中阶段的教材中虽然也有大量插图,但图片内容多为故事或案例之补充或说明,且色彩鲜艳程度有所降低,尺寸有所变小,目的是为了使学生更好地理解故事或案例内容。此阶段的提问均采用第二人称。而高中阶段的内容呈现方式则以文字叙述为主,虽然也插有图片,但图片的作用则是对文字叙述的陪衬,间或有补充的作用。中小学法治教育教材在呈现方式上文图并茂,但从小学到中学,随着学生年龄的增长,教材逐渐从以图为主过渡到以文为主。小学阶段,图画起到了极好的视觉宣传效应,让学生对法治教育知识的内容,一目了然,印象深刻;而中学阶段,随着学生的思维由具象为主变为以抽象为主,教材对相关的内容呈现则以理论性较强的文字叙述为主。教材的这种呈现方式也是符合人类的认识规律的。

### 3. 中小学法治教育课程内容的开放性分析

从历史的角度看,中小学法治教育课程内容具有一定开放性。自新中国成立以来课程内容就一直处于不断的变化中,这一变化是课程内容与外界相互作用、系统内部为了更好地完成课程目标而不断地吸收外界的意见并排除不适合自身发展因素的过程。

中小学法治教育课程内容的开放性主要涉及以下两个方面问题的研究:一个是中小学法治教育课程内容的相对独立性,即开放的度的问题;另一个就是开放的形式问题。

#### (1)中小学法治教育课程内容的相对独立性分析

小学阶段的法治教育内容,有近30%渗透在其他教学内容中,如将法治教育渗透在爱国主义教育中,像五年级上册第三单元第四课第三节"国防在我心中"中出现的"保卫祖国、维护国家安全的义务和相关法律规定"就属于这种类型;其余的70%内容,如规则意识、责任意识和交通安全等知识则分别编排在某一单元中进行,相对而言比较集中。由于小学阶段品德课涉及的知识内容繁多,法治教育内容是分散在不同的主题中予以体现的,因而小学阶段有关法治教育的教材编排缺乏独立性、系统性。当然,小学阶段法律教育内容之所以比较分散,这主要是受学生身心发展的特点制约,因为学生的认知水平有限,且缺乏相应的生活经验,对生涩、深奥的法治内容还不能完全理解,所以,将法治教育渗透在其他教学中,可以使学生能更好地理解和掌握这些内容。教材这样的编排虽然考虑到学生身心发展的特点,遵循了小学教育规律,使学生能够理解和接受相关的教学内容,但教材忽视了法治教育内容的独立性与连贯性,最大的可能性就是如果教师不刻意强调,部分学生甚至不知道他们已经接受了法治教育。

初中阶段法治教育内容的编排就相对比较集中,如在初中一年级上下册、八年级上册教材中就分别专门安排了一个单元的法治教育内容,特别是八年级下册的教材中有关法治教育的内容不但有了大幅度增加,而且编排集中程度也有了进一步提升。而到了高中阶段,有关法治教育内容的安排则更加集中,如思想政治选修五"生活中的法律常识"就集中编排了法治教育的内容,在必修一"政治生活"中渗透了政治领域法治教育的内容。所以,相较于小学阶段,中学阶段法治教育有了大幅度提升,特别是高中阶段。

法治教育课程内容与学生生活经验的联系程度是法治教育课程内容开放性的另一个表现。

小学阶段的法治教育内容与学生生活联系紧密,内容编排更多的是遵循小学生学习知识的年龄特征,因而在学科逻辑方面有所欠缺,这也是小学阶段法治教育内容体系为什么不够系统的原因之一。小学生的生活经验有限,理解能力低,这就要求法治教育内容的编排一定要切合学生的生活经验。但这样的编排也有很大的弊端,那就是由于法治教育课程内容自身的学科逻辑性不强,再加之过多地考虑了与学生生活经验的联系,使得小学阶段法治教育课程内容的相对独立性表现较差。

初中阶段法治教育内容的编排则秉承了学科逻辑和可接受逻辑相结合的原则,既照顾到法治教育的内在逻辑体系,也保持了一定的开放性。高中阶段的法治教育内容是为学生步入社会做准备的,因而在有关内容的选择上更多考虑的是社会生活基本领域所涉及的法律常识,在内容编排过程中以传授间接知识和培养相应能力为主,与学生实际生活的联系则较义务教育阶段要少。

综上,法治教育的独立性随着学段的上升而逐渐增强,但开放性则相对较弱,这种变化趋势虽然是适应学生年龄特征和认知发展规律的,但小学阶段在编排内容时也要适当关注法治教育课程内容自身的逻辑体系。高中阶段应增强学生相应的实践活动,从而扩大内容的开放性,改变"纸上谈兵"的状况,以利于学生法治能力的形成。

(2) 中小学法治教育课程内容开放形式

在开放形式上,不同阶段有着不同的特点。小学阶段法治教育课程以图画、照片等形式,配合第一人称的对话,生动形象地向学生展示了法治教育内容,引导学生形成法治能力。小学阶段法治教育教材插图总量很大,且多为手工绘制。这种以图为主的表达方式有利于凸显知识重点,如果是照片,展现的虽然是真实场景,信息量大,但存在的干扰因素在一定程度上会影响学生的注意,所以顺应学生的认知水平,小学阶段法治教育教材以手绘图画为主还是比较好一点。

初中阶段法治教育内容开放形式随着学生的认知水平的提高有所变化,除继续保留各种插图外,还配有案例、故事、照片等。对人教版等教材统计结果如表3-6所示。

表3-6 初中阶段法治内容开放形式分布

|  | 案例 | 图画(连环画) | 照片 | 故事 |
| --- | --- | --- | --- | --- |
| 频数 | 81 | 66 | 18 | 21 |
| 百分比(%) | 43.5 | 35.5 | 9.7 | 11.3 |

从表3-6中可以看出,初中阶段开始注重以语言描述为主的案例和故事等形式来呈现法治教育知识的相关内容,从而使得法治教育内容更贴近学生的社会生活,而图画和照片又基本上是作为案例和故事的辅助材料来形象地传输案例或故事所表达的主要内容,进而通过一个案例(故事)配一个图画(照片)的形式帮助学生全面理解教材内容。

高中阶段的法治教育课程内容开放的形式包括案例、故事、情景描述、图画、照片、专题活动等,其中图画与照片的作用与初中相似,形象生动,起到帮助学生理解的作用。相关的统计如表3-7所示。

表 3-7 高中阶段法治内容开放形式分布

|  | 案例 | 镜头 | 故事 | 专题活动 | 图画 | 照片 |
| --- | --- | --- | --- | --- | --- | --- |
| 频数 | 37 | 29 | 4 | 6 | 32 | 5 |
| 百分比(%) | 32.7 | 25.7 | 3.5 | 5.3 | 28.3 | 4.4 |

如表 3-7 所示,案例和镜头为主要开放方式,通过对现实生活中案例的筛选和组织,对教材相关内容做了生动的注解。另外,此阶段的教材中还设置了大量的专题活动,目的是实现课堂教学的开放,以打破课堂的封闭性。图画和照片,其作用与前述完全类同,也是对案例、镜头和故事等语言描述等形式的补充,但高中阶段案例、镜头、故事的频数之和明显高于图画和照片的频数之和,两者比例约为 2∶1,由此可见,高中阶段图画(照片)等直观材料较之义务教育阶段是大幅减少。

通过对中小学各个阶段法治教育内容开放形式进行的分析可知,随着学生认知水平的发展,图画在教材中的作用逐渐降低,从主体材料变成了辅助材料,而案例等语言类的形式越来越多。所以,就教材开放形式而言,基本上是符合学生身心发展规律的,但开放形式仍较单一,缺乏像影像一类的开放形式。

### 4. 中小学法治教育课程内容的目的性分析

所谓中小学法治教育课程内容的目的性是指该课程内容的发展变化始终围绕一定的目的展开。按照系统论的目的性原理,分析中小学法治教育课程内容的目的性要从以下三个方面入手:第一,处于外界环境之中的课程内容若想按照一定的目的发展,就必须在与外界不断地作用过程中做出调适和反应;第二,课程内容的目的也是呈阶段性及连续性的;第三,系统目的的确定性和不确定性是同时存在的。

中小学法治教育课程内容为了实现目的,需要不断地与环境相互作用,进行要素之间的新陈代谢以更好地实现目的。在课程内容和环境的相互作用中,无论是与其他教育内容之间还是与社会环境之间进行相互作用,中小学法治教育课程内容必须有选择地进行吸收和排斥。对环境中的有利因素进行吸收,但在吸收的过程中也绝非原封不动地纳入,课程内容要对其进行调适,比如将社会中的案例纠纷在纳入课程内容时要对其进行改造,使复杂的案件清晰明了,去掉繁枝末节,提取与课程目标一致的部分,然后,经过精心的安排，使得系统外部的因素能更好地融入体系，并为系统所用。

目前中小学法治教育发展还不完善，其课程内容及知识结构也不是很完善，所以课程内容大多还与社会各个领域的关系很密切，大多数的内容还是描述性的内容，概念逻辑的内容还很少。这样一个现状也导致中小学法治教育课程内容对社会环境产生了较大的依赖性，同时也会给课程系统的稳定性带来一定的影响。

有关课程内容目的的阶段性和连续性显而易见。课程内容是服务于课程目标的，不同阶段课程目标的侧重点也有不同。小学阶段的法治教育主要安排在三至五年级，其对应的课程标准是："初步了解儿童的基本权利和义务，初步理解个体与群体的互动关系，了解一些社会组织机构和社会规则，初步懂得规则、法律对于社会公共生活的重要意义；学习民主地参与集体生活；初步形成民主、法制观念和规则意识。"[①]而初中阶段的课程目标是："知道基本的法律知识，了解法律的基本作用和意义；领会法律的意义，初步学会运用法律自我保护、维护合法权益；遵纪守法，追求公正，自主自立，增强公民意识。"[②]高中阶段的课程目标则是："理解当代中国的公民……法制建设的基本要求；增强依法办事、依法律己和依法维护自身权益的能力；关注社会发展，积极参加社会实践，诚实守信，增强社会责任感和民主法制观念，培养公民意识。"[③]知识、能力、情感态度价值观各个方面既保持了各自阶段的独立性，同时还保持着一定的联系，从而使得三维目标贯穿三个阶段，并呈螺旋式上升的基本态势。但具体分析，从小学、初中到高中三个阶段的三维目标虽然呈现基本上升的态势，但各个阶段的衔接单从课程标准的相关规定来看并不是很理想。如小学阶段的能力目标是"学习民主地参与集体生活"，而初中阶段是"初步学会运用法律自我保护、维护合法权益"，两者之间的关联度不是很大，较低阶段的目标要求没有为较高阶段的目标达成打下良好的基础，而与此同时，较高阶段的目标要求不是对较低阶段目标的

---

① 中华人民共和国教育部. 义务教育品德与社会课程标准(2011 版)[M]. 北京：北京师范大学出版社，2012：4 - 5.

② 中华人民共和国教育部. 义务教育思想品德课程标准(2011 版)[M]. 北京：北京师范大学出版社，2012：5 - 6.

③ 中华人民共和国教育部. 全日制普通高中思想政治课程标准(实验)[M]. 北京：北京师范大学出版社，2005：4 - 6.

深化与延伸。

课程标准是课程体系的重要组成部分,对教材的编写和教学方式方法的选择具有指导性的意义,因此,一定程度上课程内容的目标方向是确定的。上述课程内容系统的目标就是基于课程标准的目标要求进行分析的,但课程目标能否真正实现及最后实现的目标具体是什么,要依据课程内容的自身发展变化及与教育教学活动的相互作用来决定,因此说中小学法治教育课程内容的目标又不是完全确定的。近年来,青少年暴力事件及青少年合法权益受到侵害的案件屡见不鲜,从一定程度上说明目前的法治教育所实现的目标与课程标准所规定的目标还存有一定差距,在教学活动中,教师不能对教材进行综合、深入的解读,依旧倾向于知识目标的达成,能力及情感态度价值观在课堂中成为"空话"。虽然在课改以来,三维目标的达成成为每个学科的追求,但始终是"雷声大,雨点小",能力及情感态度价值观的目标貌似成为老师们在讲课中的重中之重,但实际上早已沦为公开课或各种课程评比的"倾情演出"。

## 第三节 中小学法治教育课程体系建设的现实困境

中小学法治教育课程体系建设为中小学法治教育创设了重要平台,它引领了法治校园文化新风尚,形塑了法治教育教学秩序观,凝聚了学生自身发展的法治意识,为中小学开展法治教育提供持久且稳固的法治能力培养治理机制。从一定意义上来讲,法治教育课程体系就是法治教育的前提与基础,而法治课程体系的不健全又是中小学法治教育效率低下的根源。唯有内容体系完整、价值取向正确的中小学法治教育课程体系,才能使法治教育得以高效执行与贯彻。从现实来看,目前中小学课程体系建设存在着"面子工程",如教材内容与法治教育价值存在偏差、不同阶段的教材内容上衔接性不强以及未考虑学生身心发展的规律性。这些问题导致中小学法治教育流于形式,严重影响中小学法治教育的推进与落实。

### 一、中小学法治教育课程内容单一,存在价值性偏差

青少年法治教育是党和国家高度关注的依法治教工程。2007年,中宣

部、教育部、司法部、全国普及法律常识办公室联合发布的《中小学法制教育指导纲要》开创了中小学法治教育建设的新阶段。随着《国家中长期教育改革和发展规划纲要(2010—2020年)》以及党的十八大、十八届四中全会决定的推进,中小学法治教育课程得到了大力建设。然而,从目前的状况来看,尚缺乏专门的教材,中小学法治教育多夹杂在品德与生活、品德与社会等课程中进行,而在这些课程中并没有明确提出有关法治教育的课程标准、课程目标,如小学3—6年级的"品德与社会"规定的"品德、行为规范和法制教育;爱国主义、集体主义和社会主义教育;国情、历史和文化教育;地理和环境教育"[①]等十一项课程培养目标中,法制教育仅是其中的一项内容。中学阶段的"思想品德"课程分"道德、心理健康、法律与国情"四大部分,法治教育也只是其中的一个部分,具体内容也仅涉及爱国守法、诚实守信等基本法律知识的传授,将普法教育等同于法治教育。这种普法式的教育缺乏一种互动式的教学情感传递,仅仅将法律知识生搬硬套地灌输给青少年,缺乏探究、启发法治教育方式的呈现,至于如何设置校园法治文化教育、家庭法治教育等多样化的内容形式均未涉及,忽略了法治知识、法治能力与法治情感三者共生的价值导向。

教材是课程体系的重要组成部分,法治教育作为新时代培养青少年知法、懂法、用法的新媒体,融入中小学课程体系中能够最大限度释放法治的价值能量。但从目前中小学课程体系来看,法治教育并未成为专门的学科,而是夹杂在政治思想品德课程内容中,学科价值与学科地位尚显薄弱,法治教育课程目标价值存有一定的偏差。从目前法治教育设置的价值取向来看,更多停留在国家政策"运动式"治理的导向与倡导方面,学校共同体内尚未形成一种自生自发的法治教育价值秩序,法治教育内容与形式受升学考试的驱动,内容主要以普法、宣传为主,过度强调守法,忽视了对中国特色社会主义新时代的核心价值观——民主、平等、公正、和谐等法治观念的培养,而对于宪法如何影响中小学生行为,如何预防未成年人犯罪等法律知识结构设计尚存盲点。法治教育不仅是普法教育,更是一种法律价值的传递,是对中国特色社会主义新时代法治理念的弘扬,彰显着法治行动力。

---

① 中华人民共和国教育部. 义务教育品德与社会课程标准(2011版)[M]. 北京:北京师范大学出版社,2012:10.

## 二、不同阶段中小学法治教育课程衔接性不强

随着基础教育课程改革的稳步推进,法治教育已成为中小学教育教学的一种既定的教化模式。小学 1—2 年级开设的品德与生活、3—6 年级开设的品德与社会、初中开设的思想品德都涉及"法治教育",但通过对这些教材内容进行系统分析发现,各年级"法治教育"的内容之间自成体系,关联度较小,衔接性也不强,且内容跨度较大,基本上属于以"德育"灌输为主的课程体系安排。其中,课程中对于"爱国守法"等普适性的法治常识内容涉及过多,且内容存在交叉、重复等现象,课程内容的设置未能充分考虑青少年不同年龄阶段身心发展的规律,将课程内容笼而统之纳入整个教材中,缺乏系统性、完整性的法治教育课程体系设计。为了应对升学考试,很多学校只开设与考试相关的"主科"课程,小学六年级与初中三年级的学生基本不涉及法治教育,对于"什么是法治""什么是依法治国"学生刚刚有了粗浅认识,却停止了对其继续的灌输,学校的法治教育生活遭遇制度性"危机"。不同阶段的法治教育课程内容并非以法治理念本身的意蕴来设置,而是浸染了更多功利的"有用性"与"奴役性"元素,技术层面的"升学考试""学业考试"可以随时取代"法治教育"。正如马尔库塞(H. Marcuse)所批判的,"理性启蒙、知识增长以及技术改进的直接后果即是人本质的奴役化和功利化,科学技术执行的是新的压制功能,泯灭人的创造性和批判性,进而塑造了单向度的个体"[①]。

单向度的人形塑单向度的思想,单向度的思想禁锢了作为生成主义法治教育课程观的形成。单向度的思想强调大一统的技术主义规制,忽视事物循序渐进地成长与生成,殊不知,法治教育需要依据青少年身心发展规律来设定不同阶段的内容指向,观照学生法治思维与法治意志的培养。法治教育课程内容的不完整性以及衔接性缺失会阻碍中小学法治教育的推进效率。

## 三、中小学法治教育主体参与意识淡薄

高效运行的中小学法治教育不仅需要内容完整的课程体系建设,更需

---

① 马尔库塞.单向度的人[M].刘继,译.上海:上海译文出版社,2006:5-11.

要发挥人的主观能动性,践行一种缄默法治文化来提高学校法治生活世界的建设积极性。然而,目前的中小学盲目追逐考试成绩,"分数"成为各学校间竞争的资本,教师、学生为了实现这一"宏大目标",教师忽视了对学生法治核心素养的培养,学生忽视了具身学习的法治惯习,从而造成中小学法治教育流于形式,被动、固化的照本宣科教学模式成为主流。事实上,中小学法治教育具有动态性与行动性,学生是整个教学互动过程的主体,也是参与民主法治共在生活的主人,唯有他们将课本中的法治知识内化为一种生成性的共在意念,才能形成凝聚于心的记忆、情绪、语言和生命等其他方面的内在有机统一体。[①] 过度重视学生成绩的应试主义教育在"素质教育"大旗的挥舞下虽有所好转,但学生自身学习兴趣的培养以及法治知识与实践行动相割裂的"离身"二元化现象仍有出现,导致法治教育成为呼喊的"口号",学生仅懂得背诵"不忘初心、砥砺前行""民主法治""中国特色社会主义新时代"等热点词,但并未知晓其中的内涵意蕴,陷入有法无治、有知性无行动的虚假的法治教育困局中。

教育的灵魂是引导着人不断地去追求美好事物,以个体心灵中不断萌生的对美好事物的欲求来激励、引导个体生命的自我成长。[②] 学校法治教育旨在培养学生的生命仪式感,对年轻生命积极向上、蓬勃生长的欲求与状态,形成崇尚法治、践行法治的法治意念。缺乏共意参与的中小学法治教育势必是一种单向度的、僵硬的知识灌输,从而割裂了师生教学交往的共在表达,因而难以形成走向生活世界的法治教育发展愿景。

## 第四节 中小学法治教育课程体系建设的改进路径

面对当前中小学法治教育课程存在的"虚假"建设积弊,有必要通过增强学校法治教育生活的法治意识、发展法治权利与法治理念行动的保障体

---

① 张良. 具身认知理论视域中课程知识观的重建[J]. 课程·教材·教法,2016,36(03):65-70.

② 刘铁芳. 什么是好的教育:学校教育的哲学阐释[M]. 北京:高等教育出版社,2014:引言.

系、构筑师生互动的校园法治文化等,来强化并传递中小学法治教育的法治精神。中小学法治教育课程建设作为全面推进教育治理能力与治理体系的重要手段,需要以此为契机,为中小学营造互动共生的法治生活的交往氛围,形成内生于师生内心的法治意念,进而推动中小学依法治教真正得以落实。

### 一、中小学法治教育课程地位的提升

中小学法治教育课程在学校教育中的地位直接决定着其课程内容在教材中的地位。决定法治教育课程内容在学校教育中地位的因素不仅仅局限于学校之内,各级各类教育行政部门对学校法治教育的重视与关注才是提升其在学校教育中地位的关键。

中小学法治教育还不具备设置成独立学科的条件,但可以提升其在思想政治品德教材之中的地位。为此,首先应在教材编写过程中强调法治教育课程内容的完整性与各阶段之间的系统性,将法治教育贯穿于中小学各阶段甚至各年级,特别是在小学低年级阶段应适当地、合理地编排法治教育内容,做好学生法治教育的启蒙教育。其次需加强对法治教育课程内容的考核,特别是学生学习效果的考核,在中小学阶段,特别是义务教育阶段,如前文所说,思想政治品德课程容易受到忽视,甚至部分学校在小学阶段根本就不对思想政治品德课程进行考核。如此现状,如何要求对法治教育课程内容进行考核呢？所以,在逐步落实思想品德教育课程的考核过程中必须逐步提升对法治教育课程内容的考核。与此同时,教育行政部门对中小学法治教育也有必要的监督与奖惩,以推动法治教育的开展。

### 二、增强中小学法治教育内容的规范性与衔接性,达成法治意念的观念共识

增强中小学法治教育内容的规范性与衔接性,意味着中小学法治教育教材的设计应符合法律法规的精神旨意,形成独立的法治教育学科话语体系,以宪法和教育法为准绳,切实开展中小学法治教育知识与法治观念的培育活动。如学校的法治课堂教育教学活动的开展都必须是基于对法律知识的解读和具体生活实践中法治场景案例的剖析,为培养具备良好法律素养

的公民奠定良好的基础。为此,其一,形成由浅入深、健全完备的中小学法治教育课程体系。法治教育内容应注重观照学生的身心发展水平与年龄特征,在生活交往的世界中形成一种循序善诱的教化方式,以法律责任和法律权利为关键,注重对学生法律意识和法律观念的培养,强化学生对基本权利(受教育权、生命权、健康权、隐私权等)的法律认知与理解。具体而言,小学阶段的法治教育应以法治情感培育为主,以具体直观的法律知识为主;初高中阶段的法治教育应以法律知识、法律能力以及法律价值观培育为主,突出法律责任与刑法知识的渗透,形成由浅入深、权责分明的法治教育制度体系。通过增强中小学法治教育内容的规范性与衔接性,促进师生达成法治观念共识,从而推动师生在交往的生活世界中形成行动自觉、彰显法治精神的教学意蕴。其二,形成完善的中小学法治教育教师辅导专用教材。教师在学生法治观念形成中扮演着重要的角色。掌握完备法治知识的教师能够促进学生的法治素养与法治观念的形成与发展,能够帮助学生在宽松的课堂环境下形成对法治知识的想象与认知。基于这样的考量,本书认为,国家应着力组织相关专家,深入论证,编撰体系完备、内容完整、框架清晰的中小学法治教育教师辅导专用教材,与学生法治教育教材形成"合璧",在衔接性与规范性层面保持一致,共同助力法治意念的观念共识达成。

作为一门非独立的学科,法治教育在中小学阶段一直以来都没有独立的课程标准,这就使得法治教育课程内容在编写上受到很大的限制——顾及思想政治品德课程整体效果,就会影响法治教育课程内容的合理编排。不过可喜的是,《青少年法治教育大纲》已出台并实施,为中小学法治教育课程建设提供了重要的依据。

改善目前法治教育课程标准不系统的现状,依据《青少年法治教育大纲》要做好以下几件事情。首先,要进行整体规划。对课程性质、课程基本理念、课程设计、课程目标(总目标及分阶段目标)及内容乃至课程实施等一系列内容都要做出详细而全面的规定,以便更好地指导中小学法治教育课程内容的编排工作。其次,将《青少年法治教育大纲》有效地与思想政治品德的课程标准相结合。《青少年法治教育大纲》能否有效地融入思想政治品德课程标准之中是影响中小学法治教育课程内容编排效果的直接因素。

中小学法治教育课程内容编写人员的法治教育综合素质及水平也是制

约着法治教育课程内容编写的重要条件之一。受教育经历、传统思想及社会背景等综合因素的影响,课程内容编写团队的法治教育素质水平有待提升。提升其法治教育素质水平应从以下几个方面入手。首先,端正自身对法治教育的态度并加深理解,包括法治教育的性质、目的、内容选取及编排等。法治教育不是消极的被动的教育,是致力于教会学生利用法律过上更安全、公平、美好生活的教育。其次,法治教育应从娃娃抓起。公民身份贯穿人的一生,自呱呱坠地到长眠于世,法律法规乃至法治也会伴随其终生,从这个角度分析,小学生甚至学龄前儿童均应该接受一定的法治教育,不为传授其多少法治教育知识及能力,只为对其进行法治教育的启蒙,为形成正确的法治观念打好基础,从小树立正确的法治观念。提升法治教育课程内容编写团队素质水平的具体策略包括以下几个方面。首先,定期组织法治教育讲座。课程内容编写人员容易局限于自身的工作范围,并且课程内容编写具有滞后性,一个版本有可能使用数年,法治教育学术界及社会焦点可能已经发生变化。鉴于这种情况,定期给教材编写人员组织法治教育讲座,让其能及时了解到法治教育领域内的最新动态,提升自身素质,并在可调整范围内及时修改教材中法治教育相关内容。其次,形成课程内容编写团队内部讨论机制。针对各自在教材内容编写过程中所出现的问题及遇到的障碍,团队内部定期进行讨论,这是提升团队整体法治教育素质水平的重要手段,在相互沟通中可以有力地促进不同阶段法治教育内容的联系与衔接。

### 三、构建中小学法治教育教学行动机制,达成法治精神的行动共识

法治教育不只是静态层面的精神传递,更需要转入法治行动层面,培育公民的法治行动力。法治行动孕育于中小学法治教育教学行动机制中。唯有遵循依法治教、依法治学的法治精神行动机制,教师和学生才能真正将法治理念落实到日常交往中,形成自身发展的法治行动内生秩序。为此,首先,应鼓励和促进学校教育管理者、教师群体形成寓身于心的依法治教行动路径,深度挖掘依法治学的案例,发挥榜样示范作用。学校教育管理者和教师群体不是法治教材的宣传者,而是以主动身份参与到学校法治生活的教育实践中,在自主交往、共生发展的环境下创设"学校法治教育委员会""学校法治教育处"等专业组织机构,增设教师法治教育校本课程研训活动,提

高教师参与法治教育课程的热情与专业性,通过专业化的教学实际行动感染学生践行法治。其次,应鼓励学生参与法治教育实践活动,让学生成为法治教育行动的主体。如引导学生形成法治思维方式解决现实中的实践问题,共同参与到学校的各项治理中,采用情景式、参与式的教学模式提高学生参与法治教育实践活动的效率,让学生形成知荣明耻、知法懂法的法治行动觉察力,发挥学生参与法治教育的主体性作用,发展学生的法治实践能力。最后,形成中小学法治教育学校联盟,定期组织开展集体法治教育实践活动,在校际交流、校际互动中促进学生群体产生法治行动力与思维力,召唤学生在实践行动中达成法治精神的行动共识。此外,在依法治教的校园制度体系中,也应让学生明确违法侵权行为的严重后果,知法犯法不仅会给学生个人带来危害,也会给学校、社会造成不良影响,让学生在现实的案例中感知法治教育实践的重要性与必要性。

### 四、营造中小学法治教育的共生文化氛围,达成法治契约的文化共识

中小学法治教育是一种动态互动交往文化认同机制,而非静态法治内容文本的灌输,需要唤醒学生对法治教育的文化自觉与文化认同,促进学生在平等、自由、开放的文化氛围中形成共生交往的中小学法治教育文化生态。中小学法治教育共生文化是以一种潜在的、隐性的方式注入中小学课程体系之中,影响着中小学法治教育整个过程的推进。中小学法治教育共生文化为中小学法治教育的发展提供理论支撑。一方面,中小学法治教育共生文化应是塑造学校法治文化的路径指向,使师生能够客观地认知法治教育与法治文化之间的内在关系。另一方面,中小学法治共生文化应在价值目标、理念目标等层面为学校法治文化共识的达成提供全方位的关切指导。基于此,培育并营造一种与校园法治生活建设相适应,并且能指导具体实践层面的法治教育共生文化是当下推进中小学法治教育走向规范化发展的必要方式。

首先,明确中小学法治教育共生文化的价值导向功能。中小学法治教育旨在复原学生法治精神生命的理性回归,呼唤相互统一、互为共生的校园理性法治文化形成。文化的注入能够促进中小学法治教育形成文化自觉,

观照文化与法治教育间的内生关系。尼采曾言:"凡能吸入我著作中气息的人,他就知道,这是高岗上的空气,是使人精神焕发的空气。一个人必须加以培养以适应这种空气,否则他就会有受寒的危险。"[1]法治文化就像天空中的空气,始终处在万里高空的最上层,润养着空气中的学校生命个体,在这种充满法治文化气息的大环境下,可以确保她们能够以一种精神焕发的姿态迎接迎面而来的挑战,也需要借助法治文化帮助学生生命个体去适应这种空气环境,塑造一种内生性的学校法治文化场域。其次,释放中小学法治教育共生文化的权责能量。帕森斯将"文化"解释为一个特殊的符号体系,能够成为集体成员共同信守的价值体系,是集体成员共同认同的目标。[2] 中小学法治教育共生文化权责关系的建立能够让师生双方明晰法治教育的责任意识。作为公民的中小学生在享有法定的受教育权利的同时也应履行作为公民应尽的爱国守法、诚实守信的基本责任。权利、义务和责任处于相互制衡的矛盾统一的链条中,在这个链条中,有什么样的权利样态就会产生什么样的义务形式,同时,行使什么样的权力就应承担何种责任。权力、权利与责任都是密不可分的,脱离了责任,权利将成为一种无人约束、肆意泛滥的附庸品;脱离了责任,权力也失去了其应有的威力、效力。因此,在中小学法治教育的整个场域活动中形成权责行动共识,释放法治教育共生的文化能量,明确教师的法治教育权力与责任、学生接受法治教育的权利与责任,促进彼此在交往中形成法治教育共生文化权责共同体。最后,增添中小学法治教育共生文化的人文元素。良好的中小学法治教育文化机制最终实现的是一种内生式的法治教育自律文化状态。中小学法治教育需要观照学生身心发展水平,在相互理解、相互赏识、相互合作的主体间语境下,坚持育人为本的至善、至美、自知的幸福人生价值观,激发学生自发生成对法律的敬畏与遵守,促进学生形成健全的法制人格。

---

[1] 尼采.尼采生存哲学[M].杨恒达,等译.北京:九州出版社,2003:2.
[2] 格尔茨.文化的解释[M].韩莉,译.南京:译林出版社,2014:299:2.

# 第四章 中小学法治教育方式与途径的创新

2016年教育部办公厅下发的《关于2016年中小学教学用书有关事项的通知》，结束了小学、初中起始年级品德课程教材名称不一致的局面——统一更名为"道德与法治"。看似简单的举动，实际上进一步印证了"法治教育"在青少年教育中不可或缺的重要地位。顾明远在《教育大辞典》中将"法治教育"定义为社会主义制度框架下的民主与法治教育，以了解公民内涵，具备公民意识，懂得公民权利和义务，"养成自觉遵守法律的行为习惯"等为基本目的的教育活动。① 法治教育是公民意识培养、素质提升，政府依法治国、依法执政，社会秩序井然、温良有序的必经之路。其根本宗旨在于使法治思维渗透了国家、百姓，成为建构和维系社会运行的根本工具，最终达到和谐社会的目的。中小学法治教育是国家法治教育事业的基本组成部分，没有中小学法治教育的有效开展，就不可能形成良好的社会化法治教育氛围，更不可能提升全社会公民法治意识。中小学法治教育不仅涉及课程、教材、师资，还关涉途径、方式与方法、机制等问题。依法治国战略提出后我国中小学法治教育发展现状怎样？中国教育事业正处于变革节点，中小学法治教育如何进一步推行？法治教育实施的有效性又该如何实现？是目前我国中小学法治教育亟须探索的突出问题。②

---

① 顾明远.教育大辞典[M].上海：上海教育出版社，1988：1364.
② 祁占勇，陈鹏.中国教育法学研究热点的共词可视化分析[J].华东师范大学学报（教育科学版），2016，34(03)：79-90，121.

# 第一节　基于政策与实践互促的中小学法治教育途径分析

## 一、中小学法治教育途径的政策演变分析

2014年十八届四中全会报告首次用"法治"替代"法制",成为新的依法治国方略的核心表述。这一年可以称作是中国"法治教育"的开端之年。不过虽然"法治教育"一词尚幼,但我国的法治建设工作实际上已历经40年的风雨兼程。1978年,邓小平在《解放思想,实事求是,团结一致向前看》的讲话中第一次明确提出保障人民民主,加强法制建设是关键:"必须使民主制度化、法律化,使这种制度和法律不因领导人的改变而改变,不因领导人的看法和注意力的改变而改变。"切合"法治"真正内涵,正式揭开了新中国成立后法治国的新篇章。2014年之前,我国的法治建设主要使用"法制"一词。细细追究,"法制"与"法治"必然有其不尽相同的内涵。但实质上,自"法制"起,中国的"法治教育"进程已经开始。"法制"是"法治"需要经历且必须经历的嬗变过程,"法治"是"法制"不断深化丰富,长期磨砺产生升华的结果。[①] 基于此,中国法治教育的政策历程应当包括法制的发生过程。[②] 现代化中小学法治教育作为中国法治教育事业的重要组成部分,同样经过了40载演绎变革。其中直接联结理论与实践的法治教育途径,在我国40年的法治教育政策中也表现出了特征鲜明的阶段性发展。通过对改革开放后40年来中小学法治教育的政策文本梳理,总体特征可以概括为:以"五年普法规划"为主线,循序渐进,日渐丰富。根据不同时期的具体途径特点表现,大致可以细分为三个发展时期。

1. 以课堂教学为核心的中小学法治教育途径初始发展期(1978—1990)

中小学法治教育开展初期正值中国社会各项事业的复苏期。改革开放

---

[①] 祁占勇,陈鹏,张旸.中国教育政策学研究热点的知识图谱[J].教育研究,2016,37(08):47-56,98.

[②] 为方便论证,研究中涉及的政策文本仍遵循原文,沿用"法制",而自行阐释的内容一律采用"法治"。

刚刚起步,百废待兴,中小学法治教育建设没有过多的前期经验,而对域外法治教育具体状况的了解还不够深入。因此,这一阶段的中小学法治教育紧紧围绕学校环境开展,主要体现在日常教学活动当中,包括设置相关课程、编订相关教材、出版通俗读物等。

1978—1985年《中共中央、国务院转发中央宣传部、司法部关于向全体公民基本普及法律常识的五年规划的通知》(以下简称一五普法规划)发布前,我国的法治教育整体处于比较模糊的探索期,少有鲜明的途径体现在政策法规当中。直到1985年11月,第六届全国人民代表大会第十三次决议通过了国务院"在公民中普及法律常识的决议"的议案,确定第一个全民五年普法教育规划(1986—1990),中小学法治教育的实施途径开始被国家政策徐徐描绘。一五普法规划将青少年作为重点教育对象之一,要求中小学等各级各类学校均需设置法制教育课程,"或者在有关课程中增加法制教育的内容,列入教学计划",强调思想政治、道德教育与法治教育的融合,并明确以法治教育课程作为实施中小学法治教育的关键步骤。同时还提出应当结合生活实际"编写简明、通俗的法律常识读物",多形式多渠道开展"普及法律常识宣传教育,努力做到准确、通俗、生动、健康"。同年,中共中央下发《关于进一步加强青少年教育预防青少年违法犯罪的通知》,同样提出小学从低年级起就要开展基于思想品德课程内容的法制观念启蒙教育,"小学高年级和中学、大学要开设不同层次的法制教育课"。1987年《中学思想政治课改革实验教学大纲》针对中学思想政治课程开展实验改革,指出小学的思想品德课、中学的思想政治课必须在"课程设置、教学内容和教学方法"上进行改革,细化中学法制教育课程途径实施的相关要求,规定"法制教育课程不得少于50课时",并且决定"成立全国马克思主义思想理论课教材编审委员会",设置相应的办事机构,统筹课程教材相关规划和进行其他组织工作,将包含法治教育内容的思想理论课程教材编制任务以更加专业化的形式呈现。

总体上看,改革开放后到"一五普法"这一阶段是青少年比较明确地成为国家法治教育工作重点对象的发端期。这一时期也是新中国建设法治国家的萌芽期,各领域法治建设处于探索、试验阶段。由于受基础教育领域所处环境和受众对象特殊性的影响,因此实施法治教育的方式、途径必须谨慎选择,以符合青少年的群体特征。所以这一时期的中小学法治教育从教学活动出发,选择了课程、教材、日常读物等与师生息息相关的教学媒介物作为法治教育活动切入点。课堂教学是教育活动的主要阵地,能够直接有效地对受教育者产生影响,自然成为中小学法治教育最核心的实施途径。不仅在法治教育活动初期占据重要地位,而且延续至今,贯穿于整个法治教育过程,在后续的中小学法治教育进程中不断被丰富、完善,也一直是中小学法治教育实施过程的主要途径,担任着培养青少年法治意识的关键角色。

**2. 以"第二课堂"为辅助的中小学法治教育途径进阶发展期（1991—2010）**

1991年,随着"一五普法"的顺利结束,"二五普法"盛大开启。经过第一个五年周期的探索磨合,国家法治建设逐渐步入正轨。法治教育工作安稳度过了五年的懵懂期,正式进入平稳发展阶段。通过对改革开放以来和"一五普法"期间的经验总结,在肯定了社会主义法制建设所获成就的同时,对法治教育工作中存在的问题也进行了深入的挖掘。鉴于前期宝贵的政策应用经验,从1991年"二五普法"到2010年"五五普法"工程结束,这一时期的法治教育政策在中小学法治教育实施途径设计方面进行了进一步提升和优化,将眼光延伸到课堂之外。从原本的课堂教学为主、其他实践为辅,转换为课堂内外并举。在"巩固课堂教学主渠道"的同时"积极开辟第二课堂",呈现出重视实践的整体发展趋势;并且进一步充实法治教育内容,不断明确爱国主义教育、安全教育等不同内容的中小学法治教育实施途径。

中小学法治教育实施途径在1991—2010年期间整体上表现出对实践活动的倾向性。其中又可细分为1991—2000年和2001—2010年两个阶段。第一阶段以大众传媒途径和爱国教育的实施为重点,开始注重法治教育校外渠道的拓展。1991年"二五普法"规划要求社会舆论工具发挥作用,"电视、广播、报刊要有计划地宣传法律知识,继续健全普法宣传阵地",动用社会资源,"发挥文化馆、青(少)年宫、俱乐部以及乡镇文化中心等群众文化阵地的作用,……办好法制宣传橱窗、板报、画廊、图片展览以及法律知识竞赛、法制演讲和法制宣传日(周、旬、月)等各种活动"。将法治教育与娱乐活动相结合,使包括青少年在内的全体公民更加易于接受。1994年则针对爱国主义教育发布《爱国主义教育实施纲要》,将青少年列为最主要实施对象,要求中小学"开设以爱国主义教育为主要内容的专题讲座。……积极开辟爱国主义教育的校外课堂",利用"影视、书刊、音乐、戏剧、美术、故事会等形式"为青少年展开精彩的爱国主义画卷。

还要求重点进行爱国主义教育基地建设,各类博物馆、纪念馆、革命战争中重要战役、文物保护单位、历史遗迹、风景胜地等被列为进行爱国主义教育的重要场所。建议学校寒暑假时期"利用基地兴办'冬令营''夏令营'",在重要法定节假日利用各类节庆活动、纪念日"组织参观、瞻仰、祭扫活动",结合特定主题,组织社会实践,开展党、团组织生活和少先队活动,比如成人礼、升旗仪式等,力求通过富有感染力的活动吸引不同年龄层次的青少年参加。1995年制定的《教育法》[①]第51条以法定形式要求"图书馆、博物馆、科技馆、文化馆、美术馆、体育馆(场)等社会公共文化体育设施,以及历史文化古迹和革命纪念馆(地)"为学校开展相关活动提供便利,1999年制定的《预防未成年人犯罪法》[②]第7条规定司法、教育、共青团、少先队等应通过"组织、举办展览会、报告会、演讲会等多种形式"对未成年人进行法制教育。值得注意的是,2000年国务院下发的《关于进一步加强青少年学生法制宣传教育工作的通知》明确要求将家庭教育融入中小学法治教育当中,以"法律进万家""依法治家"等活动为基本方式,发挥家长表率作用,从而使家庭教育在中小学法治教育实施中有了实质表现。

2000年后,中小学法治教育进入平稳发展期的第二阶段,该阶段青少年法治教育的政策数量相对增多,且较为集中。在实施途径方面的表现主要有:2001年四五普法规划再次强调"逐步建立青少年法制教育基地"以及发挥广播、电视、报纸、杂志等大众传媒的舆论宣传作用。2002年《关于加强青少年学生法制教育工作的若干意见》加强了对中小学法治教育学校法治环境建设的力度,从国家层面提出"完善兼职法制副校长和法制辅导员制度","要有计划、有针对性地对法制课教师进行法律知识的培训",可采取进修、短期培训、以会代训等方式进行。塑造学校法治教育环境的途径,从师资上为中小学法治教育提供条件。并明确课外法治教育与社区环境的结合,要求"开辟第二课堂,……举办法律知识竞赛、开展有奖征文、模拟法庭等活

---

① 现行为2015年修订版。
② 现行为2013年修订版。

动,……依托社区,结合基层安全创建和'法律进社区'活动",创设法制教育氛围。还创造性地提出"把学生学法和遵纪守法的情况纳入学生升学、招生、招工、参军等考核内容",以考核、检查作为督促中小学法治教育实施的途径之一。2003年《教育部关于加强依法治校工作的若干意见》总结地方中小学法治教育实施途径经验,建议学习"家长法制学校、普法小先生、青少年法制教育基地、青少年维权岗等"各地法治教育实践方法。2004年《关于进一步加强和改进未成年人思想道德建设的若干意见》则新增了制度层面的中小学法治教育实施途径,要求地方教育行政单位"要依据不同年龄段学生的特点,抓紧修订和完善中小学生《守则》和日常行为规范"。2006年五五普法规划中再次增加中小学法治教育实践新途径,"培养专兼职相结合的法制教育宣传队伍",设立法治教育人才资源库,鼓励法律从业者和高校专业师生加入志愿队伍。2007年更专门针对中小学法治教育出台了《中小学法制教育指导纲要》,其中有"中小学法制教育的实施途径"专章,详尽介绍了中小学法治教育在学科教育、专题教育、课外活动、个别辅导等方面如何展开法治教育,对当时存在的各类中小学法治教育实施途径进行了总结完善,给出实践范式,指明具体实行方法,可以说一定层面上为中小学法治教育的实施途径确立了指导性规范。

通过对"二五普法"到"五五普法"阶段中小学法治教育实施途径相关政策法规的梳理可以发现,这一阶段的中小学法治教育不断强调建设实践基地,开展各类实践活动,密集持续地关注各渠道对中小学法治教育的资源提供。这一时期可以说是中国法治教育建设的快速发展阶段,尤其在政策法规方面加强了对中小学法治教育的管理,为其具体实行提供了具有指导性的"操作指南",使中小学法治教育能够脚踏实地地有效开展,推动中小学法治教育进入全新发展阶段。注重开拓中小学法治教育新方法,鼓励实施方式的创新,并能够充分利用各类社会资源。不仅增加诸多中小学法治教育实施新途径,还不断修正、优化和完善课堂教学方面的途径策略,以做到课堂内外无缝衔接、完美契合。同时更加强调实施途径符合中小学生的生理和心理特点,重视手段的娱乐性、趣味性和易理解性。实践是理论变现最高效、直接的方式。将意义深刻、内容繁杂的书面语言转化为能够被亲身体验、亲手操作的方式生动地展现出来,使法治理论具象化,对青少年法治素质的养成意义重大。重视实践途径,开设"第二课堂",强调理论与实践的互促已经成为中小学法治教育实施过程中不可忽视的途径选择。

3. 以"互联网+"为趋向的中小学法治教育途径蓬勃发展期(2011年至今)

"互联网+""人工智能(AI)""新媒体运营"等新兴词汇近年来频繁出现在公众视野。继千禧年开启的"网络化"时代后,科学技术的快速更新导致各领域科技呈现倍速递增式发展,"全球化"不再是缩短人与人之间的距离的单一内涵,而是代表着更加方便、快捷、无障碍社会生活的出现,个体间、社会间的各种界限通过科技手段被无限弱化。以"互联网+"为代表的新经济形态正日渐渗透到社会生活的各个领域,MOOC等教育形式的出现预示着"教育"已经不需要拘泥于三尺讲台,传统面授成为众多教育形式的一种,教育迎来了全新的"互联网+"时代。在当前的时代背景下,中小学法治教育也面临着前所未有的机遇与挑战。适应变化,积极创新成为法治教育工作必须坚持的发展原则。如何在不改变法治教育本质内涵的基础上,充分利用互联网带来的快捷与高效,使其顺利完成变革促进长远发展,成为新时期法治教育的关键所在。对于中小学法治教育实施途径来讲,将互联网途径吸收、消化为中小学法治教育实施途径的重要组成,良好继承原有途径的优势,同时完成新形势下的途径创新,是这一时期实践操作和政策关注的重点。

进入21世纪以来,各类法治教育政策开始提及对互联网途径的利用,但多作为与电视、广播、报刊、书籍等传统形式并行的大众媒体中的一种,共同起到舆论导向作用,并没有突出互联网手段的特殊之处。事实上,新时代的互联网途径与单纯的互联网使用有较大差异,应当由包括网络课程、远程教育、微信微博等新媒体平台在内的多种形式综合构成。2011年的"六五普法"规划是互联网体现在法治教育政策文件中的开端,"教育部将发起设立公益性的全国教育普法网站,……形成法制教育优质教学资源的共享平台,为各地开展远程学习与培训提供支持",互联网形式被区别开来,成为有别于传统媒体的新途径。2013年《教育部司法部中央综治办共青团中央全国普法办关于进一步加强青少年学生法制教育的若干意见》要求"加快建设好教育部全国青少年普法网,……鼓励各地开发网络教育课程,征集法制教育精品课件、视频,推进远程教育,使农村和边远贫困地区学生都能够接受到法制教育"。并于2016年再次出台青少年法治教育针对性文件——《青少年法治教育大纲》,较《中小学法制教育指导纲要》更为细致地说明法治教育实施途径,强调对互联网资源的利用,"利用学校网站、官方微博、微信等平台及教师、班主任或辅导员的个人社交平台进行法治宣传",以此引导学生对法律规范的正确理解,理性思考现实案件,真正领略法治魅力。2016年《全国普法依法治理工作要点》更是单独提及使用新媒体平台进行普法教育,建设"中国普法中文网和英文网,中国普法官方微信、微博、客户端('两网两微一端')"等,发挥它们在新媒体普法中的带动作用,"开展全国普法类微信公众号综合传播力指数评估发布工作",凸显新媒体平台在中小学法治教育等法治建设中的突出地位。至此可以看到,国家政策在中小学法治教育的途径设计上对时代发展积极响应,能够及时迅速地调整方向,准确定位突破口,促成途径创新。

与此同时,各项政策依然没有放弃对原有途径的深入探究和完善。在纪念日活动途径方面,2011年六五普法规划要求设立"12·4"全国法制宣传日,开展相应活动。2014年十八届四中全会通过的《关于全面推进依法治国若干重大问题的决定》提出设立国家宪法日,将"12·4"全国法制宣传日升级为国家宪法日,规定中小学要组织开展宪法晨读活动、升旗仪式、宪法教育课等各种形式的宪法日活动,加深中小学生对宪法重要地位的理解,从而迈出了法治意识教育的重要一步。在社会资源利用的途径方面,2013年最新修订的《中华人民共和国未成年人保护法》强调"免费",规定"爱国主义教育基地、图书馆、青少年宫、儿童活动中心应当对未成年人免费开放"。2014年《中共中央关于全面推进依法治国若干重大问题的决定》要求"加强普法讲师团、普法志愿者队伍建设"。整合各类社会资源,充分利用好硬件设施,发挥专业人才的智囊作用。在课程教材途径方面,教育部办公厅发布《关于2016年中小学教学用书有关事项的通知》,统一更改小学和初中法治教育课程教材名称。这一举动意味着中小学法治教育更加标准化,法治在课堂教学中不再是内含于道德的附属部分,而是具备了自己的生命力。

此外,2016年《依法治教实施纲要(2016—2020)》和《青少年法治教育大纲》的颁布可以被称为中小学法治教育的一剂强心剂。前者象征着依法治国战略背景下教育领域法治建设的开端,在法治教育事业中起统领作用。针对中小学法治教育的具体实行主要是提纲挈领式的途径建议,包括青少年法治教育实践基地建设、系统的学校法治教育课程建设、全国青少年普法网的建设、中小学法治教育教师的资质建设、中小学法律顾问机制建设等,为中小学法治教育提出了框架式的途径操作标准。后者相较前者更加具有可操作性,不仅再次重申青少年法治教育的重要性,更是全方位、立体化地设计了不同教育阶段法治教育的具体实施途径。围绕学校、社会、家庭三大主体展开,涉及专门课程、教学方式、多学科协同、主题教育、校园法治文化建设、学生自我教育,社会实践教育、国家机关和社会力量参与、开发利用网络资源,家校合作、家长法治教育手册等多种形式,从而使法治教育体系更加科学、完整。

综上所述,以"六五普法"为起点的中小学法治教育实施途径在第三个政策文本发展阶段表现出明显的时代性,能够充分考虑互联网、文化设施、专业人员等各种资源的综合利用,与时俱进,保持途径的高效可操作性,并及时革新原有途径中与现状不相符的部分,以保证中小学法治教育工作的顺畅衔接和运行。另外,虽然不同发展时期所表现出来的中小学法治教育实施途径政策文本具有各自鲜明的特征,但始终坚持贯彻学校、社会、家庭"三位一体"的执行理念,任何一个时期的途径设计都没有脱离这三个方面,仅仅是侧重点有所不同。由此可见,改革开放以来,我国法治教育政策文本中所体现出的中小学法治教育实施途径总体上是较为合理的,并且能够做到不断自我检验与更新,积极适应新的客观标准和要求。

## 二、实践运行中中小学法治教育途径的重要性分析

田北湖先生有言:"兼循途径,不失规则"[1],用以阐述儒家文学如何独成一家,留存百世。于此,可见途径和规则之于事物的重要性。途径,通俗说法就是方法、路子,是主体在认识和改造客体的过程中,为达到预期目的所采用的手段或方式,[2]也可以被称作媒介、桥梁,是从理论走向实践的必需品。中小学法治教育途径则是使主观意识中的中小学法治理念转化为具有

---

[1] 田北湖.论文章源流[J].国粹学报,1905,1(05):68-73.
[2] 黄志斌.当代思想政治教育方法论[M].合肥:合肥工业大学出版社,2012:3.

外在实体表现的中小学法治实践,并最终成为法治社会重要组成的方法。通过对我国中小学法治教育途径的政策历程分析,可以看到国家层面不仅对中小学法治教育途径长期关注,而且与时代发展紧密相随。途径对于中小学法治教育的实践运行至关重要,中小学法治教育的操作方式和方法密切关系到法治教育的未来发展。探究成因,主要有以下几方面。

1. 中小学法治教育途径是进一步促进法治教育系统化的有机构成

系统是指由若干各具特征又相互关联和作用的要素构成的具有一定结构和特定功能的有机整体。[①] 法治的内涵是法治价值观的意识渗透,若想从根本上建成法治社会、法治国家,就必然需要从意识形态、物质基础到顶层制度进行完整的系统化设计,其中制定者、执行者、监督者、服务者任何一个要素的缺失都会影响到法治系统的完整性,妨碍其顺利运行。理解法治教育途径首先要理解"途径"在法治教育当中的角色定位。途径即为实现法治教育目的服务者之一,是构成法治教育系统的有机要素之一。也就是说,法治教育途径与法治教育是部分与整体的关系。

唯物辩证主义将部分与整体的关系阐释为"辩证统一"。整体统率部分,部分受整体支配且服从和服务于整体;部分影响整体,部分的功能变化会影响整体功能,关键部分甚至可以对整体功能起决定作用。我们可以借用这一理论来对照法治教育途径与法治教育的关系。法治教育作为一个整体,对法治教育途径起支配作用,法治教育整体的主导地位影响着法治教育途径的发展方向,法治教育途径必须服从法治教育整体且为法治教育整体服务,脱离了法治教育的法治教育途径不存在任何意义。它必须嵌入法治教育当中,不可独立成形,并经过实践操作,才能够具备应有的生命力,成为实质上的方法。同样,失去了途径的法治教育只能停留在理论表层,无法转化为可运转的体系,也无法作用于现实事物。法治教育功能的有效发挥和目标的充分实现,需要法治教育系统的良性运转和整体优化。其概念输入与目的达成之间是法治教育途径的"揉制捏合",从而融为一体、达到统一。作为法治教育的服务者,实施途径是实现法治教育功能的有力推手,法治教

---

[①] 黄志斌. 当代思想政治教育方法论[M]. 合肥:合肥工业大学出版社,2012:19.

育必须经过法治教育途径的转变,才能由无形变为有形,由理论落地为实践,由意识理念蜕变为实际应用,产生真正具有活力的社会实际。中小学法治教育是国家法治教育整体的重要组成部分,它的有效实现将会对国家法治教育事业产生巨大推动力。作为中小学法治教育的形成因素之一,中小学法治教育途径与其他环节的良性互动能够促使中小学法治教育系统的有机形成,直接关系到国家法治教育事业整体的系统完整性,进而有利于为中小学法治教育实践创造良好的运行环境。

2. 中小学法治教育途径是不断深化法治教育针对性的重要抓手

任何事物、体制、活动等的运行必然受主体对象或者组成成分特点的制约,同时也制约着所采用方法的发生、设计和应用。作为法治教育的主要作用对象,人民群体存在显著的类别划分,生理、心理、思想、所处环境等的不同造成千差万别的主体对象。正如莱布尼茨所言:"世界上没有两片完全相同的叶子,也没有性格完全相同的人。"在某种程度上每一个法治教育的实施对象都是不相同的。不过,正是由于人类社会的复杂性,社会运转必须忽略细小差别,以保证社会机制的顺利运行。因此,社会群体的划分通常以社会特征作为基本条件,中小学生即是群体类别中的一种。

中小学法治教育是以中小学为基本背景框架,在中小学环境中开展的法治教育活动,是国家法治教育的子系统之一。这里的"中小学环境"指的是中小学法治教育的目的、对象、实施过程、成果等一切组成要素都在"中小学"语境下产生,具有"中小学"特质,存在天然的特殊性。从群体特征上看,中小学法治教育对象正处于生理和心理成长期,尚不具备完全的独立自主意识,具有自身的群体特性,相关活动的实行均需要依据中小学生的特质进行。中小学法治教育的实施也不例外,在选择和使用开展法治教育的方法时必须符合并利用其实施对象的特点和个性规律。在对中小学法治教育政策演变的分析中可以看到,改革开放后出台的法治教育相关政策中,包括"一五普法"规划到"七五普法"规划以及《青少年法治教育大纲》《依法治教实施纲要》等其他诸多针对青少年法治教育的政策法规在内,统一将青少年置于法治教育活动的突出地位,政策内容和政策实施等相关环节的设置均围绕青少年的特殊性展开,同时针对处于不同教育阶段的青少年进行不同内容的法治教育,可见,国家层面在关于法治教育的设想中将针对性作为其必须遵循的原则之一。当然,这些政策法规同样也安排了针对不同对象的法治教育途径,即以课堂教学为中心,与课外实践、大众传媒、互联网技术形成复合式法治教育网络,尤其在课堂教学途径中突出法治教育的差异化,符合不同教育阶段青少年的现实状况。

不过,要进一步深化法治教育针对性,还需要深化对青少年群体特殊性的剖析。毋庸置疑,中小学法治教育的出发点和落脚点在于其特殊的受教育对象上,这就要求中小学法治教育需要考虑到内容的趣味性、娱乐性,并且与青少年的日常生活紧密相连,使其产生共鸣,引起他们对法治教育的兴趣,且能够学以致用。使他们感受到法治是存在于身边的、实实在在的、可被应用的,而不仅仅存在于书本上和老师、家长不断重复的道理当中。如何在实践运行中寓教于乐,帮助青少年学会应用法治思维,培养法治价值观,从而达到"产生切身体会"的效果,中小学法治教育的实施方法至关重要。有效的中小学法治教育途径注重与受教育对象的互动,强调青少年的亲身参与,理解"法治即生活"的思想,从根源上改变思维方式,实现中小学法治教育目的的关键突破,进而印证法治教育差异化的必要性。同时需要注意的是,虽然针对不同群体开展的法治教育存在各自的特殊性,但在内涵上同属于国家法治教育的组成部分。不论对象是高校学生、公务员或其他行业从业者,其法治教育的实施在本质上必然存在有迹可循的共同规律,比如不同的学校教育类型和阶段存在设施和师资方面的共性,中小学法治教育途径的成功经验可以选择性地应用于其他学校教育类型当中。通过中小学法治教育途径的深刻剖析有助于总结、发现能应用于不同群体途径的共性规律,为其他类型的法治教育提供范本,以便在实践运行的途径方面为深化国家法治教育的针对性贡献可供参考的经验。

**3. 中小学法治教育途径是全面提高法治教育有效性的关键环节**

途径是关于如何认识世界和改造世界的一种手段,[①]目的在于解决"怎么做"的问题。法治教育途径的目的则在于解决"法治教育如何实现"的问题,它是主体为了实现法治,满足法治建设而创造的手段。问题的解决流程通常包括"问题客观存在"—"发现问题"—"评估问题"—"选择解决途

---

[①] 张掌然.问题的哲学研究[M].北京:人民出版社,2005:331.

径"—"解决问题",环环相扣。如果缺少解决途径,问题就无法获得结果。法治教育途径就是由法治教育问题输入达到法治教育结果输出的关键步骤。直观地讲,法治教育最直接的目的是实现法治,那么如何判断法治是否实现? 法治理念的提出源于西方国家对公权力使用限制的思考,是人类对权力和自由大讨论的产物。法治本身必然作用于社会客观实在,并通过社会构成的各种变化来反映法治理念是否产生影响,达到预期效果。即法治的实现可以理解为法治理念客观实在化,而法治教育是法治理念实体化的必经过程,法治教育是否有效能够在一定范围内体现法治的实现程度。因此,法治教育的有效性可以看作法治是否实现的评价标准之一。

我们在核心概念界定时通常将法治教育的内涵定义为良法至上、工具之用和民之所向,法治教育既作用于客观实在(社会),又作用主观意识(个体)。作为法治实现的评价标准之一,法治教育的有效性也体现在客观和主观两方面。客观上的有效性是各类法治教育量化指标的表现,如中小学法治教育课程测试分值的提升、公民以法维权案例的数量增加、社会违法案件的减少等等。主观上的有效性是自我教育的实现。孟子云:"君子深造之以道,欲其自得之也。自得之,则居之安;居之安,则资之深;资之深,则取之左右逢其源。故君子欲其自得之也。"[1]自我教育是信息内化的一种表现,受教育者接受并认同先前获得的思想观点,从被动吸收到主动运用,实现从"以外在标准为教育尺度到以自身内在标准为教育尺度"[2]的转变。个体对法治理念的接受从政府倡导、舆论影响逐步发展为主动运用法治思维解决问题,渗透在日常生活当中,便完成了法治自我教育的实现,即法治教育个体有效性的体现。实施途径则是法治教育有效性实现的唯一桥梁。就中小学法治教育而言,优良的法治教育途径并非针对单一对象或作用于单一事物,它需要同时面对学生、教师、家长、学校、社会、政府等多个主体,每一个主体都有其对应的操作途径主线,将这些主线有序地、合逻辑地进行相互交织糅合,最终产出的综合体才是法治教育需要的法治教育途径。以课堂教学途径为例,教学活动是一种互动关系,每一项法治教育方法必然直接涉及教师和学生两大主体,作为教学的综合管理者,途径上自然需要学校的相应配合。也

---

[1] 孟轲.孟子[M].康燕,王川,注释.昆明:云南大学出版社,2004:155.
[2] 黄志斌.当代思想政治教育方法论[M].合肥:合肥工业大学出版社,2012:22.

就是说,一个完整的法治教育课堂教学途径实际上至少涉及三个主体的多种不同分支途径。

良性的问题解决途径实质上是非单一的,是多种方式耦合的结果。黑格尔形容方法是任何事物所不能抗拒的、最高的、无限的力量。途径经过调整、发展和完善,并通过运用可以转换为能力。这种能力能够对事物的发展起到推动或阻碍作用。中小学法治教育途径是融通中小学法治教育各种问题的枢纽,是实现法治教育有效性的关键环节。途径的合理与否会对法治教育整体发展产生重大影响。合理的法治教育途径是整合法治教育各组成部分的有机衔接,通过采取措施,获得结果,能够查缺补漏,检验出现行制度、政策是否符合实际需求。它能够大大促进资源利用率,缩短法治教育有效性的效果检验周期,提高其他相关机能的运转效率,辅助其他要素的增益,为法治教育全局起到疏通和优化作用。作为法治教育各个环节的关键纽带,任何语境下的优良法治教育途径都将成为法治教育这一场盛宴中的催化剂,推动法治教育有效性的全面提高,实现建设法治国家的宏愿。

## 第二节 我国中小学法治教育途径的实施现状调查

### 一、中小学法治教育途径现状问卷的基本构成

1. 问卷构成

问卷由基本情况和具体内容两部分构成。基本情况部分为教师的个人信息填写,包括性别、年级、教龄、科目、学校所在区域(城市/农村)、所在学校性质、学校等级等,具体内容涉及途径现状、教师法治素养、教师对中小学校法治教育实施途径的态度等方面,其中途径现状主要围绕课堂教学途径、校内实践途径、课外实践途径三个维度设置问题。学生问卷构成与教师问卷基本一致,部分内容依据学生身份现实进行了修改。由于研究内容针对的是学校状况,鉴于学生认知水平和对现实情况的了解程度可能无法为研究提供所需数据,因此研究所需各项数据以教师问卷为主,学生问卷数据起辅助作用,不进行详细分析,主要在与教师问卷数据存在较大结果出入或数据资料不够充分时提供数据印证和补充。

## 2. 问卷发放

研究中的问卷以中小学法治教育实施途径现状调查为主题,教师问卷通过"问卷网"等网络途径面向全国发放。最终获得教师问卷508份,无效问卷5份,有效问卷503份,有效率达98%。学生问卷采用网络和实地调研两种方式发放,共发放问卷353份,无效问卷3份,有效问卷350份,有效率达99%。

## 3. 问卷信度

问卷数据分析主要采用SPSS 20.0和Excel 2013软件进行。问卷信度以Cronbach α系数表示,数值在0到1之间,通常低于0.6被认为信度表现不足;达到0.7—0.8时表示信度良好;0.8以上表示信度非常好。由于研究对象是中小学法治教育的实施途径,实质上的对应主体是各中小学校,答卷人相关个人因素对研究对象影响比较微弱,因此以"具体内容"部分的Cronbach α系数反映问卷信度。除去问卷中的开放性问题,教师问卷剩余项数为26项,学生问卷剩余项数为19项,经SPSS 20.0检验,教师问卷信度测试结果为0.700;学生问卷信度测试结果为0.701,均达到信度良好标准(如表4-1)。

表4-1　中小学法治教育实施途径现状教师问卷信度

|  | Cronbach's Alpha | 项数 |
| --- | --- | --- |
| 中小学法治教育实施途径问卷调查(教师版) | 0.700 | 26 |
| 中小学法治教育实施途径问卷调查(学生版) | 0.701 | 19 |

## 4. 学校属性问卷数量信息

年级阶段、区域位置、学校性质和学校级别是较常见的学校基本属性。据此问卷基本信息部分设计了所教(在)年级、所处区域(城市/农村)、学校性质(公办/民办)、学校级别等学校属性信息问题。其中民办学校数据过少,所得量不足以形成分析样本,是数据调查中存在缺失的地方。

中小学法治教育涉及小学、初中、高中三个学段,不同学段教学对象、课程内容、课程设置、教学要求等方面的不同必然会产生不同的法治教育结果,对不同年级法治教育实施途径的现状调查有助于综合反映中小学法治教育途径的发展现状。根据中小学的教学实际,将问卷学段标准分为小学1(1—3年级)、小学2(4—6年级)、初中、高中四个阶段。学校级别则涉及教育资源分配问题。通过不同学校级别中小学法治教育途径分析,为学校级别与法治教育途径实施的资源、效果等方面的关系探讨提供基础资料。学校级别共有"省级示范/省级普通/市(地区)级示范/市(地区级)普通/县级/乡镇"六个分段。城乡差异是中国教育长期存在的显著特征,对中小学法治教育实施途径区域化的调查目的在于考察城乡差异是否同样对法治教育构成影响。不过由于在所处区域中将"农村"定义为"县及县以下",导致部分所得数据在区域方面没有明显差异。因此,各维度对比性质的现状分析通过学段划分、学校级别和所在区域中的部分数据得以体现(各性质问卷数量构成如图4-1至图4-3)。

| 学段 | 问卷数量(份) |
| --- | --- |
| 小学1 | 101 |
| 小学2 | 82 |
| 初中 | 165 |
| 高中 | 155 |

各学段问卷数量占比
- 小学1 20%
- 小学2 16%
- 初中 33%
- 高中 31%

图4-1 各学段调查问卷数量比例

| 学校所在区域 | 问卷数量(份) |
| --- | --- |
| 城市 | 222 |
| 农村 | 281 |

城市/农村问卷数量占比
- 城市 44%
- 农村 56%

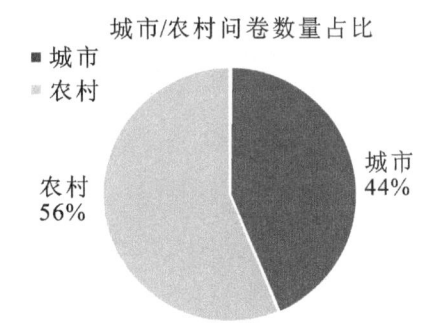

图4-2 城市/农村中小学调查问卷数量比例

| 学校级别 | 问卷数量(份) |
|---|---|
| 省级示范 | 48 |
| 省级普通 | 26 |
| 市/地区级示范 | 92 |
| 市/地区级普通 | 76 |
| 县级 | 102 |
| 乡镇 | 159 |

各级别学校问卷数量占比
- 省级示范 10%
- 省级普通 5%
- 市(地区)级示范 18%
- 市(地区)级普通 15%
- 县级 20%
- 乡镇(村) 32%

图4-3 各级别中小学调查问卷数量比例

## 二、中小学法治教育课堂教学途径现状分析

课堂教学途径较少受到客观条件限制，能够充分融于教学日常，是中小学最便捷、直接的法治教育实施途径。课堂教学一般包括课程、教材、教师等构成要素，因此问卷即从学校法治教育课程周次、课程次数合适程度、教学内容难度、教师配备等方面进行考量。

### 1. 中小学法治教育课堂教学途径整体状况

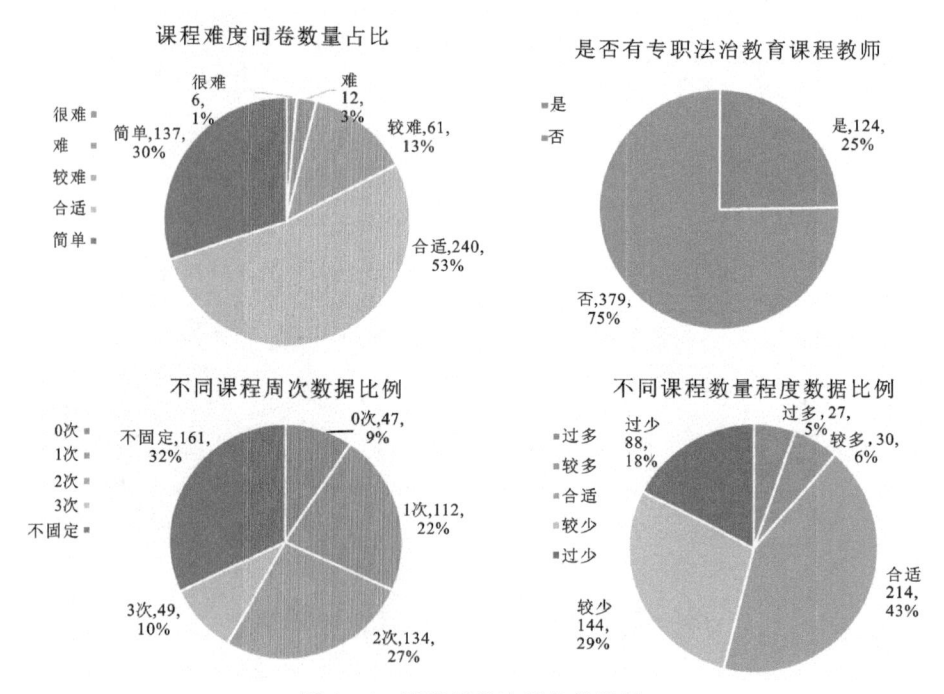

课程难度问卷数量占比
- 很难 6, 1%
- 难 12, 3%
- 较难 61, 13%
- 合适 240, 53%
- 简单 137, 30%

是否有专职法治教育课程教师
- 是 124, 25%
- 否 379, 75%

不同课程周次数据比例
- 0次 47, 9%
- 1次 112, 22%
- 2次 134, 27%
- 3次 49, 10%
- 不固定 161, 32%

不同课程数量程度数据比例
- 过多 27, 5%
- 较多 30, 6%
- 合适 214, 43%
- 较少 144, 29%
- 过少 88, 18%

图4-4 课堂教学途径整体结果

如图4-4所示,中小学法治教育课程周次占比由高至低依次为"不固定"(32%)、"2次"(27%)、"1次"(22%)、"3次"(10%)、"0次"(9%),有法治教育课程设置的比例达91%。问卷当中这一问题的前置问题是填写所在学校的法治教育课程名称。从统计结果来看,课程名称主要有"道德与法治""思想品德(政治)""法制教育""安全教育""品德与社会"五大类,其中"道德与法治"(146份)和"思想品德(政治)"(72份)数量总和接近问卷总量半数,另有"普法宣传""法在心中"等其他课程名称,可以看出老师们对"法治课程"的理解不尽相同。大部分中小学的法治教育课与思想政治类课程混同,或糅合于安全教育、普法宣传当中。尽管问卷结果中存在小比例的"无法治教育课程",但是基于对"法治课程"定义的理解不同,这部分学校未必没有法治教育的相关课程设置。

总体来看,我国中小学的法治内涵相关课程安排情况较好,绝大多数中小学开设了此类课程,对法治教育的课程设置途径关注度较高。在对法治教育课程次数安排合适程度的选择上,43%的教师认为法治教育课程的数量安排是合适的,另有29%的教师认为课程数量较少,17%的教师认为课程数量过少。也就是说,认为课程数量不足的教师比例(46%)高于认为课程数量合适的教师比例。结合对法治教育课程周次的调查结果来看,"不固定"选项可能意味着较低频次的法治教育课程实施。虽然总体上大多数中小学有法治教育课程,但在课程实现频率上表现不够积极。在课程内容难易程度的调查结果中53%的教师认为难度适中,30%的教师则认为课程内容较简单,这与学生该问卷的结果显示基本一致(如表4-2、表4-3)。需要说明的是,学生问卷中有40.57%的学生选择了无法治教育课程,不过在与学生的实际交流中了解到,很多学生对"法治课程"的定义理解为必须是名称为"法治课"的课程才是法治教育课,因此在相关题目的选择上存在较大的结果偏误。从存在难度选择的数据信息来看,认为"正常"和"简单"的学生仍占据了较大比例,能够与教师的看法相互印证。由此看来,当前中小学法治教育课程内容总体上呈现适中偏易趋向,暂时还没有找到难度适宜的普遍性教学内容。在中小学法治教育的师资配备方面,75%教师所在学校没有专职法治课程教师。去除选择本校无法治教育课程及有专职课程教师的问卷数量,共有332份问卷显示所在学校法治课程由其他科目教师兼授,其中政治老师兼任比例为52.10%,语文老师兼任比例为25.60%,另有22.3%的比例由其他科目教师兼任(如表4-3)。这一结果一方面证明了当前各中小学对法治教育课程的理解不一而足,没有达成较统一的法治教育课程共识,另一方面也反映了学校对于法治教育课程的师资配备没有充分关注。

表4-2 中小学法治教育课程难度各选项占比(教师问卷)

| 课程难度 | 问卷数量(份) | 不同选项占问卷总量比例(%) |
| --- | --- | --- |
| 非常难 | 0 | 0% |
| 有点难 | 45 | 9% |
| 正常 | 267 | 53% |
| 简单 | 151 | 30% |
| 无课程 | 40 | 8% |

表4-3 中小学法治教育课程难度各选项占比(学生问卷)

| 课程难度 | 问卷数量(份) | 不同选项占问卷总量比例 |
| --- | --- | --- |
| 非常难 | 1 | 0.29% |
| 有点难 | 21 | 6.00% |
| 正常 | 123 | 35.14% |
| 简单 | 64 | 18.29% |
| 无课程 | 142 | 40.57% |

表4-4 法治课程兼任教师科目比例(N=332)

| 兼任教师科目 | 数量(份) | 该选项占部分问卷总量比例 |
| --- | --- | --- |
| 语文 | 85 | 25.60% |
| 政治 | 173 | 52.10% |
| 其他 | 74 | 22.30% |

(1)不同学段法治教育课堂教学途径现状

1)各学段法治教育课程不同周次数据表现

表4-5和图4-5表示的是各学段法治教育课程不同周次选项的问卷数量及其在该选项问卷总量中的比例与趋势,反映不同学段在课程周次安排上的差异。由图4-5可以看到"0次"和"不固定"选项数据分化较显著。

高中法治教育课程次数在"0次"选项上所占比例达到61.7%,明显高于其他学段,在"不固定"选项上,初中(37.89%)和高中(39.13%)阶段占比基本持平,且明显大于小学阶段。初中阶段在"1次"和"2次"选项数据上普遍高于其他阶段。小学2阶段则在"3次"选项数据上占比最小,不过"3次"选项本身数量总数不高,各学段实际数量没有太大差别(如表4-5)。通过以上数据,从侧面反映出高中阶段法治教育课时量相对较少,整个中学阶段课程安排稳定性不足;相对而言,初中和小学比较能够保证法治教育课程的实施。换言之,小学阶段的法治教育课程周次呈现出规律性特征,多数有固定课程频次,能够保证法治教育课的确实存在,整体上在课程次数安排方面优于中学阶段。

表4-5　各学段法治教育课程不同周次选项问卷数量(份)

| 周次 | 小学1 | 小学2 | 初中 | 高中 | 总计 |
| --- | --- | --- | --- | --- | --- |
| 0次 | 7 | 4 | 7 | 29 | 47 |
| 1次 | 24 | 26 | 38 | 24 | 112 |
| 2次 | 38 | 27 | 47 | 22 | 134 |
| 3次 | 15 | 8 | 13 | 13 | 49 |
| 不固定 | 19 | 17 | 62 | 63 | 161 |
| 合计 | 103 | 82 | 167 | 151 | 503 |

各学段不同法治教育课程周次占比趋势

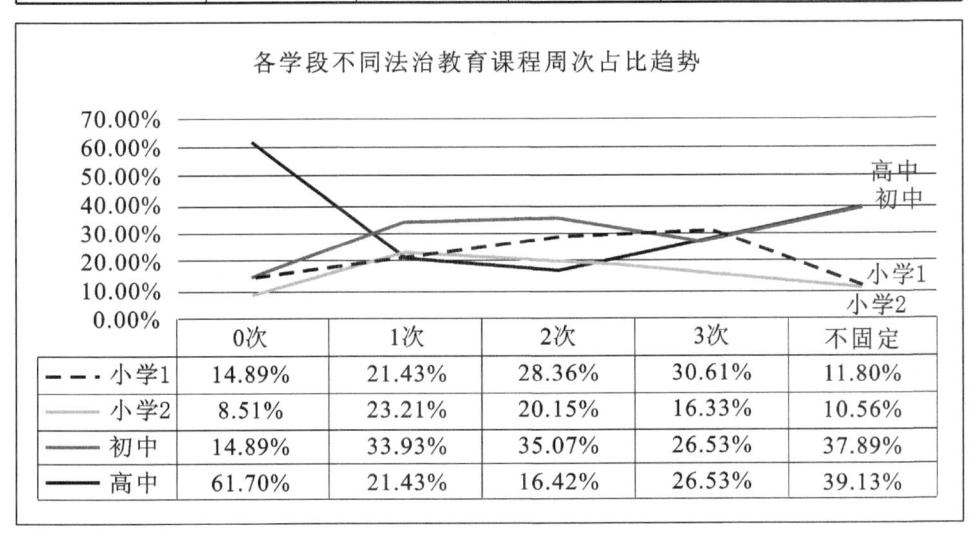

| | 0次 | 1次 | 2次 | 3次 | 不固定 |
| --- | --- | --- | --- | --- | --- |
| 小学1 | 14.89% | 21.43% | 28.36% | 30.61% | 11.80% |
| 小学2 | 8.51% | 23.21% | 20.15% | 16.33% | 10.56% |
| 初中 | 14.89% | 33.93% | 35.07% | 26.53% | 37.89% |
| 高中 | 61.70% | 21.43% | 16.42% | 26.53% | 39.13% |

图4-5　各学段法治教育课程不同周次选项比例

2）各学段法治教育课程周次合适程度数据表现

表4-6和图4-6表现的是不同学段教师对学校法治教育课程频次安排的观点。其中表4-5表示教师所选择的课程周次合适程度的问卷数量，图4-6表示每个程度选项数量在该学段问卷总量中的占比。从图表中可以看出，选择"合适"和"较少"的教师数量超过被调查总量的70%，认为课程周次不足的教师占比为44%。除高中外，"合适"选项在每个学段中的问卷数量比例均为最高，"较少"选项占比均为该学段问卷总量的第二位。可见大多数教师认为中小学法治教育课程次数偏少，课时不足。高中学段选项数量比例最高的是"过少"，并且在这一选项各个学段的横向对比上，高中学段仍为数量最大，形成对比的是"较多"选项最大值同样为高中学段。这反映出中学教师对高中法治教育课程的安排存在轻微的两极分化观点，这可能与学校间的课程安排个体差异有关。不过从课程量多（选择"过多""较多"）和课程量少（选择"过少""较少"）的数量选择对比上看，认为课程不足的教师仍占据大多数。初中阶段则在"较少"选项的纵向比例中为最高值。而在"过多"选项问卷数量方面，虽然总量不大，但是可以看到小学1阶段为各学段该选项上的最大值。总体上看，大部分老师认为中小学的法治教育课程周次不够充足，并且不同学段的课程周次安排不够合理，不能满足各个学段对法治教育课程的具体要求，需要针对不同学段的现实特征调整法治教育课程数量，以符合各阶段对法治教育课堂教学途径的现实要求。

表4-6 各学段法治教育课程周次合适程度选项问卷数量（份）

| 周次 | 小学1 | 小学2 | 初中 | 高中 | 总计 |
| --- | --- | --- | --- | --- | --- |
| 过多 | 13 | 3 | 5 | 6 | 27 |
| 较多 | 2 | 2 | 7 | 19 | 30 |
| 合适 | 45 | 44 | 85 | 40 | 214 |
| 较少 | 34 | 23 | 47 | 40 | 144 |
| 过少 | 7 | 10 | 21 | 50 | 88 |
| 总计 | 101 | 82 | 165 | 155 | 503 |

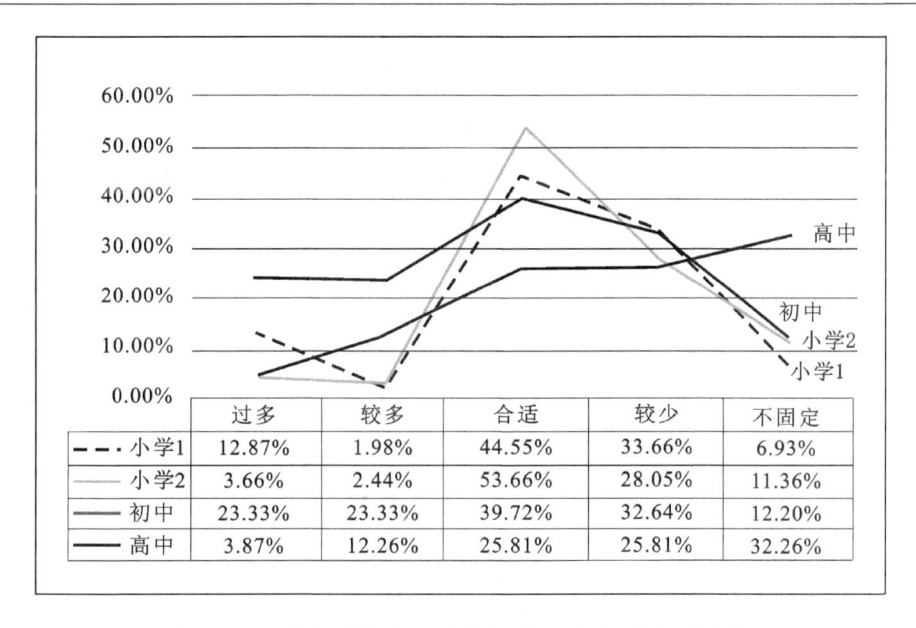

|  | 过多 | 较多 | 合适 | 较少 | 不固定 |
|---|---|---|---|---|---|
| 小学1 | 12.87% | 1.98% | 44.55% | 33.66% | 6.93% |
| 小学2 | 3.66% | 2.44% | 53.66% | 28.05% | 11.36% |
| 初中 | 23.33% | 23.33% | 39.72% | 32.64% | 12.20% |
| 高中 | 3.87% | 12.26% | 25.81% | 25.81% | 32.26% |

图4-6 各学段法治教育课程周次合适程度选项比例

**3) 各学段法治教育课程内容难度数据表现**

如表4-7和图4-7所示，不同学段对法治教育课程内容难度的感受基本一致。其中表4-6表示各学段各难度选项的问卷数量，图4-7表示每个难度选项在该学段问卷总量中所占比例。从表4-6各难度选项的数量表现上可以看到每个学段在"很难"到"合适"为递增趋势，"简单"选项则有一定程度上的数量减少。"合适"选项在纵向中每个学段的数量均为最大，"简单"选项紧随其后，二者总和占据问卷总量的75%。在"很难"和"难"两个程度方面，总数仅为18份，虽然"较难"选项数量增加较多，但三者总和仅为88份，为问卷总数的17.5%，可见大多数教师认为现行中小学法治教育课程的内容是合适或者偏易的。由图4-7可以看到各个学段不同难度阶段的数量趋势基本一致。小学2阶段和初中阶段对课程难度的满意度最高，"合适"选项比例接近或超过该学段的60%。"简单"选项的纵向比值对比中，小学1阶段比值最大，其次为高中阶段。综合来看，中小学法治教育课程的内容安排是较合适的，但有偏容易的倾向。尤其在小学初始的1至3年级和高中阶段的课程内容不太符合这两个学段对法治教育内容的难度要求，略显简单。小学2阶段的课程内容难度安排较为适中，合适度较高，其他学段的内容难度还有待进一步调整，以与中小学生的身心发展相适应，从而提升法治教育课堂教学途径的实效。

表4-7 各学段法治教育课程内容难度选项问卷数量(份)

| 难易程度 | 小学1 | 小学2 | 初中 | 高中 | 总计 |
|---|---|---|---|---|---|
| 很难 | 1 | 1 | 2 | 2 | 6 |
| 难 | 3 | 2 | 3 | 4 | 12 |
| 较难 | 11 | 10 | 18 | 22 | 61 |
| 合适 | 42 | 44 | 90 | 64 | 240 |
| 简单 | 35 | 15 | 42 | 45 | 137 |
| 总计 | 92 | 72 | 155 | 137 | 456 |

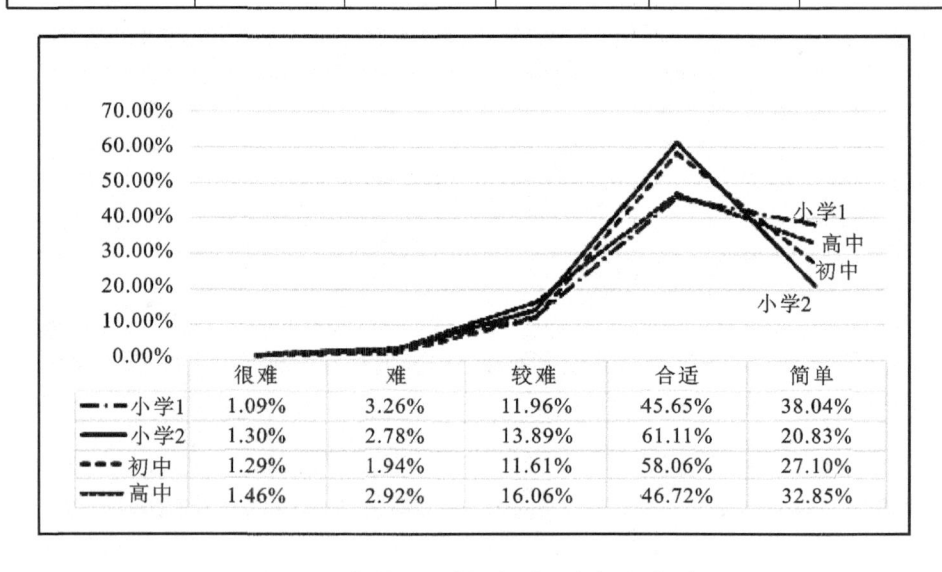

|  | 很难 | 难 | 较难 | 合适 | 简单 |
|---|---|---|---|---|---|
| 小学1 | 1.09% | 3.26% | 11.96% | 45.65% | 38.04% |
| 小学2 | 1.30% | 2.78% | 13.89% | 61.11% | 20.83% |
| 初中 | 1.29% | 1.94% | 11.61% | 58.06% | 27.10% |
| 高中 | 1.46% | 2.92% | 16.06% | 46.72% | 32.85% |

图4-7 各学段法治教育课程难度选项比例

(2)不同层次中小学法治教育课堂教学途径现状

1)不同层次学校法治教育课程周次数据表现

表4-8和图4-8分别表述不同层次中小学法治教育课程不同周次选项的问卷数量和该周次选项问卷数量在该学校级别问卷总量中的比例。如图表所示,纵向上的不同层次学校各周次选项对比上,"省级示范"学校、"省级普通"学校、"市级示范"学校最大值均为"不固定"选项;"市级普通"学校最大值选项为"0次";"县级"和"乡镇"学校数量最多的周次选项同为"2次"。横向上,"不固定"选项问卷数量值最大为161份,占问卷总量的32%,其次是"2次"选项问卷数量为134份,占问卷总量约27%,两个较极端选项

"0次"和"3次"则数量较少,总和约占问卷总量的19%。以学校层次为区分界限来看,各层次中小学绝大多数都开设有法治教育相关课程。虽然"不固定"选项的单项数量值最高,但有固定周次的数量总和为295份,远多于"不固定"数量,多数学校倾向于每周2次的法治教育课时安排。县级以上学校课程周次选择表现出的不稳定性较大,"不固定"占比偏高,同时在有固定的次数选择中,各层次之间差异也较大。县级及以下学校则较集中表现在"1次"和"2次"的周次课程安排上。综合以上各数据发现,各级别中小学的法治教育课程周次规律化还有进一步提升空间,同时各层次学校仍存在无法治教育课程现象,尤其是"市级普通"学校表现较明显,有待改善。

表4-8 不同层次学校法治教育课程周次选项问卷数量(份)

| 课程周次 | 省级示范 | 省级普通 | 市级示范 | 市级普通 | 县级 | 乡镇 | 总计 |
| --- | --- | --- | --- | --- | --- | --- | --- |
| 0次 | 0 | 5 | 13 | 23 | 3 | 3 | 47 |
| 1次 | 5 | 7 | 14 | 22 | 23 | 41 | 112 |
| 2次 | 9 | 4 | 24 | 8 | 36 | 53 | 134 |
| 3次 | 2 | 0 | 12 | 7 | 7 | 21 | 49 |
| 不固定 | 32 | 10 | 29 | 16 | 33 | 41 | 161 |
| 总计 | 48 | 26 | 92 | 76 | 102 | 159 | 503 |

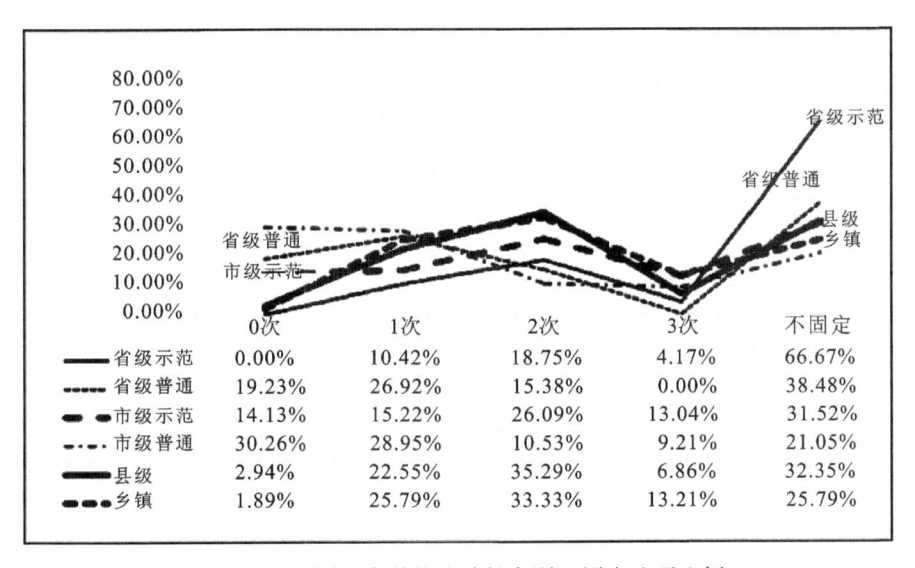

|  | 0次 | 1次 | 2次 | 3次 | 不固定 |
| --- | --- | --- | --- | --- | --- |
| ——省级示范 | 0.00% | 10.42% | 18.75% | 4.17% | 66.67% |
| ----省级普通 | 19.23% | 26.92% | 15.38% | 0.00% | 38.48% |
| —●—市级示范 | 14.13% | 15.22% | 26.09% | 13.04% | 31.52% |
| --·-市级普通 | 30.26% | 28.95% | 10.53% | 9.21% | 21.05% |
| ——县级 | 2.94% | 22.55% | 35.29% | 6.86% | 32.35% |
| ■■乡镇 | 1.89% | 25.79% | 33.33% | 13.21% | 25.79% |

图4-8 不同层次学校法治教育课程周次选项比例

2) 不同层次学校法治教育课程周次合适程度数据表现

表 4-9 表示不同级别学校教师对所在学校法治教育课程周次安排的不同合适程度观点问卷数量。图 4-9 表示不同课程周次合适程度在这一级别学校问卷总量中所占的比例。由图表可知,省级示范学校和省级普通学校认为课程安排偏少,即"较少"和"过少"的比例最大,且省级普通学校"较少"选项的单项占比最高。可见省级学校的中小学教师普遍认为所在学校的法治教育课程课时安排不足。结合图 4-8 的课程周次数据反映出省级学校的法治教育课程的实现程度略有不足。市级示范和市级普通学校从课程次数多("过多"和"较多")、次数合适、次数少三个含以上来看,大致各占该级别问卷数量的三分之一,反映出市级学校的法治教育课程安排区别较大,自主表现比较明显,教师看法存在较大分歧。县级和乡镇学校教师对学校的法治教育课程量安排观点较为统一,大多数认为课程量"合适"。整体来看,中小学的法治教育课程周次安排在不同学校级别上存在一定差异,省级学校和市级学校有待进一步调整,省级学校需要适度增加法治教育课程安排,市级学校则需要根据各学校的具体情况区别对待,有针对性地调整法治教育课时。

表 4-9　不同层次学校法治教育课程周次合适程度选项问卷数量(份)

| 合适程度 | 省级示范 | 省级普通 | 市级示范 | 市级普通 | 县级 | 乡镇 | 总计 |
| --- | --- | --- | --- | --- | --- | --- | --- |
| 过多 | 0 | 0 | 19 | 7 | 0 | 1 | 27 |
| 较多 | 0 | 0 | 13 | 17 | 0 | 0 | 30 |
| 合适 | 17 | 5 | 28 | 23 | 55 | 86 | 214 |
| 较少 | 16 | 11 | 21 | 18 | 27 | 51 | 144 |
| 过少 | 15 | 10 | 11 | 11 | 20 | 21 | 88 |
| 总计 | 48 | 26 | 92 | 76 | 102 | 159 | 503 |

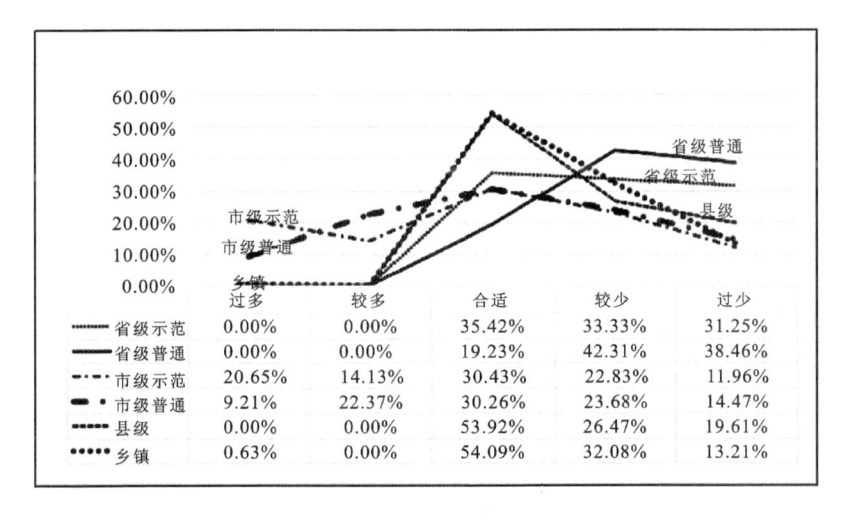

| | 过多 | 较多 | 合适 | 较少 | 过少 |
|---|---|---|---|---|---|
| 省级示范 | 0.00% | 0.00% | 35.42% | 33.33% | 31.25% |
| 省级普通 | 0.00% | 0.00% | 19.23% | 42.31% | 38.46% |
| 市级示范 | 20.65% | 14.13% | 30.43% | 22.83% | 11.96% |
| 市级普通 | 9.21% | 22.37% | 30.26% | 23.68% | 14.47% |
| 县级 | 0.00% | 0.00% | 53.92% | 26.47% | 19.61% |
| 乡镇 | 0.63% | 0.00% | 54.09% | 32.08% | 13.21% |

图 4-9 不同层次学校法治教育课程周次合适程度选项比例

3) 不同层次学校法治教育课程内容难度数据表现

表 4-10 是对不同层次学校法治教育课程内容难度不同选项问卷数量的统计，图 4-10 表示每个难度选项数量占该层次学校问卷总量的比例。由表 4-10 和图 4-10 可知法治教育课程内容难度在各层次学校的表现情况与其在中小学整体的表现情况基本一致。除省级示范和省级普通学校外，其余四个层次学校的法治教育课程内容难度最大值选项均为"合适"。省级学校"简单"选项占该层次学校问卷总量的比值最大，但与"合适"选项的数量差异微小，基本持平。市级学校在"合适"与"简单"选项上的比例差异比较明显，"合适"高于"简单"，不过从数量上看，二者差值不大，"合适"问卷数量略多于"简单"问卷数量。县级和乡镇学校的课程内容程度选择表现明显集中在"合适"选择，分别占到该层次学校问卷总量的 65.26% 和 58.9%。以上数据表明，各层次学校的法治教育课程难度整体上比较合适。其中省级学校的课程难度略微偏于简单，不太适应当前学生的认知水平，需要进一步提高。市级学校课程难度不一，各个难度均占一定比例，反映出这一层次学校的法治教育课程内容可能缺乏较为专业、统一的标准，有待进一步优化、完善。县级和乡镇学校现行的法治教育课程内容难度则比较适中，仅需个别调整。

表4-10　不同层次学校法治教育课程内容难度选项问卷数量(份)

| 难易程度 | 省级示范 | 省级普通 | 市级示范 | 市级普通 | 县级 | 乡镇 | 总计 |
|---|---|---|---|---|---|---|---|
| 很难 | 0 | 0 | 1 | 2 | 1 | 2 | 6 |
| 难 | 0 | 0 | 2 | 3 | 3 | 4 | 12 |
| 较难 | 3 | 5 | 13 | 10 | 10 | 20 | 61 |
| 合适 | 20 | 8 | 36 | 28 | 62 | 86 | 240 |
| 简单 | 22 | 10 | 27 | 25 | 19 | 34 | 137 |
| 总计 | 45 | 23 | 79 | 68 | 95 | 146 | 456 |

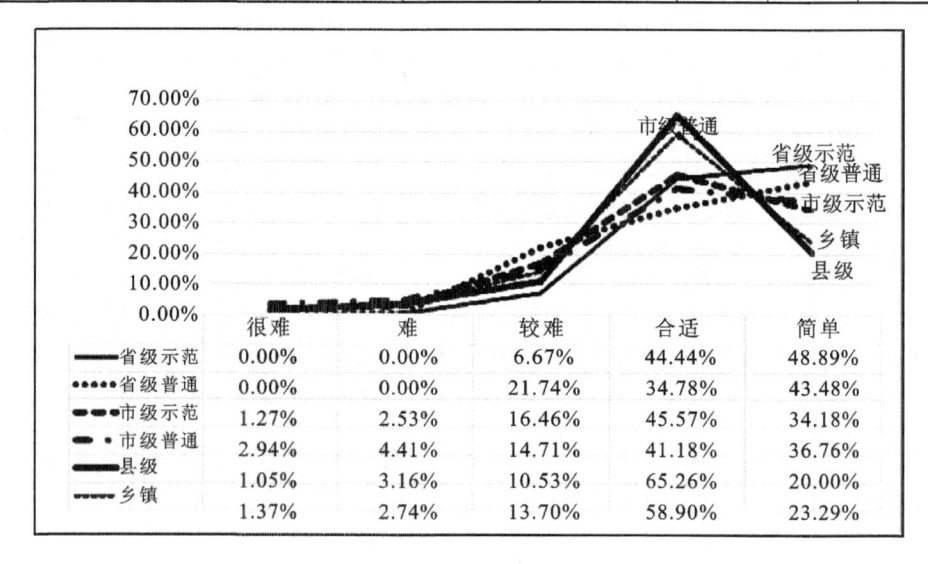

|  | 很难 | 难 | 较难 | 合适 | 简单 |
|---|---|---|---|---|---|
| 省级示范 | 0.00% | 0.00% | 6.67% | 44.44% | 48.89% |
| 省级普通 | 0.00% | 0.00% | 21.74% | 34.78% | 43.48% |
| 市级示范 | 1.27% | 2.53% | 16.46% | 45.57% | 34.18% |
| 市级普通 | 2.94% | 4.41% | 14.71% | 41.18% | 36.76% |
| 县级 | 1.05% | 3.16% | 10.53% | 65.26% | 20.00% |
| 乡镇 | 1.37% | 2.74% | 13.70% | 58.90% | 23.29% |

图4-10　不同层次学校法治教育课程内容难度选项比例

## 2. 中小学法治教育校内实践实施途径现状

法治教育的实现方法通常可以分为知识理论教育和实践体验教育两大类。知识理论教育侧重于法律常识的普及和法治知识的学习,多以课堂讲解、教材学习等方式呈现,注重内容的理解,比如普法教材的解读、法治读本的理解等。实践体验教育侧重于实际操作和亲身感受,强调学习者的参与互动,利用模拟或实地考察参观等形式使学习者能够身临其境,比如模拟法庭、庭审旁听、法治主题辩论赛等。

问卷中关于具体实践途径的问题多以"您所在学校是否有××活动"的提问方式出现,目的在于直接获取各类型实践途径的存在状况。问题选项除部分问题不存在模糊性答案的选项外,其余均设置为"是""否""偶尔"三项。"是"与"偶尔"的区别在于这一实践途径的出现频率。"偶尔"表示该途径方式出现的偶然性,或在某些特殊情况下出现,比如政策要求、评估所需、纪念日等,出现频率较低,甚至只有一次。"是"表示该途径出现的次数具有一定常态性,在学校日常规程之内且不以其他因素发生而发生,频率相对较高。中小学法治教育对象的特殊性决定其实施途径必然需要有针对性的理论和实践途径相结合。从现有的中小学法治教育实施途径来看,可以操作环境为划分界限,分为校内实践途径和校外实践途径。其中校内实践途径指的是在学校范围内能够开展的,不需要过多社会资源配合的,由学校组织实施的法治教育实践途径。基于这一角度,问卷校内实践途径的问题设计主要从举办可操作活动、观看相关展览及多媒体资料、家长参与、社会资源的邀请等方面展开。具体校内实践途径类型包括模拟法庭、法治辩论赛、多媒体资料(代称"影像")、主题班会、相关人士讲座、亲子教育、家长会、相关活动的家长邀请等。

(1)中小学法治教育校内实践途径整体现状

如图4-11所示,在九种常规校内实践方式中,"是"选项数量最多的为"班会"(367份)。"是"选项数量大于"否"选项数量的途径由高至低依次为"班会"(367份)、"影像"(332份)、"讲座"(305份)。"否"选项数量最高的途径类型为"辩论赛"(317份),其余降序排列依次是"模拟法庭"(301份)、"亲子"(294份)、"家长会"(255份)、"邀请家长"(202份)。图4-12是每个校内实践途径"是"选项和"偶尔"选项在该选项中所占的问卷数量比例,内环为"是"选项的数据结果,外环为"偶尔"选项的数据结果。由图中可以发现,"班会"途径是中小学法治教育应用频率最高的方式,影像等多媒体资料展示、主题讲座紧随其后,也是较为常用的法治教育途径。而在"偶尔"选项的比例中,各途径类型比例差值不大。其中"辩论赛"和"模拟法庭"方式的"否"选项数量最多,说明这两种形式虽然在日常法治教育活动中会被使用,但使用频率较低。同时通过Excel筛选操作,筛选出四种"是"选项数量大于"否"选项数量的途径同时存在的问卷数量为141份,占问卷总量的28%($N=503$)。九种途径全部存在的问卷数量为14份,约占问卷总量的3%。

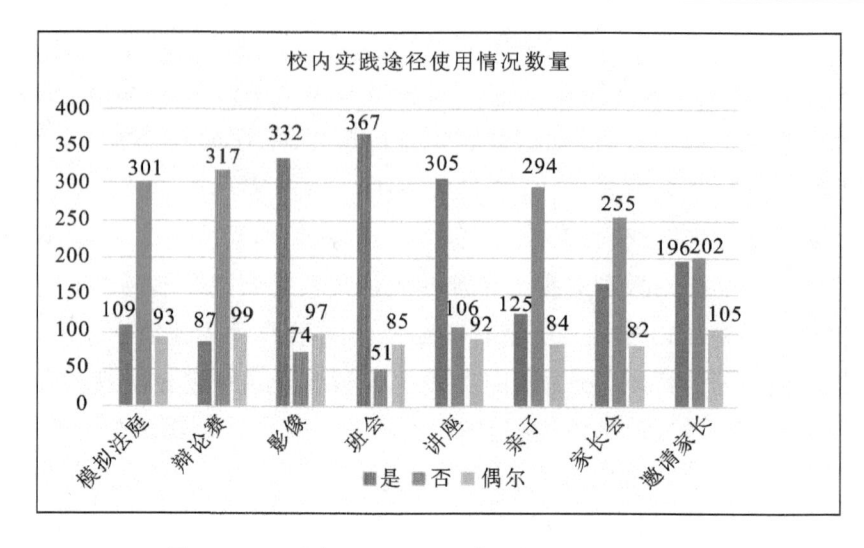

图 4-11 不同校内实践途径使用情况问卷数量（份）

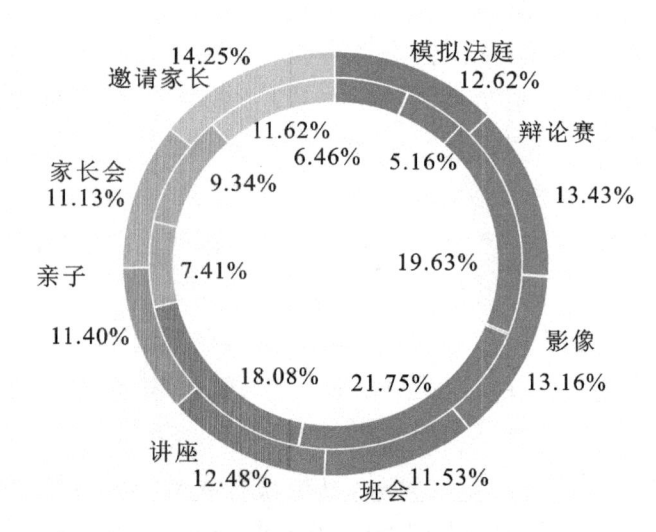

图 4-12 不同校内实践途径使用情况比例（教师问卷）

另外，学生问卷在校内实践途径类型方面的问题主旨和目的与教师问卷相同，仅在具体问题设计上稍有不同，将"亲子教育"和"邀请家长"合为"是否与父母共同参与过学校法治教育相关活动"。据数据结果（如图4-13）显示，学生方面与教师问卷结果基本一致，"班会""讲座""影像"为学校常用校内法治教育途径。

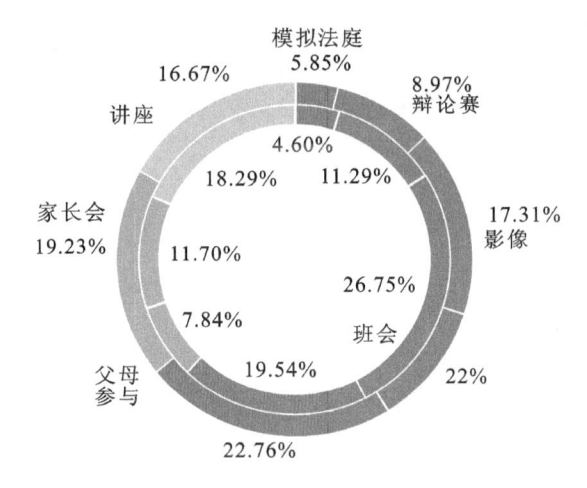

图 4-13  不同校内实践途径使用情况比例（学生问卷）

**（2）不同学段法治教育校内实践途径现状**

学段间的教育教学活动差异主要由学生的群体性差异产生，学生的身心发展阶段决定了不同时期教学方法的使用需要存在区别化。中小学法治教育途径的实施对象是中小学生，必然需要适应学生特征。图 4-14 和图 4-15 展示了小学 1 和小学 2 阶段每个校内实践途径在该学段"是"与"偶尔"选项问卷总量中的应用比例。"班会"为两个学段问卷总量中使用状况比例最高的方式，分别为 22.45% 和 22.81%。小学两个阶段各途径"是"选项的比例大小顺序基本相似，但在"偶尔"选项的比例排序上有一定差别。小学 1 阶段"偶尔"使用的法治教育途径频率最高的为"亲子"途径（15.67%），其次为"模拟法庭"（14.93%）。小学 2 阶段则分别为"影像"（15.65%）和"邀请家长"（14.18%）。说明小学低年级法治主题的亲子教育和模拟法庭活动现在偶尔使用的途径类型中是应用频率较高的途径，小学高年级则为观看多媒体资料和邀请家长参与相关活动。图 4-16 和图 4-17 表现了初中和高中阶段校内实践途径的使用情况比例。与小学阶段的各途径使用频率顺序没有显著差异，"偶尔"使用的途径比例最高的分别为"影像"（15.65%）和"邀请家长"（15.57%）。可以看出中学阶段法治教育途径中家长参与表现较小学阶段较弱，但"辩论赛"等学生互动相关的途径使用率有所提升。

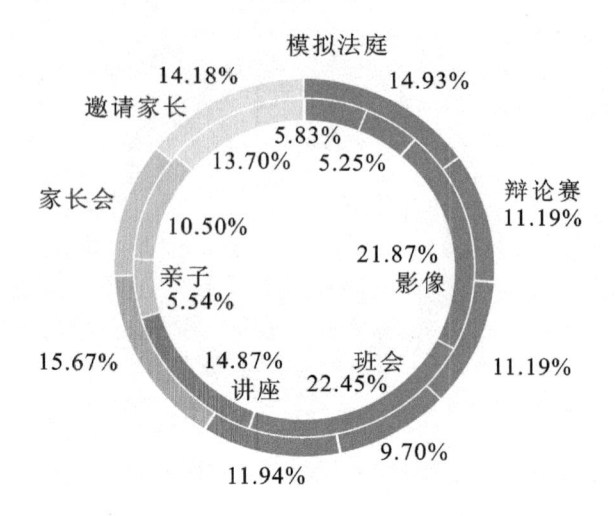

图 4-14　小学 1 阶段校内实践途径使用情况比例

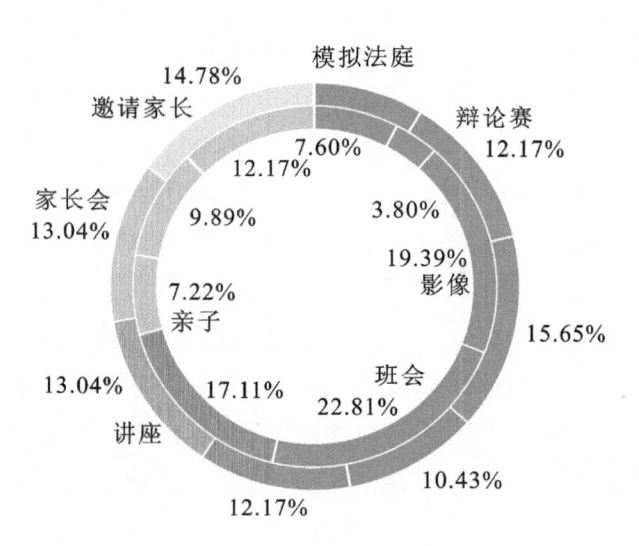

图 4-15　小学 2 阶段校内实践途径使用情况比例

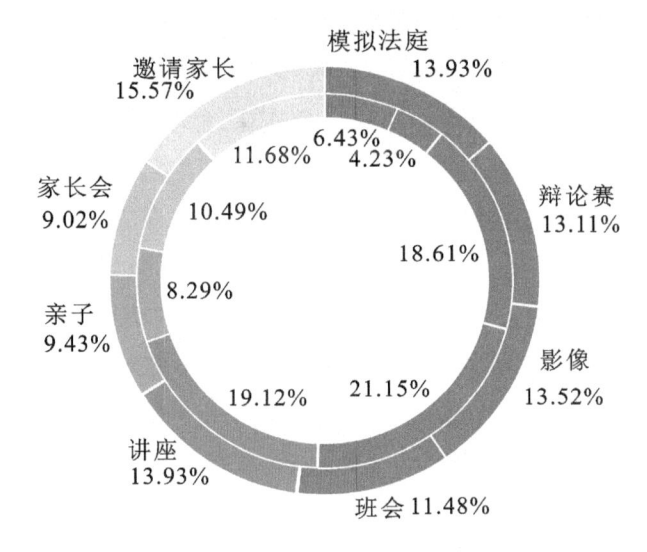

第四章　中小学法治教育方式与途径的创新　113

图4-16　初中校内实践途径使用情况比例（模拟法庭13.93%，邀请家长15.57%，11.68%，6.43%，4.23%，辩论赛13.11%，10.49%，18.61%，家长会9.02%，8.29%，影像13.52%，亲子9.43%，19.12%，21.15%，讲座13.93%，班会11.48%）

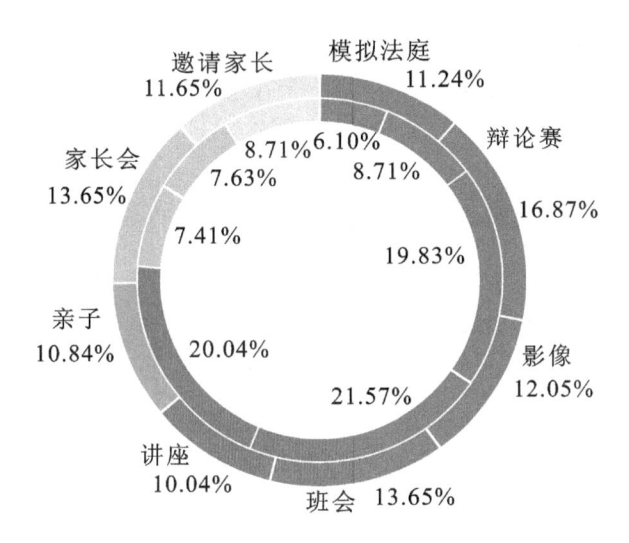

图4-17　高中校内实践途径使用情况比例（模拟法庭11.24%，邀请家长11.65%，8.71%，6.10%，8.71%，辩论赛16.87%，7.63%，19.83%，家长会13.65%，7.41%，影像12.05%，亲子10.84%，20.04%，21.57%，讲座10.04%，班会13.65%）

(3)不同层次学校法治教育校内实践途径现状

学校层次间的差异不仅体现在硬件配备方面,师资力量、教育教学理念也会带有一定的学校特色。就法治教育而言,作为教育教学活动的一部分,同样会有相应学校特色的渗透。图4-18至图4-23依次展示了六个层次的中小学校内法治教育实践途径的使用情况。如图所示,学校层次间实践途径上的差异化主要表现在非常用法治教育途径的选择上。层次划分角度的法治教育途径类型应用情况最好的仍为"班会""讲座""影像",在"偶尔"使用的途径类型中使用比例相对较高的为"模拟法庭""辩论赛"。县级和乡镇学校家长参与相关的法治教育途径使用比例较高,使用情况比较理想。尤其是"家长会"和"邀请家长"形式所占比例明显高于其他层次学校。省级学校的"模拟法庭""辩论赛"等学校资源相关的法治教育途径应用情况较其他级别更为突出。总体上各层次学校途径使用状况的侧重点稍有不同,不过仍以易实现的方式为主要途径方式。

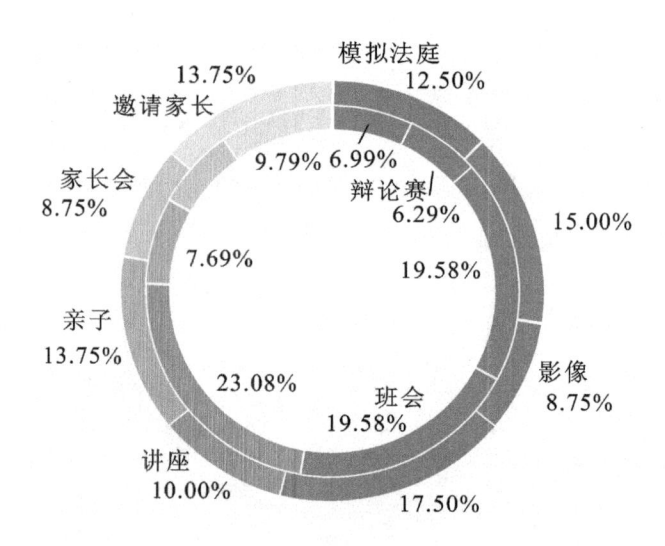

图4-18 省级示范学校校内实践途径使用情况比例

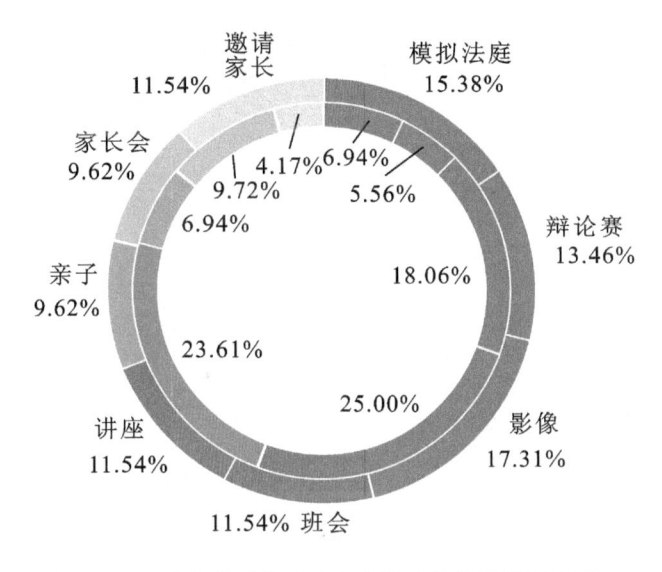

图 4-19 省级普通学校校内实践途径使用情况比例

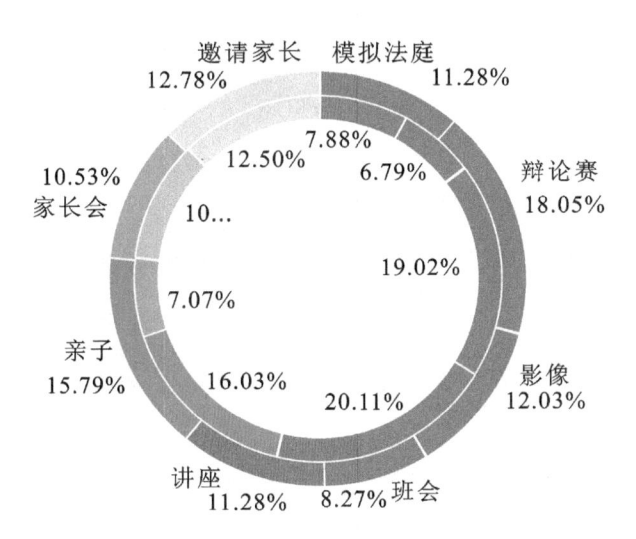

图 4-20 市级示范学校校内实践途径使用情况比例

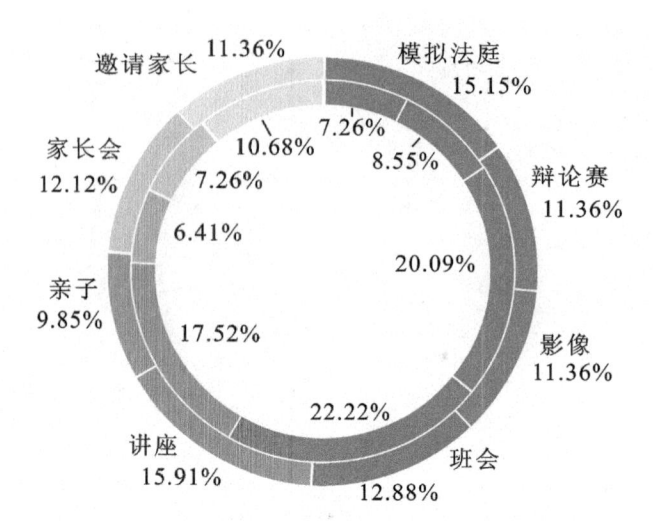

图 4-21 市级普通学校校内实践途径使用情况比例

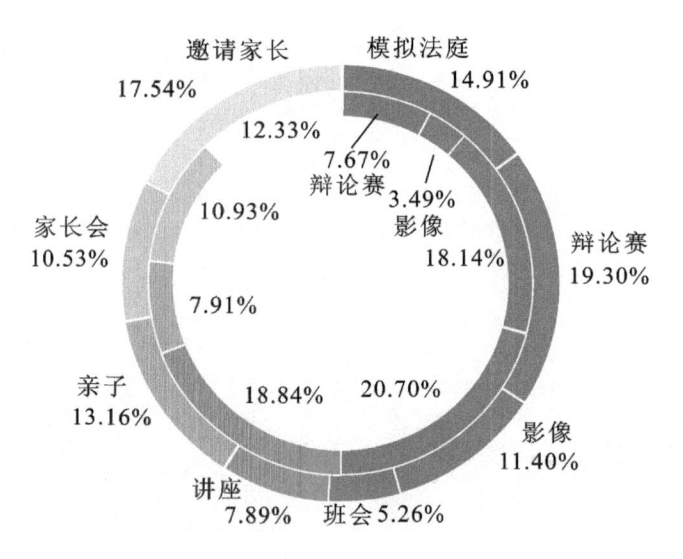

图 4-22 县级学校校内实践途径使用情况比例

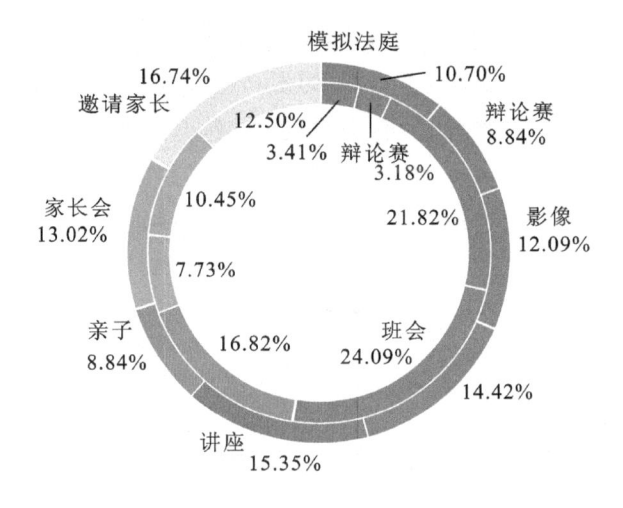

```
         模拟法庭
         10.70%
邀请家长  16.74%
         12.50%        辩论赛
          3.41% 辩论赛  8.84%
家长会    10.45% 3.18%
13.02%         21.82%  影像
          7.73%        12.09%
亲子      16.82% 班会
8.84%          24.09%
               14.42%
         讲座
         15.35%
```

图 4-23 乡镇学校校内实践途径使用情况比例

### 3. 中小学法治教育校外实践途径现状

校外实践途径指的是以途径实现环境为界限的,在学校范围之外使用的法治教育实践途径。这类途径通常是学校力量与社会力量相结合的成果,需要社会机构的充分配合以及学校对社会资源的充分整合利用。"法治教育"脱不开"法""治"二字,与此相关的组织机构、内容形式都可以成为法治教育可利用的工具。从我国现有社会组织机构来看,能够与学校结合,成为中小学法治教育的社会资源主要有公检法机关、社区、法律相关社会组织等类型。该部分问卷设计的问题形式与校内实践途径问题形式相同,问题选项仍为"是""否""偶尔"三项。具体调查内容主要为法治教育展览参观、庭审活动参与、监狱等司法机构参观、社区相关互动、法律类社会组织互动等方面的实现情况。

如图 4-24 至图 4-27,校外实践途径的整体实施情况普遍不甚理想,除"展览"途径外,其他各类型途径"否"选项均大于50%,"庭审""监狱""社会组织"是应用率最小的三种途径。学生问卷中,"庭审"和"监狱"的使用比例更低,与教师问卷结果相同,"展览"为校外实践途径中使用情况最好的途径类型。通过对比集中校外途径实践类型可以发现,参观展览、社区活动、社会组织活动等公开程度高、资源公共性程度高的类型更加容易实现法治教育的校外实践。而庭审活动、监狱等司法机构相关活动,因为地点和内容具有一定程度的私密性,不易成为法治教育开展的实践地点。由此,可见,中小学法治教育的校外实践途径受社会资源的客观影响较大。同时在问卷调查中有关学校是否有实践基地的问题,根据统计结果显示,选择有实践基地的问卷数量为78份,约为问卷总量的15.5%;选择没有的问卷数量为425份,约为问卷总量的84.5%,可见在"实践基地"的实现方面,大多数学校为没有法治教育实践基地的状态,作为法治教育的关键内容,实践基地的缺失会深刻影响到法治教育途径的多样化和有效性。不同学段和不同级别学校校外法治教育实现途径实施情况与校外途径的整体实施情况基本无异,没有突出异常,因此在此不另行分析。

表4-11 学校是否有实践基地(仅教师)

| 选项 | 数量(份) | 该选项占部分问卷总量比例(%) |
| --- | --- | --- |
| 是 | 78 | 15.50% |
| 否 | 425 | 84.50% |

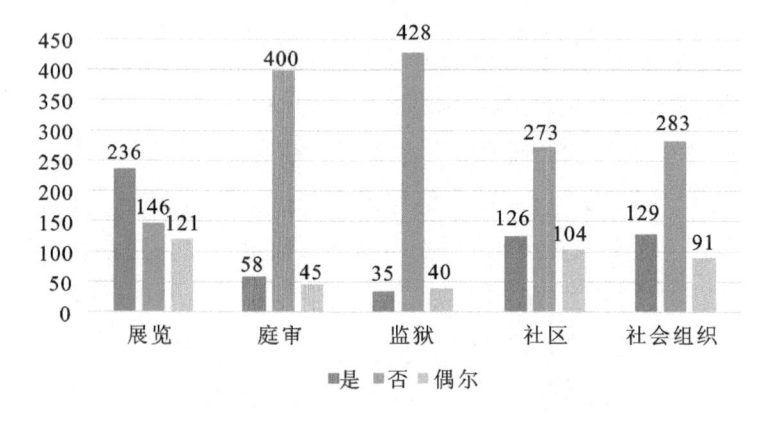

图4-24 不同校外实践途径各选项问卷数量(份)

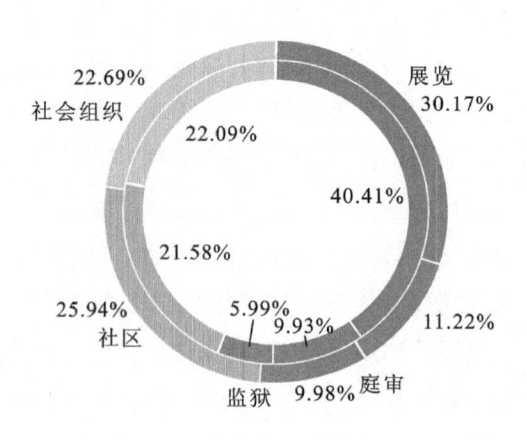

图4-25 不同校外实践途径使用情况比例

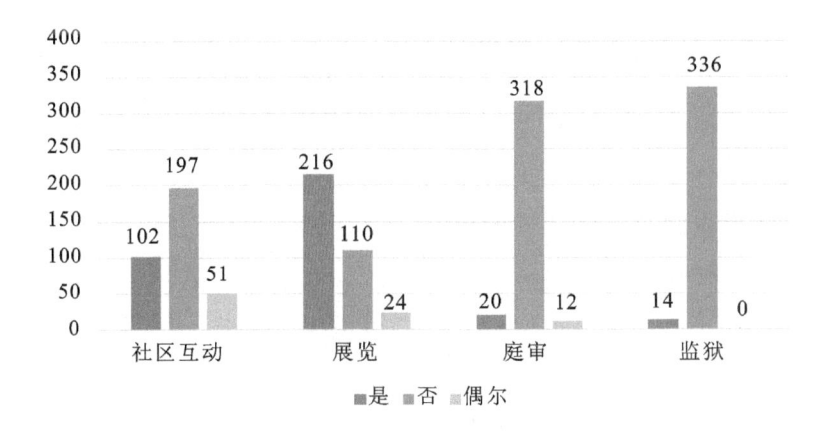

图 4-26  不同校外实践使用情况问卷数量(学生问卷)

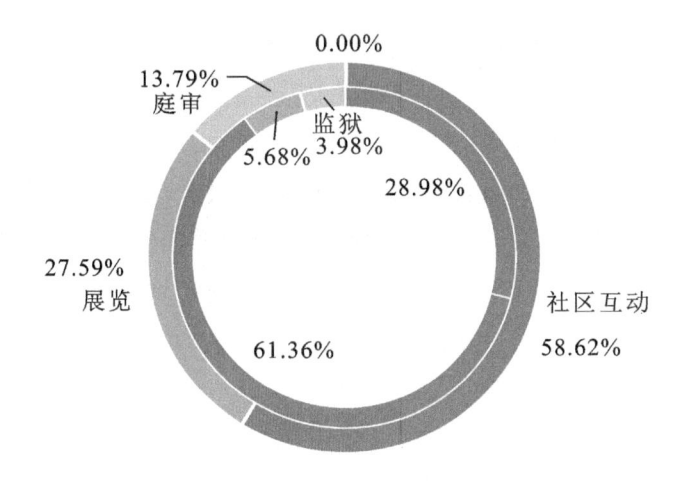

图 4-27  不同校外实践途径使用情况比例(学生问卷)

# 第三节　中小学法治教育途径的问题与原因分析

## 一、中小学法治教育实施途径存在的问题

法治与其他社会生活一样，是人能动地改造客观实在的对象性活动，需要用实践的方式体现。这种实践实质上是法与社会事实的全方位融合，融合的结果即是我们对法治成果的期待。而在二者融合过程中，我们唯一可控的是如何实施操作，把控事物发展的走向。换言之，如何实现法治，本质上是选择用怎样的方式促成法治。通过对中小学师生的问卷调查与访谈，可以深刻体会到"一五普法"以来青少年法治教育取得的成果。以问卷中关于宪法性质的问题选项统计结果为例，350份学生问卷中314位中小学生认为"宪法是我国的根本大法"，比例高达90%。青少年已经逐步意识到"法"不是"打官司才需要用到的东西"，而是如空气一样填充社会生活。但同时也需要看到中小学法治教育仍有不足，比如校园欺凌现象的存在。在对教师的访谈中了解到，一部分中小学教师对校园欺凌的定义还以长期暴力的肢体行为接触为准，语言暴力、网络攻击等方式，若没有产生严重后果便不在欺凌行为之列。如果教师对欺凌的定义有偏差，一定程度上会影响学生对自己行为性质的判断。方式方法直接影响结果产出，这些不足的存在与法治教育的实施方式紧密相关，中小学法治教育的实施方式仍有待审视和调整。从调查结果反映的中小学法治教育实施途径现状来看，当前我国中小学法治教育的实施途径还存在以下问题。

1. 政策制定存在滞后性

谈及政策，必须要明白的是，政策是不能完全独立存在的。广义上的政策应当是一个环环相扣的整体，是通过存在相关性，能够互相联结在一起的不同政策组合产生的。这样的政策才能产生政策效用，具有可被实践的价值。基于政策梳理和现状分析我们发现，我国中小学法治教育相关政策在实施途径方面是有一定成果的，各类政策法规都会提及法治教育的具体操作方式，尤其是中后期的《青少年法治教育大纲》和"七五普法"规划等政策更是进一步细化了不同实施途径的操作方法，能够看到国家政策层面在中

小学法治教育方面的努力。但与此同时,我们也发现这些政策的时代烙印明显,没有及时跟随社会需求发生变化,存在较明显的滞后性,诸多举措落实不到位,导致中小学法治教育并未取得十分理想的效果。

2016年《青少年法治教育大纲》是当前我国专门针对青少年法治教育的内容较全面、结构较完善的纲领性文件。令人惊喜的是其中专章设立了途径说明,从学校、家庭、社会单个方面类别化地阐述了如何实施青少年法治教育,其中在学校教育方面就专门的课程途径展开了具体论述。但是该政策自出台至今已数年,真正的中小学法治教育课程大纲仍没有出台的迹象。课程是一个内容繁杂的庞大体系,仅依靠《青少年法治教育大纲》根本不能适应当前中小学法治教育的发展形势。多位中小学教师反映,尽管有部分政策规定了法治教育包含的主要内容,但是依然不太明白法治课程到底要教什么,期待学生有怎样的收获。所以很多采用"保险做法",尤其强调安全教育,附加部分爱国教育和普法教育。这些内容是法治的构成部分,但远不足以代表法治。校外参观、讲座等其他实践活动也没有相关的操作细则出台,法治教育有其特殊性,不能以其他教育形式的实践操作要求一概而论。此外,配套的评价机制尚未建立。不论是课程途径还是其他实践类途径,目前都没有相关的评价机制。课程评价基本与之前的思品课程无异,以考试评分形式检验学生的学习效果,这种形式无可厚非,但是能检验到的是学生知识记忆水平而不是法治教育的效果。其他实践途径更没有比较成熟的评价方式,中小学中有些选择不评价,有些则自行探索评价方式。我们不希望法治教育成为学生学习的新负担,不过适度的效果评价是检验途径成效的重要反馈渠道,也是督促法治教育不断完善的必要手段。配套政策的出台需要注重时效性,及时搭建完整的政策体系,才能达到政策解决问题的目的。

改革开放以来,我国法治教育政策的发展事实上是取得了比较明显的进步,尤其是近两年对"法治"的深刻理解不断表现在政策制定当中,在实施途径上确实提出了多类型的途径建议和政策要求,但是就我们了解到的情况来看,诸多中小学法治教育实施途径都没有被有效落实。比如前文提到的"国家宪法日",该纪念日是2014年十八届四中全会以立法形式确定的全国性纪念日,是明确宪法地位、推进依法治国的重大举措,也是中国社会迈向法治的重要体现。借纪念日之机对中小学生开展法治教育能够使他们产生深刻印象,从而取得良好效果。但我们所获得的调查数据显示,相当比例的中小学并没有开展国家宪法日相关活动(如图4-28),其他纪念日活动的开展情况也取决于地方政府和学校的自行安排。再如实行多年的"法治副校长"制度。其前身为"法制副校长"制度,主要职责是辅助中小学进行法治教育相关工作,还有"法治辅导员""校园法官""学校法律顾问"等内涵相似的其他称谓。据我们调查,中小学有此类辅助管理人员设置的学校约占38.76%,不足半数。"法治副校长"一般由有一定法律知识背景和实践工作的人士担任,他们能够为中小学法治教育的开展提出比较专业的建议,十分有利于法治教育工作脚踏实地、避免纯理论化。这一制度落实不足会降低中小学法治教育的实用性,不利于整体法治教育工作的进行。另外,其他实践基地建设、社会参与等途径的落实状况也有所欠缺,而且所有途径方面的政策落实并没有监督体系的设定,部分省市将其纳入学科评估体制或中小学生综合素质评价体制,并没有第三方评估体系的建立。我们不否认法治教育的最终目的是内化为国民的自觉行为,不需要外在约束,但是如果前期的转变过程有一定程度的监管体制将会加速这一过程的实现,从而保证法治教育的质量。

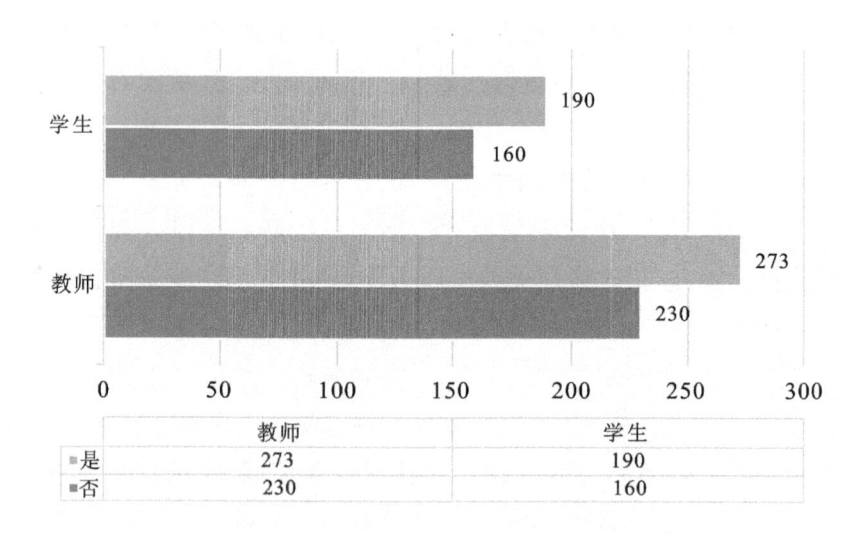

|  | 教师 | 学生 |
|---|---|---|
| 是 | 273 | 190 |
| 否 | 230 | 160 |

图4-28 国家宪法日活动举办情况(份)

法治教育是全民参与的国之大事,实施途径的政策配备决定法治实现的质量与效率。积极的执行、评价、监督等政策跟进制度能够为主体政策的作用效果提供保障。后续保障不仅要求国家层面各相关政策法规的及时出台,还需要地方政策法规的积极配合。中小学校各项管理工作主要由地方政府负责,地方政府有责任与义务开展法治教育相关工作,管理部门的有效督导是中小学法治教育工作的强制性保证。目前,关于青少年法治教育建设的硬性工作规定只有教育部等七部门《关于加强青少年法治教育实践基地建设的意见》督促各地建设法治教育实践基地,其他课程开设、师资配备、专业人员配比、教材编制等并没有具体的规定,没有给予地方政府及学校依自身实际开展工作的空间。但实际上,各地方除了遵守国家硬性规定,在软建设方面,并没有出台标准化的执行意见,自依法治国提出至今 20 余年,中小学法治教育的地方规章依然处于空缺状态,更不说探索依据自身实际的创新途径。各个学校基本都是依据现有政策规定方式实施法治教育,有些学校还会出现完成任务式的开展法治教育工作,地方政府对于法治教育工作的积极性缺失较严重。应该充分利用地方管理部门在法治教育中的角色作用,提高地方积极性,确保法治教育工作的有效落实。我国正处于中国社会大变革的关键时期,"法治"的实现正迎来前所未有的良好机遇,科学的政策、有效的执行和成熟的善后是中小学法治教育工作能够实现的必要条件,缺一不可。中小学法治教育是全民法治教育的起始,完善中小学法治教育实施途径的政策体制,并坚定有力地执行不仅是实现青少年法治教育的核心,更是实现国家"法治"愿景的关键。

2. 教材与师资等教学配置缺乏标准化

教育教学活动的质量除了受到校舍建设、教具配备等硬件设施的条件限制外,还受到教师素养、教材内容、课程编排等软件配套因素的影响。学校教育是中小学法治教育的主要阵地,课堂教学则是其最关键的实施途径,这一途径中所包含的任何一个相关因素都可能直接影响到法治教育效果,因此理想的法治教育课堂教学途径的实施离不开科学的课程设置、教材编写以及合理的师资力量、施教形式。2016 年法治课程教材名称的统一使"法治"终于不再是品德课程的隐形内容。随后,2017 年 7 月教育部、司法部、全国普法办联合下发《青少年法治教育大纲》,其中第四部分规定了青少年法治教育的内容。不过更名举动和《青少年法治教育大纲》的出台并没有使中小学法治教育立刻完成统一化的转型。问卷统计结果显示,较主流的中小学法治教育课程名称至少有七种,包括"道德与法治""思想品德(品德与社会)""政治""法制教育""安全教育""法律教育""法治与生活"等,使用的教材除了与以上课程名称同名的教材外还有"法律知识读本""小学生知法守法"等。不同学校的法治教育课时量、课程评价、课程内容难度等其他课程要素内容各异,在关于法治教育课程周次的问题中,"不固定"选项在师生问卷中占比都较高。有受访教师表示"法治课程的课时无法保证,有些时候需要看其他科目的课时情况,即便与品德课合为一体有固定课时,真正的法治内容能讲多少也是不确定的",课程评价没有标准要求,多由学校自行决定或没有评价规定。

构成因素的标准不一导致中小学法治教育的课程教学途径产生的效果也各不相同。在关于义务教育阶段在家上学是否合法合理问题的调查结果中,法治教育课程课时充足、课程内容较符合中小学生发展水平的学校的学生对该问题的回答能够理解到不合法、侵犯儿童的受教育权等,相反情况的学校的学生则多表示"不清楚"。分析课程和教材名称可以发现,部分中小学对于法治教育课程的理解仍以简单普法和安全教育为主,介于中小学法治教育对象的实际情况,法治内容确实应以易懂为基本,但是易懂并不意味着可以将法治教育退化为普法教育和安全教育。课堂途径构成要件的标准不一,一定程度上造成了中小学法治教育效果不一。不可否认,教育活动本身应当强调因循导势,不同学校现实状况各异,需要具有一定的自主决定权力。但自主的前提是已然形成科学、系统、合理的发展体系。尤其是义务教育阶段,教育对象极为特殊,课程设置必须经过科学考证,符合中小学生的身心发展规律,以达到教育目的。

另外,中小学法治教育的师资力量同样呈现参差状态。在"是否对教师进行过法治教育相关培训"问题中,约34%的教师选择了"否",约24%的教师选择"仅法治课程教师"。关于"法治培训频率",仅7%的教师选择"经常",26%的教师选择"偶尔",其他67%的教师选择"较少""很少"和"仅一次"。这一结果明显反映出巨大的法治教育教师培训缺口。缺少培训,一方面是学校重视程度不足,另一方面是因为并没有规定性的法治教育教师培训内容要求,大部分学校以政治课程的教研讨论或学生安全教育做替代。

教师的法治素养虽然不是推行法治教育的实施途径,但是教师是途径的直接操作人,其对法治的理解会渗透在日常教学活动当中,反映在课堂教学途径的执行中,潜移默化对学生产生影响。教师培训标准的缺失也会造成法治教育课堂教学途径效果不理想。其他诸如参观展览、开办讲座、校外活动等实践途径,同样没有具体内容、操作等方面的统一标准。规矩的存在不是为了限制,而是为了引导。缺乏标准要求的法治教育途径会使中小学法治教育工作经历更长时间的探索期,从而造成不必要的人力物力资源浪费,使法治教育效果大打折扣。

3. 教育过程忽视资源整合与科学利用

"资源"本质上是经济学范畴的概念。马克思、恩格斯将资源定义为财富的一种,认为"劳动和土地,是财富两个原始的形成要素"[①]。这一角度所谓的资源是自然资源和人类社会资源的综合,是一切可被人类开发和利用的物质、信息、能量的总称。借用经济学概念来理解法治教育实施途径的资源,即一切能够被法治教育活动所利用的物质、信息、能量。进一步质化则是指所有可以使用的法治教育相关物力、财力、人力等各种物质要素。据此将"资源"概念聚焦到中小学法治教育,应当是各种社会资源的集合产物。现有的中小学法治教育模式是以学校教育为中心、社会教育与家庭教育相结合的"三位一体"教育模式,意味着涉及学校、社会、家庭三方资源的综合利用,但从调查所得的数据现状来看,中小学在法治教育途径的具体实施中并没有科学、合理地利用既有资源。

由前述的现状分析可以看到,班会、观看多媒体资料等方式是最受中小学欢迎的法治教育开展形式,主题辩论赛、模拟法庭等同样为校园范围内可以实行的方式,但应用的频率却显著减少。几种方式都是可以利用学校自有资源开展的法治教育活动,最大区别在于一类方式仅需要简单的教室环境和多媒体设备即可实现的,另一类则需要耗费一定人力、物力,占用一定课时。部分师生在接受访谈时认为,学校在选择法治教育活动时要多考虑活动的简易性,"怎么方便怎么来",活动范围越大被采用的次数就越少,"一是因为举办全校性的活动比较麻烦,二是多少会占用学生其余学习时间",

---

① 中共中央马克思恩格斯列宁斯大林著作编译局. 马克思恩格斯选集:第 2 卷[M]. 2 版. 北京:人民出版社,1995:373.

所以"开班会""看电影"这种"随时随地"可以开始的活动就成为校内法治教育途径的主力,而"班主任或任课教师个别时候会依据教学情况适时举办辩论赛、实践模拟等比较有趣味性的活动"只能是这类活动的"锦上添花"。由此说明,中小学在选择法治教育实施途径时存在惰性,倾向于各方面条件要求不高、容易组织的活动。教师讲授的重要性无须多言,优秀的教师的确可以使课堂栩栩如生,但是讲授在任何一种教育活动中都不能替代实践操作的效用。单纯地听教方式只是知识传授的优选方式,对于带有工具属性的"法治",亲身体验能够使学生了解"法治"在实际运用中的细节过程,通过亲自操作有助于对法治内容产生更加深刻的理解,而不仅仅停留在知识学习层面,还可以冲淡传统课堂的枯燥感,改变学生对思想类课程的反感情绪。学校环境单纯、人员构成简单、活动组织易推行、比较容易取得积极效果、充分利用校内资源可以说是中小学法治教育的捷径。但是目前中小学法治教育并没有充分利用既有资源,间接放弃了走捷径的机会。最易得的校园资源都没有积极调动,又该如何要求法治教育取得我们期待的成果。

学校教育是教育活动的核心方式,但不是唯一方式,校内法治教育资源也仅仅是可利用资源的一部分。就法治教育的内涵而言,社会生活能提供更直观的法治内容,给予学生强烈的身心体验,领会法治的根本。因此,中小学法治教育的实施理应与社会资源有力结合。然而实际调研显示,现实状况并不尽如人意,主要呈现出两种问题。

一是资源使用质量不高。"二五普法"以来,国家层面开始注重社会资源向青少年的免费开放,2008年更是以《关于全国博物馆、纪念馆免费开放的通知》落实博物馆、纪念馆的免费开放政策,这其中包含了法治内容重要组成的各类爱国主义教育基地,可谓实行法治教育的绝佳教材。但事实上学校鲜少组织博物馆等一类的参观活动,即便在国家宪法日,也并不是所有学校都举行相关课外实践活动。

二是资源配合不到位。访谈中了解到,基本上大部分中小学都配备了法治副校长,有的学校由原本主管德育工作的副校长兼任,有的学校聘请所属地区的派出所所长或副所长担任。兼职法治副校长的工作内容应该与专职一致,但受访对象反映"兼职法治副校长通常只在开学或者近期有安全教育需要的情况下才到校举办讲座,其他定期的交流基本上没有,也很少组织学生参观或参与其他法治活动"。甚至有的学校法治副校长只是挂名而已,因为本职工作繁忙而无暇顾及学校活动。有的学校希望组织学生到司法、行政相关部门体验参观,但所需行政手续烦琐,还要考虑多方社会关系,从而导致这类资源的利用几近空白。"法治副校长"都是已有国家政策规定的实践途径,但是真正发挥"法治副校长"作用的学校却屈指可数,社区互动、律所参与等客观要求较高的实践途径更无法企及。社会资源是接触法治真相的重要来源,缺失了社会互动的中小学法治教育又怎样向学生讲述真正的法治。

家庭关系是人类社会构成的根本纽带,任何社会活动都无法绕开家庭在其中的串联作用,对于中小学法治教育更是如此。父母养育贯穿每个人的青少年时期,这一时期的思想、行为和价值观很大程度上来自原生家庭潜移默化的影响,并奠定个体未来发展的基调,因此良性的家庭参与对中小学法治教育至关重要。良好的家庭互动可以为青少年创造良好的法治教育氛围,帮助学校教育达到事半功倍的效果。但现实中我国法治教育对家庭资源的重视程度远不及法治教育所需。调查数据表明,法治主题的家长会、亲子活动以及其他活动邀请家长参与等方式在中小学的实践情况不甚理想。一方面,家长对家庭教育不以为意,没有主动参与法治教育的意识,更不了解家庭生活中的法治教育会对青少年产生怎样的影响;另一方面,学校没有意识到家长参与在青少年法治教育过程中所能产生的巨大促进作用,忽视了家长资源的重要性,造成家长参与积极性不高、学校方面重视度不足的状况。总体上,中小学法治教育实施途径对各方资源整合不够充分,没有合理的资源组合规划,缺少系统化的相关安排,结果造成大量社会资源的浪费,从而在一定程度上阻碍了中小学法治教育的发展速度,进而影响到其质的改变。

4. 软件配套缺少针对性

"中小学"本意指小学和中学,其中中学又包括初中和高中,实际上是一个内涵了年级信息的概念。在这一信息限定下,中小学法治教育必然要考虑到年级差异带来的各种既有条件差异,以及可能由此产生的不同结果,应该意识到有针对性的法治教育实施途径是法治教育在中小学落实的底线。通过以不同学段为标准的不同维度下的中小学法治教育实施途径现状分析，反映出当前法治教育实施途径存在多方面的针对性缺失，主要有：忽视了中小学课程体系的不同，课时安排和课程难度不符合所对应的年级；欠缺了实践型途径与不同年级的具体匹配；缺少了高中法治教育途径独立地位的突出等问题。

年级间最显著，同时也是各种差异来源的因素是每个年级都对应着不同年龄段、身心发展阶段和认知水平阶段的学生群体。审视每个年级的课程科目、课时和内容安排可以发现，常规科目的课堂教学跟随年级的不同，存在科目的增减、课时量的调整和课程内容难度的变化，这是传统教学科目长期发展所形成的科学、合理的课程体系；但是法治教育并没有如此体系化的课程设置。现行政策仅有小学1—2年级、3—6年级、初中以及高中四个阶段的划分，并且只是大致规定了每个阶段应教学的内容。通过调查了解到这样粗略的课程安排远无法满足法治教育所要求的针对性。从课程本身来看，每个年级的法治教育课程基本上都是原来的思想品德类课程，只不过有些学校使用了教育部统一要求的课程名称和教材，而有些没有，这样的课程设置是否合适？初中二年级之后，学生的整体认知能力会有较大的改变，会对课堂体验产生自己的理解和要求，简单的教材讲述已不足以吸引他们的注意力，这也是造成部分学生反感此类课程的原因之一，所以，是否应该伴随着学习阶段的变化增减法治教育课程？比如增加专门的实践互动课。从课程难度看，现行相关政策对内容难度并没有做具体要求，只是概括性地说明每个阶段应该涉及的重点。但是这样的简单"划重点"并不能回应每个年级阶段对法治教育内容的需要，我们的调查数据显示，小学低年级和高中的法治教育课程低于学生所需难度。可见，不够细致的内容区分低估了年级因素对难度要求的影响。从课时安排看，目前国家没有对课时量做统一规定，每周1次或2次是大部分中小学的选择，但这种课程频率同样没有做年级层面的划分。中学与小学学习压力不同，面临升学压力的初三和高三又与其他年级有一定差异，各个年级对法治教育课程的需求量必然与教学现状存在相关性，缺少针对性的课时安排不能完全符合所有年级对法治教育的需求量。课堂教学途径看似千篇一律地利用课程进行法治教育，实际上任何教育活动都要遵守基本的"因材施教"准则，才能使课堂途径真正发挥简单、易行、高效的法治教育途径优势。

实践类途径不外乎各种类型的校内活动和利用社会、家长资源开展的能够调动学生其他体验的各类活动。总体上来看,实践类法治教育途径在中小学的实施情况都有所不足,而部分举办了相关活动的学校也很少考虑到学生是否真正从活动中学习到了法治精神,所参与的活动是否在自己的认识、理解能力范围中。比如国家宪法日相关活动,与较低年级的小学生交谈时,他们表示虽然知道"宪法是国家根本大法",但是仅仅是对课本知识的记忆,关于宪法在日常生活中是否有用以及怎么用,学生们并不理解。而宪法日晨读和大部分讲座展览的内容没有太大深度,对于初、高中学生过于简单,从而很难引起他们学习的兴趣。所以在实践方式的选择上,初、高中学校完全可以选取有难度的法治相关主体开展辩论赛或模拟法庭等具有挑战性的活动项目,小学则以讲解和参观为主,辅助以各类信息的理解。实践途径与课堂途径一样,作用对象类型丰富、特征各异,只有一一对应地开展符合学生发展水平的实践活动,才能有效利用各类资源,为法治教育增添活力,使学生发自内心地理解法治精神、向往法治生活。

基础教育阶段涵盖6—18岁的少年儿童,恰巧是个体生理和心理成长变化最快的阶段,这一时期的少年儿童每一个年级甚至每一个年龄都会有千差万别的外在表现。其中高中阶段是最为特殊的一环。高中阶段的学生处于青春期的后半时期,已经形成基本的"三观",认知能力、认知水平等智力发展也基本定型,是基础教育阶段最成熟的一个时期,面向高中生的法治教育更加需要仔细考量学生的现实诉求。有教师认为"高中学生对很多事物都有自己的一套理解,有些时候教师所能起到的引导作用非常有限",高中又是基础教育的最后一个阶段,尤其是高三面临比较大的心理和学习压力,"法治教育会占用一些其他学习时间,对他们来说有些时候并不好落实"。所以,高中阶段的法治教育途径需要全方位考虑阶段特殊性和师生面临的各种压力,在不增加新压力的情况下渗入法治教育,比如与其他科目融合,实践活动掺杂到其他校园活动中等形式。总之,法治教育是一个庞大而复杂的内容体系,我们不可能要求每个操作方法都针对到个体,但是实施途径关系到最终成果,应当在尽可能的限度内考虑周全,以便中小学能够更加清晰地明白如何选择合适的法治教育方式,从而实现法治教育。

## 二、中小学法治教育途径问题的原因分析

### 1.政策期待与现实状况衔接不畅

依法治国背景下,政治实践与民主实践都是法治实践的构成,政治与法律、民主与法治往往是无法分割的整体。政策与法治教育途径一样,是政治和民主体会在社会实践中的基本媒介。不同政策存在不同的政策资源配置,以此产生不同的政策效应。法治教育途径政策是对法治教育相关资源的配置与解读,通过政策的交替变换,一方面反映法治教育实施途径的现状,另一方面也是对法治教育实施途径成效的检验。因此,政策必须保有权威性,并且易于操作和落实,以保证实现政策价值。从已梳理出的政策文本来看,中小学法治教育途径政策初具雏形,但仍存在一些问题,从而导致中小学法治实践收效甚微。

（1）政策要求与现实条件脱节。总体来看,各个政策文件中法治教育途径考虑了学校、社会、家庭三位一体,但是在实际政策推行中,我们发现文本内容虽然列举了具体的可选择教学方法,但是部分方法并不符合大部分中小学的一般情况,规定的内容与实际现状和未来期望相差较远,比较理想化。所需硬件设施或其他资源配合度较高,不便于方法的推广和普及。

首先,师资要求不符合现状。作为基础教育,小学与初中虽不涉及升学压力,但依然要面临重点择校问题,而高中更难以避免高考大关,在当下升学依然大过天的教育体制氛围中,学校、学生、家长究竟愿意拿出多少所谓的"学习时间"分给"并不是很重要"的法治,是所有教育相关主体都要衡量的因素。《大纲》要求学校法治教育师资保证"每所中小学至少有1名受过专业培训或经过专门培训的……教师"。实际上前述研究中数据调查可以看到,现在中小学法治教育课程大部分由政治或其他学科教师兼任,整体培训次数较少,而接受过系统法治教育培训再上岗的教师更加寥寥无几,距配备专业教师的要求相差不止一步。

其次,社会力量补充存在现实困难。目前推广的法治副校长、法治教育辅导员概念将法律专业人才与学校教育相结合,有助于保证学校法治教育的专业性。多项政策要求落实"法治副校长",不过法治副校长多由公检法机关人员兼职,要在不影响本职工作的同时担负法治教育职责。法治副校

长对学校有何权利与义务,如何保证法治副校长的职责履行,怎么平衡本职工作与法治教育工作等问题都有待商榷。

最后,家庭教育关注度有待提升。家庭教育是除学校教育之外另一种重要的教育形式,在对青少年的身心发展、素质养成方面的作用甚至超过了学校教育,以家庭教育方式开展法治教育能够形成潜移默化的教育环境。当前利用家庭因素进行法治教育主要采取引导家长重视法治,从而影响子女的方式。出发点是好的,但是实际生活中,家长是已经形成固定人格的成年人,有自己的行为方式与处事原则,理想化的思想教育能对家长起到多少作用?作为社会人,家长在施行家庭教育时要考虑到多种因素,兼顾自己的多重身份,并不是简单的引导就可以形成正面力量,家校合作还需要探索更多有效的模式。

(2)责任奖惩存在内容缺失。通过对国家政策文本的不完全统计发现,与青少年法治教育相关的主要政策约有20多部(不包括地方政策及每年例行总结性政策),这其中部分政策有对青少年法治教育途径的详细规定,尤以普法规划、《中小学法制教育指导纲要》、《青少年法治教育大纲》为主,特别是《青少年法治教育大纲》对法治教育内容进行了分学段规定,整体看来呈现出了进阶式的政策发展趋势,尤其在途径类型多样化方面表现突出。不过,大部分政策对于相关单位的责任承担和惩戒措施鲜少提及。责任划分和奖惩规定通常担任政策保障角色,通过适度的惩戒手段能够在一定程度上保证政策的落实,使政策具有权威性,而不会落为一纸空文。

法治教育的实施途径是具体的、可以直接操作的法治教育方式方法,整体的践行过程需要各相关组织机构的积极参与。现有的评价要求仅以学校为主要责任体,实际上大部分的法治教育实践方式都不是学校一己之力可以完成的,比如参观司法机构、邀请校外人士开展讲座、社会组织的志愿活动、社区活动的共同参与等,这些方式至少涉及学校及另外一个机构。因此,这类实践方式的相关责任人应为两者以上,那么这类工作的完成情况也应该同时对两者以上的组织机构进行评估。同样,奖励与惩罚机制也需要包括学校及其他相关的参与主体。奖惩机制是提高机构工作效率、促进制度公平的利器。法治教育的实现是一个需要耐心和耐力、长期坚持的过程,必要的奖惩措施能够激发社会践行法治的热情,有利于形成威慑,体现国家实现法治国家的决心。给予在中小学法治教育方面表现优良的学校和各单位应有奖励，给予未落实者适度惩戒，客观上是对政策执行的有力督促，从而保证政策的威信。

政策代表国家威严。良好的中小学法治教育实施途径政策是实现中小学法治教育的外围保障，这就要求政策制定应基于可操作性，并具备可行性。近年来社会各界不断强调"落地"概念，法治教育政策也需要"接地气"，为中小学提供可以实践的政策指导，让中小学明白怎么做、如何做，看到获得结果的可能性。被弱化了的政策权威和存在模糊性的政策属性是中小学法治教育实施途径迟迟无法取得长足进步的重要原因之一。

### 2. 法治教育途径过于倚重课堂教学

小学和中学是青少年的基础教育期，教育教学活动贯穿了青少年从稚嫩到成熟的整个成长过程。课堂教学占据了基础教育时期的绝大部分，一直是教育活动中最主要的方式。常规教学内容确实能够通过优秀的课堂教学手段达到教学目标，但是法治完全不同于其他学科，简单的课堂教学并不能完全实现法治教育的目的。

（1）课堂教学途径存在局限性。课堂教学的优势在于教学者和学习者能够直接面对面地进行交流，实施场所比较稳定，活动空间小，局面比较容易把控，教学者可以根据学习者的反应和状态随时调整教学策略，尽可能地照顾到大多数学习者的学习进度。不过，这一系列的优点同时也是课堂教学途径的局限所在。狭小的活动空间限制了教学者可选择的教学方式，只能以活动范围需求小、条件设施要求不高的方法为首选，这就造成中小学法治教育课堂教学多以"老师讲，学生听"的形式出现，这样的授课方法很容易使学生产生疲劳感。特别是中小学法治教育，其对象具有活泼好动、思维活跃、注意力不易集中等特性，这些特点要求教育方式必须具有一定吸引力，因为只有抓住教学对象的兴趣点，才能进一步渗透教育内容。

学生的注意力集中时间有限，很难全程高度集中，即使使用多媒体设备辅助教学，也会受到播放时长的限制。我们不否认存在擅长课堂教学的优秀教师可以使课堂生动有趣，但毕竟是少数，尤其是法治教育内容与其他科目不同，很多内容无法在课堂范围内表现。根据美国心理学家恩梅、伊伏特逊等人的研究表明，教学过程具有参与性、上课时维持团体的注意焦点是保持学生学习注意力的关键点,课堂教学途径只能在一定程度内实现教学互动,且方式单一,容易倾向理论化教学,无法使学生发自内心地被法治所吸引。对本就没有法律基础的中小学生来说,理解各种普法知识就已经需要花费一番工夫,而要求进一步理解法治内涵则极易使之产生畏难情绪。

(2)法治本身存在特殊性。法治的特殊性在于,它是以"法"为基本、围绕"依法治理"理念展开的社会性活动,法律本身具有的工具性也是法治的特性之一。它与人类活动、社会变化紧密相连,是不断处于动态变化中的应用型内容,不能以静止不动的眼光看待。也就是说,法治不仅要"说",还要"做"。"说"是对法律知识、法治理论的普及灌输,是"经济基础",而"做"是在概念理解基础上的进一步深化,将概念转化为行为,是"上层建筑"。理论讲解之外更需要将个体放置在法治实体环境当中,全面感受什么是法治,这才是法治教育选择途径的基点。静态的课堂讲解无法使学习者体会到法治的实用性,无法实现通感,让学习者体会到法治的动态变化过程。

法治内容本身就是由人类社会各种主体间的互动引起的,课堂教学虽然是中小学法治教育实施过程中极其重要的手段,但是并不能替代其他途径的关键作用。实践类型的法治教育途径符合中小学生的身心特点,寓教于乐,能够引起学生们的学习兴趣。各类法治相关的讲座、展览、机构能为青少年带来直观的生活实例;庭审旁听、模拟法庭等活动使他们有机会亲身经历审判流程,学习如何用法思考问题并解决问题,潜移默化地锻炼法律思维和逻辑思维;社区参与和家长参与可以使学生们体会到法治与自己生活息息相关,同时敦促部分家长学习法治。能够被生活印证的法治更具有真实感,可以使学生切身体会到法治不是课本中虚无缥缈的内容,而是无处不在的,生活中任何一件小事都可以成为法治的外在表现,是真实存在的。

中小学法治教育必须考虑到法治特殊性和中小学的特殊性,期望仅凭借课堂教学途径实现法治教育是对法治内涵的误解。法治是多维度的,任何单一的法治教育途径都无法表现出法治的全面性,只有多途径的交织糅合才能多方面展现法治内涵,使青少年全方位体会法治的内在力量。途径的选择必然要以法治的特殊性为线索,用发散思维构筑中小学法治教育网络。法治教育作为"人到公民"塑造工程的精髓,显然是"课堂式"说教所不能够完成的。只有在真实的实践过程之中,才有可能实现"人成其为公民"

的塑造。①

### 3. 法治素养效果评价机制存在缺陷

评价标准联合委员会对评价的定义为:"是对某种对象的价值和优缺点的系统调查。"②即评价的目的是针对被评价对象的优势和缺陷进行全方位系统调查,并依据调查结果产生对被评价对象的价值评估。法治的特殊性决定法治教育的评价需要与参与主体的法治表现相挂钩,即法治精神内化之后外显出来的守法用法行为、道德素质、法律常识等法治素养。中小学法治素养评价是对中小学法治教育开展情况的全面考察和法治教育成效的客观反映,并据此适时调整法治教育的实施方式和手段。评价不足会导致法治教育实施的监控缺失,造成过程混乱以至于收效甚微。

(1)评价体系不独立。长期以来,各界都在依法治国的范畴内讨论法治,同时将法治教育看作依法治教的构成部分,尤其在评价体系建设方面,国家级别的政策文件将法治教育评价归属于依法治校、学科建设、学生素养等方面的学校工作绩效考核。从概念分级的角度上讲,法治教育确实是依法治教的子单元,但这是否能够意味着法治教育评价也必须附属于其他评价体系?严格意义上的法治教育有更明确的作用对象、操作方式和基本目的,其内涵与依法治教并不完全重合。据访谈了解,学校内部的学生法治素养评价方式以一维的科目考试分数居多,而外部的政府考察则添加到其他学校创建工作评价当中,比如校本课程评价、学校年度工作考核、"平安校园"的创建情况等,国家级别的法治教育政策更是要求法治教育评价与社会诚信建设体系、精神文明创建等机制捆绑评价。非独立的评价标准映射的是教学成果而非法治成效。如果将法治教育设定为各学校硬性考核指标,是否有违法治教育的初衷,又能取得多少普及成果呢?

法治教育需要独立的评价空间。一方面,任何领域的评价体系都应该是专业组建、科学考量之后的产物,法治是一个体系庞大的独立领域,附属于其他框架中的评价低估了法治建设的难度和重要性。另一方面,嵌入式的法治教育评价标准无法形成法治教育状况的全面反馈,评价项目不够细

---

① 江国华. 宪法与公民教育:公民教育与中国宪政的未来[M]. 武汉:武汉大学出版社,2010:8.

② 瞿葆奎. 教育学文集:教育评价[M]. 北京:人民教育出版社,1989:345.

致。如湖北省宜昌市某区的中小学将法治教育评价分别融于三种常规学校考核当中,内容倾向于课堂教学途径的法治教育表现情况,实践性质的法治教育方式几乎没有涉及。① 不被监管的法治教育途径能够在多大程度上被执行多依赖于管理者的管理理念和管理自觉,这也是中小学法治教育迟迟无法实现突破性进展的原因之一。法治在于行为,在于用和做,纸上谈兵和口若悬河可以是青少年了解法治的窗口,但不能是他们体会法治的核心方式。若要使法治成为青少年生活的必需品,建立独立的法治教育评价体系是关键举措。

(2)评价角度较单一。政策文件和实地调研所反映出的中小学法治教育评价方式统一表现为内外两种:内部评价多选择通过科目考试检验学生的法治内容掌握情况;外部评价通常被囊括在其他评价体系当中,尤以"安全校园""平安校园""文明校园"等类目的评估体系为主,法治教育成果作为衡量这些内容的标准之一。总体上,不论是内部评价还是外部评价,中小学法治教育的评估方式大多数只有一种,并且评价内容角度单一。在调研中了解到,内部评价的法治内容一般穿插在政治、思想品德等科目考试内容当中,以基础普法性质的问题为主;外部评价通常以校园安全事故率(校车安全、人身安全、食品安全等发生情况)、学生德育素质情况(以中小学生守则为基本标准)、平安校园建设情况(消防器材配备、安保设施、联防共建等落实情况)为主,侧重校园安全考量。可见中小学法治教育的评价角度仍以普法和保障学生安全为重点,真正涉及法治内容层面的评价相对较少。

产生这一现象与实际落实中中小学法治教育实施途径比较单一不无联系。课堂途径为主、实践方式缺失致使相关评价的角度也以课堂所掌握的知识性法治内容为重点,鲜少考虑其他实践性质的方式如何进行评价,而外围评价则有"安全第一"的默契,不断强化学生安全教育成果,法治教育某种程度上成为巩固安全教育的工具。我们知道,评价的作用之一是对被评价主体起到监控、矫正和刺激作用,法治教育实施方式与其评价方式是互相作用、互相影响的,评价角度对多元性的忽视反作用于法治教育方式,如此循环往复,必然会影响到法治教育的成效。

---

① 闵柏林.中小学法制教育评估机制建设现状调查:以湖北省宜昌市 X 区为例[J].教育导刊,2017(05):59-63.

如何使社会成员意识到法治的重要性,并自觉内化为社会共同价值观是法治愿景实现的重难点,同时也是中小学法治教育需要解决的重难点。中小学法治教育面临的最基本问题是平衡法治与日常教学工作的协调共进,即既不增加教学负担和学生负担,也不牺牲法治教育质量。合理合度的评价机制可以从内外两个方向搭建法治教育的骨架,不断匡正法治实现过程,辅助产出更加高效高质的中小学法治实施途径。

### 4. 法治教育制度保障不够完善

中国传统文化的主旨是要达到一个无法或超法的"道德理想国",这种根深蒂固的意识形态造成了法治实现过程的历史障碍。梁治平对此有精辟的论述:"我们并不是渐渐失去了对法律的信任,而是一开始就不信任这法律,因为它与我们五千年来一贯尊行的价值相悖,与我们有着同样长久之传统的文化格格不入。"[①]道德理想到法治现实的转换仅靠公民的自觉意识和自我约束来完成是不现实的,必要的社会制约是保证转换过程顺畅衔接的重要手段。社会制约除了社会成员的约定俗成,更重要的是管理阶层的外围保障,政策制度应具备一定强制性和更强的执行说服力。基本的法治教育保障制度能够为中小学法治教育的实施提供有力依据,不可或缺。但现实中中小学法治教育的实施存在途径落实不到位、方式方法较单一、质量结果差异化等问题,反映出当前法治教育的制度保障建设主要存在以下两个方面的问题。

(1)横向制度保障不完善。十九大报告在说明教育事业的地位时指出"教育是提高人民综合素质、促进人的全面发展的重要途径,是民族振兴、社会进步的重要基石",教育的奠基性地位决定了它不是个人或家庭的事,而是社会和国家的事。社会各领域都与教育事业紧密相关,纵横交错的各类保障制度共同构成了教育的保障体系。这里的"横向制度"就是指与法治教育发生关联的各项社会事业、社会机构、政府部门等方面的相关保障制度。

任何社会事务的组成必然牵扯人力、物力、财力三大类,法治教育也不例外。人力方面,法治教育的师资力量不容乐观。尽管有政策提及中小学应配备专业法治课程教师或具有完整的培训经历,但事实上,这类政策数量

---

① 梁治平.法辨:中国法的过去、现在与未来[M].贵州:贵州人民出版社,1992:86.

不多,并且政策效度不高,与各中小学的师资现状相差较远,缺乏政策权威性和强有力的执行保障。物力方面,实施法治教育的客观条件准备不足。实践之于法治教育的重要性显而易见,然而学校对实践途径的忽视同样显而易见。现行政策法规当中并没有关于中小学法治教育实践途径的具体操作要求,比如博物馆、爱国教育基地参观次数,法治类学校活动举办次数,社会互动基本要求等,为部分学校法治教育实践活动的缺失提供了政策空档。而且国家层面并没有出台关于各相关部门对学校法治教育配合的详细规定,造成部分组织机构推脱应当承担的法治教育职责,缺乏资源提供的积极性。财力方面,资金支持缺口较大。专业人才的引进,实践基地的建设,博物馆、爱国主义基地的免费开放等所有法治教育实施途径都需要基本的物质条件做保障,因此充足的资金是法治教育行进的巨大动力,而基本的财政保障制度又是资金来源的关键。现行教育财政制度是对教育事业的整体保障,缺乏法治教育方面的针对性。客观地说,在巨大的社会竞争压力之下,社会大众对法治教育重要性的认可程度还不能与各类考试并驾齐驱,容易造成法治教育资金被其他教育需求挤压占用,将其更加边缘化,结果造成对法治教育成果的又一次损失。而专项资金则能够有效避免这一情况的发生,为法治教育提供最基本的运行保障。

(2)纵向机制承接不顺畅。横向保障制度的健全,目的在于保证相关政策的覆盖广度,即是否全方位地照顾到制度对象的各个方面。但要确保制度运行的深度,使不同层级的对象都能受到制度惠顾,就需要进一步完善纵向机制。中央—地方层级制的行政体制划分决定我国各类事业运行需要恪守基本的行政管理层级原则。法治教育与地方实情紧密相关,省—市—县、东西部、城乡等区域资源占有量存在差异,单纯依靠中央制定的统筹性质政策一以贯之显然无法满足各区域实际需求,地方应根据自身状况审时度势,制定与中央机制的配套政策尤为重要。

通过对国家层面的政策分析我们可以看到,中央对中小学法治教育大体上规划了实施方向,基本从学校、家庭、社会三方面建立了框架式的操作指南,不过这些政策主要为全国中小学法治教育起到统领作用,为地方因地制宜的政策执行和落实预留了一定空间,以便地方具有一定自主性。遗憾的是,各地方保障机制的配套跟进与中央政策的衔接并不顺畅。一方面,对于国家已有政策制度,地方条例制定不及时。比如《大纲》出台后,地方多以单位学习的形式解读政策,并没有据此制定本地使用的相关规划来保障各实施方式的有效落实。另一方面,地方缺乏推进法治教育的主动性,缺少机制创新的自觉性。在我们的访谈中,一位中学法治副校长是这样总结目前中小学法治教育的现状的:"不论是政府还是学校,挑选容易实现的,没有额外负担的方法去执行,不做与国家政策无关的无用功,出力不讨好。"可能这并不能代表全国现状,但是至少可以反映出这样的法治教育现象是存在的。应付任务、不"节外生枝"是一部分地方政府和中小学对待法治教育的态度,跳脱国家既定轨道之外的法治教育探索对地方来说不是一件能够保障效益的工作,而对于如何保障法治教育落地生根、行之有效,利益相关者往往不愿花费更多精力。从国家到地方,不顺畅的保障机制衔接使得中小学法治教育想要获得效益变得更加困难。

制度保障如同一张有形的安全网,是法治教育事业不断进取、变革的基底,为中小学法治教育的管理者和政策制定者提供了践行法治的勇气。保障力和战斗力始终相辅相成,完善的保障制度可以增加中小学法治教育政策实施的强制力,使各类政策落实更加具备公信力,同时能在一定程度上解决法治实现过程的后顾之忧。制度完善,不仅讲究制度的宽度,还要顾及制度的深度。"上下同欲者胜",中央与地方需要始终保持良好、紧密的制度保障配合,从而减少客观条件所造成的法治教育地域限制,进一步为中小学法治教育提供全面的制度保障。

## 第四节 中小学法治教育途径问题的解决对策

通过一系列的历史梳理和现状呈现我们基本上可以清晰地看到当前中小学法治教育实施途径取得了一定的成果。但同时也存在一些问题,即现有的实施途径还无法达到我们对法治教育的要求。期望获得高质量的法治教育成果,如何实施法治教育是关键环节,而法治教育实施途径并非仅仅指教育方式,实质上是一个关系到政策制度规划、法治氛围、方式类型等多方面立体化的操作体系,因此中小学实施法治教育需要系统化地考虑到不同途径间的结构层次关系、自身特征等因素,辅以多种资源的综合利用和完善政策的正确引导与保障。

**一、重视政策机制在中小学法治教育中的配套与完善**

政策是管理国家并推动其有序运行的实物化工具。配套与完善的政策机制在内规范法治教育的实现过程,在外保障法治教育的实现效果,在法治社会成为现实的整个过程中,良策是每一个环节的关键节点。中小学法治教育怎么实施,如何操作,每一步离不开相应政策机制的支持,确保途径权威性,是对途径落实的反向保障。[1]

1. *深层次完善法治教育评估体系*

通过评估、评价,可以反映出事物发展过程中的薄弱之处,检测执行手段的时效性,以便及时调整方向,改变发展策略。教育是一项社会活动,对内涉及教育活动具体参与者,对外影响学校之外的社会未来,所以法治教育评估需要构造内、外部两个平行的评估体系。

内部评估是以学生为评估对象的活动,目的在于检测学生的学习成果和教师的教学成果。奥地利2011年出版了一本公民教育手册,由公民教育中心编制,用以评估年轻人的公民教育能力,该手册提供实践课和诊断练习,帮助教师评测学生在这一领域的能力水平。[2] 我国大多数中小学法治教育内部评价方式多体现为科目成绩测试,非知识性能力的评价方式比较缺失。法治素养如同个人素质和秉性,仅用考试的形式无法做到公平公正,需要加以其他量化内容综合考量。

外部评估是以学校整体法治教育开展情况作为评价对象,通常由教育主管部门设立评价标准。目前国内法治教育方面的外部评价主要由所属地区教育行政部门进行,作为"年度工作考核""现代化学校创建""平安校园"安全工作等项目评价内容的一部分。这种评价方式反映的法治教育问题有限,没有形成体系化。英国有专门的公民教育检查员设置,会考核学校与其他机构和社区的联系、课程多样性、实践活动等方面学生参与公民问题的程

---

[1] 管华,陈鹏. 中小学布局调整如何通过法律之门[J]. 教育研究,2015,36(01):52-58.

[2] DE COSTER I,BORODANKOVA O,DE ALMEIDA COUTINHO A S,et al. Citizenship Education in Europe[M]. Education,Audiovisual and Culture Executive Agency,European Commission. Available from EU Bookshop,2012:54.

度。同时会评估学校在公民教育学科、课程或者领域内,教学过程的质量,学生的学习成果,以及是否遵守官方课程内容和推荐的教学方法等。[1] 可以看到,英国将公民教育设立为一个独立体系,评估是在公民教育的体系中进行,而非其他体系的组成部分。独立的评估机制有助于更全面地反映法治教育现状,提升各单位对法治教育的重视,为法治教育的后续发展起到导向作用。

**2. 全方位搭建法治教育保障机制**

保障中小学法治教育实施途径实质上是对中小学法治教育实施相关因素的条件保障。以教育为落脚点看待法治教育,其主要因素构成应该包括课程、师资、资金支持等方面。

(1)课程设置方面。到目前为止,中小学法治教育仍未有国家级的课程大纲出台,造成课时不固定,难度不尽合理,部分学校法治课程存在"随心上"的现象。课时不足或课时过多都会影响课堂教学效果,不符合课程安排逻辑。课程难度不合理会阻碍学生学习过程,不符合学生知识获取的基本规律。政策上缺少硬性规定,学校自主选择的权力过大,无形中可能会造成法治教育实施不彻底、效果折损。因此,应该尽快出台中小学法治教育课程大纲或框架,从课程方面保障法治教育的空间。拉脱维亚针对公民教育中的义务教育部分,要求学校在教授这一部分内容期间,每周必须进行关于价值观、文化、公民参与等制定主体的讨论会。立陶宛要求每个学生每年参与公民教育社会活动不得少于5小时。法国规定初中公民教育课程时间每年不少于28小时。[2] 从我们的调研情况来看,小学低年级和高中法治教育内容难度有待斟酌、适度调整,须详细说明每个年级学生的法治教育内容,以提高可行性。

(2)师资力量方面。我国中小学法治教育基本上与思想品德或德育教育为一体,没有单独的教师标准。而在相关的教师资格规定中,法治教育背景知识并不作为获取教师职业资格的考察内容之一。长远看来,仅依靠培

---

[1] DE COSTER I, BORODANKOVA O, DE ALMEIDA COUTINHO A S, et al. Citizenship Education in Europe[M]. Education, Audiovisual and Culture Executive Agency, European Commission. Available from EU Bookshop, 2012:79.

[2] DE COSTER I, BORODANKOVA O, DE ALMEIDA COUTINHO A S, et al. Citizenship Education in Europe[M]. Education, Audiovisual and Culture Executive Agency, European Commission. Available from EU Bookshop, 2012:26.

训或者招收具有专业背景的教师是无法满足法治教育需求的,也不符合国家对法治社会的建设要求和未来趋势。若想从根本上解决法治教育师资不足问题,关键是从源头上提升教师质量。2010年挪威分布的《中小学教师国家课程规定》指出,未来教师的学习成果应包括从国家和国际角度对儿童权利的认识,以及培养学生对民主、民主参与和批判性反思的能力。①

(3)资金支持方面。体系架构上中小学法治教育是基础教育的一部分,财政资金来源于基础教育。就我国现状而言,中小学法治教育并没有单独可使用的专项资金,这也成为部分学校几乎不开展法治教育课外活动的原因之一。资金支持对教育事业的重要性无须多言,法治教育同样如此。除必要的财政支持外,我们认为法治教育可以更多寻求社会支持。美国律师协会作为全球最大律师志愿者团体不定期为全国的法治教育提供智力资源或者物质资源,帮助中小学开展法律普及、民主意识、责任意识、公民身份认同等工作。② 法治教育本身比其他科目教学更具有社会性,与社会互动的机会较多,教育主管部门或有条件的中小学可以寻求当地律师团体、志愿者团体、相关基金会的物质支持。建设法治国家是国之大事,所有社会成员都有责任和义务贡献力量,中小学法治教育可以寻求社会帮助,积极利用所有可用资源,竭尽全力拓展发展之路。

## 二、坚守课堂教学在中小学法治教育中的主渠道地位

课堂占据学龄期青少年半数时光,是他们汲取知识的主要渠道,也是人格养成、三观建立的主要空间。课堂教学途径是中小学法治教育的关键方式,法治课程能够为中小学生搭建接触法治精神的最便捷渠道,教材、课时、师资等是影响课程教学的直接因素,课程相关规划的科学合理性有助于中小学法治教育的有序化发展,优秀教师的合理引导更能使青少年的法治教育事半功倍。

---

① Campaign for the Civic Mission of Schools. The guardian of democracy: the civic mission of schools[M]. Silver Spring: Campaign for the Civic Mission of Schools, 2011:8.
② Essentials of law – related education[EB/OL]. (2018 – 02 – 01)[2018 – 05 – 26]. https://www.americanbar.org/aba.html.

### 1. 加快课程教材普及步伐,提高教材编订质量

中小学法治教育统一教材的敲定打开了中小学法治课程标准化时代,教材是学校教育教学的基本依据,也是培养学生的重要载体,《道德与法治》为各中小学法治课堂提供了基本的授课内容标本。不过目前《道德与法治》的普及程度不够理想,法治教育教材仍五花八门,各中小学法治课程内容存在一定差异,从而影响到中小学法治教育课程途径的实效测评。美国适用于幼儿园至小学四年级的法治教育教材参与人数达百人之多,包括幼儿园至高中的教师、司法官、律师、警察等。[①] 我国当前在用的各版本《道德与法治》教材内容中存在编撰虚拟道德故事、违纪与违法概念模糊、不符合学生生活现实经验等问题,[②] 不符合实际的故事案例对尚未形成成熟认知的未成年人会起到误导作用。法治课程是由原本思品课程的基础上渗透法治精神而得,需要教育、法律、思想教育等多领域专家和从业者的全面参与,理论实践并举。

### 2. 鼓励校本课程研发,使用自选教材辅助教学

《青少年法治教育大纲》及"七五普法"规划明确要求鼓励具备条件的地区和学校可以开设地方课程和学校课程。上海位育中学开发"探索国际人道法"课程,通过此课程引导学生了解人权概念和国际人道法的相关内容。[③] 校本课程是学校法治教育自主的体现,不过并不局限于专门的法治教育课程研发,还可以是法治与其他科目的融合。法治仅是中小学教育内容中的一部分,为了法治挤压其他学科教学精力与教育规律相悖,如果能将法治内容融于其他学科的教学内容中,一方面解决法治教育课堂教学时间不足问题,另一方面打通科目边界,更能使学生们感受到法治无处不在。尤其是语文、历史、社会等人文科目的学习,与法治关联诸多,相互融合能够加深学生对相关科目内容的理解。除鼓励课程研发外,适度的辅助教材也是提

---

[①] 萨夫里特,芭芭拉. 美国社区法治教育之现况与课程[J]. 巫冠青,口译,司法改革杂志,2002(39):47-51.

[②] 贾金平. 人民版《道德与法治》情境编写的问题及其改进[J]. 教学与管理,2017(19):54-56.

[③] 徐汇区"法制教育特色学校"创建工作成效显著[EB/OL]. (2014-01-06)[2018-07-03]. http://law.eastday.com/dongfangfz/2010dffz/fxcl/u1a72726.htm.

升法治课程实效的要件。统一教材的目的是为中小学法治教育提供教学内容方向引导,不过每个地区、学校实际教学情况不一,仅使用统一教材未必能满足法治课程需求,适当的教学辅助用教材可以帮助教师把课堂变得更加生动。江西省南昌县将"七五普法"系列教材《青少年以案释法读本》作为该地区中小学法治教育的第二教材,普及配备,加深学生对法治的理解。途径需要保证一定程度的自主化和个性化,是"因材施教"教育准则的体现,同时能够激发教师的创新热情及激活法治课程教学。

### 3. 加大法治教育师资培育力度

法治的特殊之处在于具有专业属性的法律内容是法治内容的基调,普法是法治开展的第一步,也是奠基性的一步。法律本身是一门对专业要求较高的学科,虽然中小学法治教育不需要涉及深刻的法律知识,但是教授者应当具备基本的法律逻辑思维和基础的法理学知识及法律常识,以避免向学生传输错误的法治信息。现有的具备专业法治知识背景的教师数量远不能应付巨大的需求,等待师范院校的师资供应无法解燃眉之急,因此对任课教师进行法治培训是目前的最优选择。现行政策仅要求学校的师资配备,并未考虑到师资供应的不足。专业素养的提升既是教师权力也是义务,法治教育需要教师培训权的兑现。[1] 适度加大教师培训力度,采用集中培训和日常培训两种培训类型。寒暑假期侧重集中培训,日常培训通过宣传手册、校际交流等方式开展。主管部门规定基本培训次数和时长,并定期检验监督,从而保证专业背景法治课程教师的供应。我国台湾地区为中小学教师配发法律手册,推行校长法治教育研习活动,并且由"法务部"牵头建立了学校法治教育人才资料库,(法务部网站)供全国各学校选择合适的法治教育宣传讲师,形成法治课程教学人才的动态流动。北京市2017年举办了首届中小学教师法治教育基本能力大赛,通过法治教学技能比赛提升教师法律素质和法制课堂教学能力。[2] "任何教育改革的最终成效都要归结到幼儿园

---

[1] 祁占勇.教师教育专业条件性知识的本体性价值及其有效教学[J].国家教育行政学院学报,2015(05):49-53.
[2] 北京市举办首届中小学教师法治教育基本能力大赛[EB/OL].(2017-07-05)[2019-03-17]. http://www.moe.cn/s78/A02/zfs_dfxx/201707/t20170705_308693.htm.

及中小学课堂内能拥有优秀的教师"①,作为课堂教学方式中关键角色之一,教师如何教学、教学理念、人格素养、专业精神等时刻对学生起到直接而重大的影响。中小学法治课堂是法治精神向青少年输入的第一站,充足优质的法治教育师资力量是法治教育课堂教学途径的保证。

### 三、凸显实践教学在中小学法治教育中的关键性作用

中国教育家陶行知先生认为,教、学、做是一件事,以"做"串联教与学,主张教、学、做形成体系,"教与学都以做为中心。在做上教的是先生,在做上学的是学生"②。法治教育如何"做",怎样发挥"做"的价值是一个值得深入探讨的话题。法治在某种意义上兼具着双重性:一方面其要在社会活动中开展,另一方面需要通过人类的实践行为得到体现。③ 法学学者朗代尔认为,研究实践中的法律是了解其知识的最佳渠道。理论教学侧重知识灌输,带给学生的是"雾里看花"般的模糊感,实践则能使学生对理论知识的表层了解转换为深刻理解,在法治教育中占据着无法被替代的关键位置。

(1)增加校内实践活动的类型。课堂教学因其对空间、时间、资源等条件的要求低成为各年级法治教育的首选方式,但是讲课式的教学方式倾向使课堂教学途径没有带来与付出成正比的结果。④ 实际上我们完全可以使课堂成为性价比最高的法治教育途径,比如模拟法庭、课题设计活动等,此类型活动可以在教室范围内实施,其他条件要求不高,方便教师和学校控制局面,几乎没有学生参与人数、年级的限制,并且可以全面锻炼学生的逻辑、组织、信息搜集、阐述、思辨等多种综合能力。以我国现有的法治教育资源和实际国情或许还无法实现专业化的中小学模拟法庭运作,不过我们可以简化部分环节使学生体验庭审过程中的关键点,理解判决结果产生的基本程序、依据,以及法是如何贯穿始终发挥作用的。譬如,俄罗斯全国各地都

---

① 沙莉,庞丽娟,刘小蕊.通过立法强化政府在学前教育事业发展中的职责:美国的经验及其对我国的启示[J].学前教育研究,2007(02):3-9.

② 华中师范学院教育科学研究所.陶行知全集:第2卷[M].长沙:湖南教育出版社,1985:289.

③ 夏恩.法治是什么:渊源、规诫与价值[J].中国社会科学,1999(04):117-143,207.

④ 陈鹏,祁占勇.农村义务教育的权利性危机及其法律保障[J].华南师范大学学报(社会科学版),2016(03):69-74.

设立了专门的公民教育中心,全权负责公民教育事务,2000—2001年俄罗斯教育部、《教师报》报社、公民教育地区联合会、萨马拉州公民教育中心共同组织了"我——俄罗斯公民"全国课题设计活动①,参加活动的学生要在方案中阐述主题思想、问题所在及解决方法,学生在设计过程中全方面了解公民意识的实践范式。我们可以借鉴俄罗斯公民教育课题活动模式,在日常教学中将部分能够与生活实际相关联的内容改为学生能够参与的设计课题,使他们全程感受法治是如何在日常生活中被应用的。

(2)加速法治教育实践基地建设。作为"第二课堂",法治教育实践基地是对学校课堂的补充和延伸,学生们通过听、看、做了解校内课堂无法传达的细节。根据相关规定,2020年全国至少建成20所国家级示范基地,将以北京市已经建成的全国青少年法治教育实践示范基地(由教育部、教育部全国青少年普法网、北京外国语大学外语教学与研究出版社建设运营)为参照。不过国家级法治教育实践基地所需资金、场地等条件仅有部分城市能够承担,对于基数最大的小城市,连云港市灌云县"青苹果"法治乐园可以提供更合适的法治教育实践基地范本。"青苹果"法治乐园由灌云县检察院发起,联合宣传、教育、司法等部门,依托中小学社会实践基地,打造了包括犯罪预防、法治宣传、心理矫正、学习娱乐等功能在内的综合型法治实践基地。② 市县级法治教育实践基地的建设可以仿照灌云经验,综合司法、行政、教育多方既有资源,减轻财政负担、物尽其用,以低成本争取高效益。

### 四、注重法治资源在中小学法治教育中的整合与利用

从最终结果来看,中小学法治教育作用于全社会的每个家庭,是铸造国家未来的重大工程。它不是学校教育的附属产物,仅依靠学校教育获得的不是法治精神成果,而是一门名为"法治"的科目。在物质极大丰富的新的时代,中国法治教育面临着更加复杂的挑战和机遇。国家经济的快速发展、家庭教育观念的巨大转变、互联网与人工智能技术的飞速更迭为法治教育带来了前所未有的丰富资源,擅长资源整合与利用能够为法治教育创造出

---

① 付轶男.俄罗斯公民教育概观[J].外国教育研究,2003(11):42-46.
② 狄小华,唐张,陈兴平,等.中小学法治教育创新研究:以灌云"青苹果"法治乐园为研究对象[J].青少年犯罪问题,2017(01):102-109.

绝佳的环境氛围,提供更多可供选择的更加高效的法治教育方法;反之则会造成法治教育发展混乱,使国家法治事业停滞不前。① 因此,拓展思路,广泛利用一切可以利用的资源,争取中小学法治教育途径类型的多样化和创新性是推进法治教育质变之举。

（1）充分利用社会资源,重视社区力量。以主体为切入点的教育类型通常可以划分为三类,分别是学校教育、家庭教育和社会教育,其中社会教育参与主体类型最多,涵盖范围最广。就法治属性而言,法治天然具有社会性。学校教育受教主体限于在校学生,施教场所和资源多为学校力所能及。学校教育是向青少年展开法治意识的主渠道。相对于社会教育,学校可用资源极其有限,可实施的法治教育方式往往受制于客观条件比较单一,如果能将丰富的社会资源以学校可以承担接受的形式利用起来,中小学法治教育现状便可得到显著改善。如美国律师协会(The American Bar Association)每年会为青年教育委员会提供特别赞助,开设法治教育研讨会,免费向中小学提供社区共享 LRE(Law – Related Education)模范课程,帮助建立法治教育网络。② 我们的中小学校可以定期邀请当地司法机关工作人员、律师不定期参与学校法治教育活动,比如作为点评人参加模拟法庭活动等,加强与律所、律协等专业法律机构的合作。

除了社会专业机构,基层社区资源同样可以为中小学法治教育提供所需资源,尤其是志愿者团体。加拿大公民教育志愿团体"扶轮社"每年都会组织全国的高中生代表前往渥太华体验议会工作及其流程,③在此过程中学生们将应用到所学习过的相关知识,了解自己公民身份的重要含义。"志愿服务有目的地为公民创造参与其中的机会,于社会,于个人,皆可受益。"④中

---

① 陈鹏.义务教育教师均衡配置的法理探源与法律重构[J].陕西师范大学学报(哲学社会科学版),2010,39(01):160–164.

② Essentials of law – related education[EB/OL]. (2018 – 02 – 10)[2019 – 04 – 28]. https://www.americanbar.org/content/dam/aba/publishing/insights_law_society/lre_essentials.authcheckdam.pdf.

③ 祝小茗,胡慧玲.加拿大职业教育培训模式管窥及现实启迪[J].北京市工会干部学报,2017,32(01):55–60.

④ United Nations Volunteers. State of the World's Volunteerism report: Universal Values of Global Well – being[EB/OL]. (2013 – 11 – 08)[2018 – 08 – 02]. http://www.unvolunteers.org/swvr2011.

小学可以邀请社会志愿团体到学校为学生开展讲座,甚至为学生们创造机会参与到校外的志愿活动中,培养学生的责任意识、道德意识等,领会法治的精髓。高校科研机构也是法治资源的储存库。当前部分地区开展了"法治宣讲团"活动,不过多由职业法律人士及司法机关人员组成。实际上,各高校法学专业学生、教师都是可以利用的人才资源,不仅为在校生提供知识应用机会,还达成教育资源的衔接,可谓一举多得。此外还需要进一步加深与博物馆、爱国教育基地的合作,博物馆等场所是多种文化氛围的综合体,实物展览、专业讲解能够使学生了解多方面知识,也是课堂教学的变相体现。公检法等司法行政单位,律所、律协等法律专业机构,高校、研究院等科研机构,各类相关博物馆,基层社区及志愿者团体等是社会资源中法治资源比较集中的组织机构,可以为中小学提供人力、物力等方面的多种法治教育资源。

(2)回归教育活动本质,强调家庭教育。家庭是社会组成的最小单元,父母全程参与青少年的成长过程,时刻影响着孩子的价值观念和行为,能够产生远大于学校教育的影响力,法治教育不能忽视家长参与。归根结底,法治教育也是一项塑造人的活动,与教育的根本目标相一致,在教育方式的选择上也需要遵循基本教育规律,充分考虑到家长对中小学生的额外影响。"未有不能修身而能教其子孙者也",教人者先律己,父母行为时常会成为孩子模仿的对象,家庭法治氛围和家长的法治素养是青少年法治素养的基底,因此中小学法治教育不仅要教育孩子,还要"教育"家长。譬如西班牙纳瓦拉自治区制定了一项名为"家庭学校"的举措,培训0—14岁儿童的家长积极参与子女的教育。具体而言,鼓励家长与教师就合作、责任、自主、尊重、法律、权利、义务等内容进行合作,为家长提供咨询服务。[①] 法治教育中家长培训的目的在于使家长了解基本的法治知识,提升法治素养,方便与学校教育的同步进行,作为中小学法治教育的外围途径共同促进青少年法治精神养成。另外,家长会、展览、讲座等校内活动同样可以邀请家长部分参与,与学生探讨问题,既满足法治教育需求,又增进亲子关系,从而形成家庭教育

---

① DE COSTER I, BORODANKOVA O, DE ALMEIDA COUTINHO A S, et al. Citizenship Education in Europe[M]. Education, Audiovisual and Culture Executive Agency, European Commission. Available from EU Bookshop, 2012:56.

与学校教育的良性循环。

（3）关注互联网、新媒体效用，紧跟时代变迁。根据第40次《中国互联网发展状况统计报告》数据显示，截至2017年6月，中国网民规模达7.51亿，手机网民规模达7.24亿。新浪发布的第四季度财报显示，截至2017年12月，月活跃用户数达3.92亿，①18岁以下用户约占16%②。中国另一大社交工具微信第三季度财报显示9月份平均日登录用户达9.02亿，公众号月活跃账号数350万③。互联网时代全面来临，互联网应用全方位渗透老百姓的日常生活。微信、微博、微课等新媒体的介入正逐渐改变国人获取信息的方式，学校之外更多知识学习渠道逐步开放。互联网的普及为中小学法治教育创造了途径多元化的机会，能够为法治教育学习增添趣味性，不受场域限制，并且符合青少年对新事物的好奇心理。

MOOC、网络公开课在其他学科上获得的成功可以为法治教育提供互联网应用模式范例。中小学可以邀请相关专业人士录制课程在网络平台上播放，改变法治课程单一的授课方式；也可以与网络课程相结合，在常规课程中增添时下热点案例或与本地法治相关的电视栏目、杂志合作栏目等。陕西省《少年月刊》（初中版）杂志2018年开辟"法律课堂"栏目，通过"进课堂"形式每次选取一个学校、一个班级围绕一个法律问题进行探讨，并邀请专业人士参与讲解和点评。这一活动已经顺利进行三期，得到学生、教师、家长的一致认可，参与过程中，学生们体验到了旁观者、当事人、审判者等多重身份的思维，对所讨论问题的相关法律了然于心，一堂简单的法治课获得多重增值效应。微博、微信等新媒体是法治教育途径多样化的另一重要渠道。如湖北恩施州中级人民法院2011年通过微博直播审判现场，并自2013年起在全州得以推广。每一次直播各法院都会选取关注度高、具有典型意

---

① 微博2017年Q4及全年财报：月活跃用户近4亿，全面总营收达77亿元[EB/OL].（2018-02-13）[2018-09-18]. http://www.sohu.com/a/222609771_485557.
② 新浪微博数据中心:2017微博用户发展报告[EB/OL].（2017-12-25）[2018-10-19]. http://www.useit.com.cn/thread-17562-1-1.html.
③ 2017微信数据报告[EB/OL].（2017-11-10）[2019-03-26]. http://www.sohu.com/a/203767171_100006140.

义的案件,从而引起了社会各界的广泛关注。① 中小学完全可以利用这一形式组织学生集体观看甚至参与讨论,让学生产生公民意识,感受到公平正义。另外,还可以利用微信平台发布法治相关内容,或编制有趣的漫画等等。总之,互联网时代,开放包容是所有事物生存的主旋律,法治教育应该以青少年更加喜闻乐见的形式展现,回应时代,积极创新。

"现代法治秩序不是制定一套完备的典章制度就万事大吉,更重要的是要效力于改变意识形态,获得文化霸权。"②法治教育的意旨在于让普通公民能够理解和领会现代法治的精神,并在此基础上能树立起对法的尊重和认同。③ 基础教育担负着为国家培育未来建设者的重任,中小学法治教育为法治社会的建设起到奠基性作用,这一阶段法治教育的质量直接影响未来几十年法治社会的发展程度。因此,中小学法治教育的实施成效至关重要,作为法治教育落实的媒介,法治教育途径成为中小学法治教育的制胜点。通过分析当前中小学法治教育实施过程中的方式应用,发现法治教育的实施途径存在有效性落实不足、类型单一、执行力弱等问题。究其原因,政策滞后,教学配置不够完善,途径制定不够科学、合理,没有充分尊重教育规律,不能够完全符合青少年心理发展需求等致使中小学法治教育途径迟迟没有获得理想的效用。基于此,我们认为应当进一步健全政策机制,增强中小学法治教育所需课程、教材的科学性,提升途径内容的针对性,重视实践方式,完善相关评估保障机制等,化解中小学法治教育所面临的尴尬境地。教育要"用灵魂转向的技巧,不是要在灵魂中创造视力,而是肯定灵魂本身有视力,但认为它不能正确地把握方向,或不是在看该看的方向,因而想方设法努力促使它转向"④。"始生之物,其形必陋",法治教育是一种灵魂塑造活动,不是在公众的灵魂中生硬捏造法治意识,而是想方设法努力创造法治精神成长的土壤,精心培育,促使它生根发芽。这是一个缓慢且艰难的过程,需要众人共同努力、耐心等待。

---

① 微博直播庭审,促进司法公开[EB/OL].(2014-02-16)[2018-11-28].http://blog.sina.com.cn/s/blog_5ff29ca40101f0gc.html.
② 川岛武宜.现代化与法[M].申政武,等译.北京:中国政法大学出版社,1994:译序.
③ 樊丽君.现代公民法治教育[D].北京:首都师范大学,2001:30.
④ 柏拉图.理想国[M].郭斌和,张竹明,译.北京:商务印书馆,1986:278.

# 第五章 中小学法治教育评价机制研究

深入推进中小学法治教育是回应依法治国战略、深入推进依法治教与依法治校的内在要求。国家政策明确了法治教育的方向,但法治教育教师招聘、教师专业化发展、法治课程的实施开展及对中小学落实情况的评价等,仍然未能引起教育行政管理部门与中小学的足够重视,制度层面建设仍然缺乏清晰、统一的评价标准或考核体系。法治教育嵌入学校教育的范围与深度取决于校方的观念认识与重视程度,管理评价机制缺乏致使法治教育对中小学的牵引力度不足,从而导致法治教育实施表象化、瘫软化。我国中小学法治教育正处于起步阶段,教育行政部门主要通过自上而下的检查方式对依法治校整体效果进行评价,并没有建立起可测量、可操作且专门针对法治的评价指标体系,从而造成法治教育在中小学推行难以获得稳定的制度保障。《青少年法治教育大纲》指出,当前我国法治教育存在的一个突出问题是"学校法治教育的评价体系不健全,教育针对性和实效性不强"。

## 第一节 中小学法治教育评价的现状

根据教育评价的要素和新时代依法治教理念的要求,目前我国中小学法治教育评价现阶段呈现出评价主体以政府为主导、评价方法以终结性评价为中心、评价内容以静态知识为重点、评价标准以国家宏观要求为主要依据的特征。

### 一、以政府为主导的中小学法治教育评价主体

法治教育是个大系统,按照《青少年法治教育大纲》要求,要加强家庭、学校、社会三种途径的法治教育,拓宽法治教育途径。学校、家庭、社会三位

一体,任何一个环节出现偏差都可能成为法治教育的短板。青少年法治教育评价必须整体规划,建立完善的保障体系,形成校内校外、课内课外、网上网下相结合的教育合力。中小学法治教育评价需要建立专门的法治教育质量评估体系和评价监控机制,将必要的法律常识纳入学生学业评价范畴,将法治素养作为学生综合素质的重要组成部分,全面考察青少年法治教育效果。事实上,从教育部、省级教育主管部门制定的一系列关于中小学法治教育评价的相关法律法规、政策文本中不难看出,在现阶段中小学法治教育评价主体中,政府尤其是教育行政部门依旧是实施评价的主导,对中小学法治教育的评价实际上成为政府的行政行为。

2014年颁布的《我国青少年法制教育调查报告》建议"建立一套兼具导向、激励、监督和考核作用的青少年法制教育评价机制,对各地方、各中小学法制教育的效果进行客观、公正的评价。评价机制应包括,对学校法制教育管理水平的综合评估,包括学校法制教育的目标定位、法制教育领导班子组成、师资配备、课程设置、教育活动实施情况等。对法制课教师的教学水平进行评价,包括教师的业务水平、教学态度、教育方法和教学效果等"。"对学校与家庭、社区的合作、联动进行评估。对地方教育行政部门的保障措施进行评估,考核评估的情况宜纳入地方行政部门业绩考核的范围,确保青少年法制教育师资、经费、教材的全面落实"[①]。

教育部印发的《依法治教实施纲要(2016—2020年)》中提到,"教育部组织制订依法治教评价指标体系,分阶段,对地方各级教育行政部门和学校依法治教、依法治校的情况进行评估……"[②]

北京教育系统法治宣传教育领导小组率先垂范,制定了《北京教育系统法治宣传教育第七个五年规划(2016—2020年)重点任务分工方案》,要求认真落实《北京教育系统法治宣传教育工作考核评估指标》《北京高校法治宣传教育工作基本标准》《北京市中小学法治宣传教育工作考核评价标准》,

---

① 我国青少年法制教育调查报告发布[EB/OL].(2015-05-30)[2018-03-30].http://www.chinapeace.gov.cn/2014-05/30/content_11594653.shtml.

② 教育部关于印发《依法治教实施纲要(2016—2020年)》的通知:教政法[2016]1号[EB/OL].(2016-01-11)[2018-05-11].http://www.moe.edu.cn/srcsite/A02/s5913/s5933/201605/t20160510_242813.html.

加强年度工作监督检查。将法治宣传教育工作情况纳入依法治教示范区、依法治校示范校评选和素质教育综合督导,开展"七五"普法规划落实情况检查,切实推动"七五"法治宣传教育工作深入开展。

广东省还制定了《广东省青少年学生法治教育基地建设标准》,以推动省内各地市、县(市、区)建立一个以上多功能青少年学生法治教育基地并规范运作。该标准涉及青少年法治教育基地建设的硬件设施、软件设施、教育制度等方面,其中硬件设施包括模拟法庭、法治图片展览馆、活动广场、会议室、网络测试中心、禁毒展览馆、法律咨询室和阅览室。

《辽宁省教育厅关于全省教育系统开展第七个五年法治宣传教育的意见》指出,要"要突出全面贯彻落实《青少年法治教育大纲》,切实把青少年法治教育纳入国民教育体系;突出全面提高教育系统领导干部法治理念、提高依法治教能力两个重点,深入开展各级各类学校和教育行政部门的法治宣传教育"。"通过不断丰富创新载体和形式,不断完善青少年法治教育的实施与支持体系,提升法治宣传教育实效性和针对性,切实增强广大师生员工的社会主义法治观念,提升教育系统依法治理的能力和水平,在教育系统内基本形成尊法学法守法用法的氛围,加快构建省、市、县(区、市)教育行政部门依法行政、学校依法办学、教师依法执教、社会依法支持和参与教育治理的新格局。"[1]

《浙江省教育系统法治宣传教育第七个五年规划(2016—2020年)》中同样要求从坚持课堂教学主渠道作用、开展丰富多彩学校法治教育活动、拓展法治教育第二课堂、加强对特殊群体法治教育的服务、推进校园法治文化建设等五个方面推进青少年法治教育。在评价机制方面,"探索将法治教育内容纳入教育督导范畴,制订科学量化的法治宣传教育评价体系;将各级教育行政部门依法治教情况纳入教育科学和谐发展业绩考核内容;将各级各类学校的依法治校实绩纳入校长任期考核。探索通过开展公众满意度调查

---

[1] 辽宁省教育厅关于全省教育系统开展第七个五年法治宣传教育的意见:辽教发〔2016〕82号[EB/OL]. (2016-09-22)[2018-04-22]. http://www.lnen.cn/zcfg/tgfxwj/290405.shtml.

评价教育普法工作的实效"①。

《陕西省教育系统开展法治宣传教育的第七个五年规划（2016—2020年）》明确指出，"在中小学设立法治知识课程，在其他课程中渗透法治教育内容。将义务教育阶段法治教育纳入教育经费保障范围。在中考中增加法治知识内容，将社会主义法治理念、法治素质和法治实践纳入学生知识和综合素质的评价范围"。"完善法治宣传教育考核评估。进一步完善法治宣传教育目标管理、任务落实、组织保障、工作成效等评估考核指标体系，适时组织对'七五'普法规划实施的年度考核、阶段性检查和专项督查。"②

《海南省教育系统开展法治宣传教育的第七个五年规划（2016—2020年）》在法治教育评价方面提出要"加强督导评估。将法治教育的水平与成效纳入各级教育行政部门和各级各类学校办学水平、教育质量的督导评估中"③。

河南省教育厅2014年颁布的《关于进一步加强全省青少年法制宣传教育工作的实施意见》提出要"建立健全工作督导考核制度，各级要将青少年法制宣传教育纳入全省'六五'规划和社会治安综合治理目标责任考核，纳入教育部门依法治校工作指标考核。各级教育督导机构要将学校法制教育纳入教育督导范围。对法制宣传教育工作相对滞后的学校，有关部门要予以督促和帮扶"④。

2016年颁布实施的《青少年法治教育大纲》要求，要建立健全科学的青少年法治教育评价机制。评价要全面考察青少年法治教育效果，有利于激发青少年学习法治知识、发展法治能力、提高法治素养、参与法治实践的自

---

① 浙江省教育系统法治宣传教育第七个五年规划（2016—2020年）[EB/OL]. (2016-11-01)[2019-03-12]. http://www.zjedu.gov.cn/news/147799328261664855.html.

② 关于印发《陕西省教育系统开展法治宣传教育的第七个五年规划（2016—2020年）》的通知[EB/OL]. (2016-11-04)[2018-11-14]. http://www.snedu.gov.cn/news/jiaoyutingwenjian/201611/04/11373.html.

③ 海南省教育厅关于印发《全省教育系统开展法治宣传教育的第七个五年规划（2016—2020年）》的通知：琼教法[2016]104号[EB/OL]. (2017-01-03)[2018-07-12]. http://www.hainan.gov.cn/hainan/ghjh/201701/f0a8d1703f4e4b67b6d5b1ad51427be8.shtml.

④ 关于进一步加强全省青少年法制宣传教育工作的实施意见[EB/OL]. (2014-09-09)[2019-03-09]. http://www.haedu.gov.cn/2014/09/09/1410251865321.html.

觉性;有利于激发学校、教师开展法治教育的主动性和创造性,促进青少年法治教育形式与内容的不断改进和创新;要结合社会诚信体系建设、精神文明创建等机制,探索建立综合性的青少年法治素养评价机制。教育部门可以联合司法部门组织或者委托第三方对学校、区域的青少年法治教育的整体情况进行评价。有条件的高等学校、科研组织可以开展青少年法治教育评价的研究与实践。[1]

《四川省贯彻〈青少年法治教育大纲〉实施意见》提到要完善评估手段:"组织开展各市(州)法治教育情况专项监测评估活动,各级教育部门可联合司法部门组织或者委托第三方对学校、区域的青少年法治教育的整体情况进行评价。组织有关单位和部门开展青少年法治教育评价的研究与实践。"[2]四川省还将法治教育纳入平安建设工作考评,要求各级教育部门要健全青少年法治教育效果评价机制。"要将学校法治教育实施情况作为依法治校的重要方面,纳入学校年度考核的内容;作为预防青少年违法犯罪和'平安校园'创建工作内容,纳入综合工作考评。县级以上政府教育督导机构要将学校法治教育实施情况纳入督导范围,推进法治教育工作常态化。评价要全面考察青少年法治教育效果,要将必要的法律常识纳入不同阶段学生学业评价范畴,在中、高考中适当增加法治知识内容。要注重结合青少年的学习和生活,将反映法治思维、法治观念的行为、态度和实践作为评价的重要方面,增强评价的科学性和有效性。探索建立综合性的青少年法治素养评价机制。"[3]

## 二、以终结性评价为中心的中小学法治教育评价方法

根据评价的时间和作用不同,教育评价可以分为诊断性评价、形成性评价和终结性评价。终结性评价是对评价实施结果的评价。对中小学法治教

---

[1] 教育部、司法部、全国普法办关于印发《青少年法治教育大纲》的通知(教政法〔2016〕13号)[EB/OL]. (2016-06-28)[2018-07-12]. http://moe.gov.cn/srcsite/A02/s5913/s5933/201607/t20160718_272115.html.

[2] 四川省贯彻《青少年法治教育大纲》实施意见[EB/OL]. (2017-01-23)[2018-12-23]. http://www.scedu.net/p/9/? StId = st_app_news_i_x6362173373001329494.

[3] 我省将法治教育纳入平安建设工作考评[EB/OL]. (2016-09-01)[2018-07-21]. http://www.sichuanpeace.gov.cn/system/20160901/000317825.html.

育评价方法的政策语句描述中,诸如"项目结果评选和奖励""挖掘典型""成果展示"等一类的字眼屡见不鲜。

2002年由教育部、司法部、中央综治办、共青团中央联合印发的《关于加强青少年学生法制教育工作的若干意见》中提到,"要建立监督制约和激励机制,增强学校、教师和学生学法用法的主动性和自觉性。法制教育要纳入学校教育质量和学生综合素质评估体系,开展专项评估。要把'四落实'的情况作为评估学校工作的一项重要内容,要对'四落实'搞得好的地方、学校、法制副校长、法制辅导员、青少年法律学校、青少年法制教育基地建设等单位和个人进行表彰"。同时"要建立中小学法制教育责任制和督导检查机制。各级综合治理、教育行政、司法行政、团组织等有关部门要把协同开展在校学生法制教育、净化学生生活和学习的社会环境工作列为重要的监督检查内容,实行定期或不定期的监督检查"。①

教育部等七部门关于加强青少年法治教育实践基地建设的意见提出,"要组织开展实践基地以及其他法治教育基地优秀教学活动项目评选,发掘先进典型,及时总结推广好的经验做法。对关心支持实践基地和其他法治教育基地建设工作,贡献突出的国家机关、企事业单位、社会团体及个人,要以适当方式给予表彰和奖励"②。

教育部出台的《依法治教实施纲要(2016—2020年)》中提到,"对地方各级教育行政部门和学校依法治教、依法治校的情况进行评估,树立一批依法治教的示范区域和经验典型,推动纲要的全面贯彻实施"③。

2003年教育部等五部门联合印发的《关于进一步加强青少年学生法制教育的若干意见》提出要"健全法制教育考核与督导制度。将法律素质纳入

---

① 教育部、司法部、中央综治办、共青团中央联合印发的《关于加强青少年学生法制教育工作的若干意见》[EB/OL].(2002-10-21)[2019-01-12].http://www.moe.gov.cn/jyb_xxgk/zdgk_sxml/sxml_zcfg/zcfg_jyfzjs/jyfzjs_fzjs/index_1.html.

② 教育部等七部门关于加强青少年法治教育实践基地建设的意见(教政法〔2016〕16号)[EB/OL].(2016-09-14)[2019-09-24].http://www.moe.gov.cn/srcsite/A02/s5913/s5933/201609/t20160928_282529.html.

③ 教育部关于印发《依法治教实施纲要(2016—2020年)》的通知(教政法〔2016〕1号)[EB/OL].(2016-01-11)[2019-04-11].http://www.moe.edu.cn/srcsite/A02/s5913/s5933/201605/t20160510_242813.html.

学生综合素质评价体系。教育行政部门要把青少年学生法制教育工作情况纳入依法治校工作指标体系,将学生法制教育作为对学校年度考核的重要内容。……各级人民政府教育督导机构要将学校法制教育纳入教育督导范围。对法制宣传教育工作相对滞后的学校,有关部门要予以督促和帮扶"①。

《全国教育系统开展法治宣传教育的第七个五年规划(2016—2020年)》提到,"及时了解普法工作成效、社会公众对教育普法的工作满意度、存在的问题及不足,为改进普法工作提供决策依据。健全法治宣传教育激励机制,及时总结推广先进经验和典型案例"②。

《甘肃省教育系统法治宣传教育第七个五年规划(2016—2020年)》提出要"加强法治教育考核评价。……把校长的法律素质和依法治校能力作为校长任职和工作考核的重要内容。把学生法治教育综合情况作为对学校年度考核的重要内容,与学生操行评定挂钩"③。

新疆维吾尔自治区教育厅颁布实施的《关于加强自治区青少年法治教育实践基地建设工作的实施意见》中提及,中小学法治教育要"建立实践基地的评估和激励机制。各地要健全完善实践基地的评价指标体系,组织开展自我评估与第三方评估。自治区将适时组织开展实践基地以及其他法治教育基地优秀教学活动项目评选,以便发掘先进典型,及时总结推广好的经验做法"④。

江西省《全省教育系统开展法治宣传教育的第七个五年规划(2016—2020年)》提出要"加强学生法治教育评价与考核"。"县级以上教育行政部门要将青少年法治教育纳入地区教育总体教学计划,保证法治教育时间,不

---

① 教育部、司法部、中央综治办、共青团中央、全国普法办关于进一步加强青少年学生法制教育的若干意见(教政法〔2013〕12号)[EB/OL].(2013 – 08 – 01)[2018 – 08 – 26]. http://www. moe. gov. cn/srcsite/A02/s7049/201308/t20130801_170521. html.

② 教育部关于印发《全国教育系统开展法治宣传教育的第七个五年规划(2016—2020年)》的通知(教政法〔2016〕15号)[EB/OL].(2016 – 07 – 22)[2018 – 01 – 15]. http://www. moe. gov. cn/srcsite/A02/s7049/201608/t20160805_274100. html.

③ 关于印发《甘肃省教育系统法治宣传教育第七个五年规划(2016—2020年)》的通知[EB/OL].[2019 – 03 – 16]. http://www. gsedu. gov. cn/content – c771d608cace4a4ba934d2f7f15b0436. htm.

④ 关于加强自治区青少年法治教育实践基地建设工作的实施意见(新教政法〔2017〕1号)[EB/OL].(2017 – 01 – 06)[2018 – 09 – 06]. http://www. xjedu. gov. cn/xjjyt/wjgz/wjtz/2017/102997. htm.

得挤占或减少法治教育课时和法治教育活动时间。""把学生法治教育综合情况作为对学校年度考核的重要内容,与校长任期考核、教师业绩考核、学生操行评定等挂钩。"①

《四川省贯彻〈青少年法治教育大纲〉实施意见》提到中小学法治教育评价要"全面考察青少年法治教育效果"。《海南省教育系统开展法治宣传教育的第七个五年规划(2016—2020年)》提到要"健全法治宣传教育表彰激励机制,及时总结推广先进经验和典型案例"②。《陕西省教育系统开展法治宣传教育的第七个五年规划(2016—2020年)》明确提出"健全法治宣传教育激励机制,及时总结推广先进经验和典型案例。各级教育行政部门要把法治宣传教育、依法治校的实践成效,纳入绩效考核内容,开展专项检查,总结经验,表彰先进,推动法治宣传教育工作的深入开展"③。

### 三、以静态知识为重点的中小学法治教育评价内容

纵观国家教育普法"一五"计划到"六五"计划,我国法治教育仍然停留在以法制教育为主导的初级阶段。第六届全国人民代表大会常务委员会第十三次会议于1985年颁布了《关于在公民中基本普及法律常识的决议(草案)》,提出"学校是普及法律常识的重要阵地",时至今日,我国相继出台了一系列诸如《国家教委、中央社会治安综合治理委员会办公室、司法部关于印发〈关于加强学校法制教育的意见〉的通知》《教育部、司法部、中央综治办、共青团中央关于加强青少年学生法制教育工作的若干意见》《中共中央宣传部、教育部、司法部、全国普及法律常识办公室关于印发〈中小学法制教育指导纲要〉的通知》《教育部、司法部、中央综合办、共青团中央、全国普法办关于进一步加强青少年学生法制教育的若干意见》等政策文件,对学校

---

① 关于印发《全省教育系统开展法治宣传教育的第七个五年规划(2016—2020年)》的通知[EB/OL]. (2016-08-31)[2019-04-31]. http://jxedu.gov.cn/info/2340/71000.htm.

② 海南省教育厅印发《全省教育系统开展法治宣传教育的第七个五年规划(2016—2020年)》的通知(琼教法〔2016〕104号)[EB/OL]. (2017-01-03)[2018-05-13]. http://www.hainan.gov.cn/hainan/ghjh/201701/f0a8d1703f4e4b67b6d5b1ad51427be8.shtml.

③ 关于印发《陕西省教育系统开展法治宣传教育的第七个五年规划(2016—2020年)》的通知[EB/OL]. (2016-11-04)[2019-01-15]. http://www.snedu.gov.cn/news/jiaoyutingwenjian/201611/04/11373.html.

法制教育工作的开展进行指导和规范。从政策规定看，法制教育被视为学校德育的重要内容，其主要任务和重点是引导学生知法和守法，但截至目前，中小学的法治教育仍不属于独立课程，法治教育内容一般包含在德育课程中，法治教育教学教师一般也不具有专业的法学知识，只是具备相关品德课程和教学经验。2014年，党的十八届四中全会提出全面推进依法治国的总目标，标志着我国的社会主义法治进程进入新时代。在中共中央作出的决定中，首次提出"法治教育"的概念，并要求"将法治教育纳入国民教育体系，从青少年抓起，在中小学设立法治知识课程"①。2016年，教育部发布相关规定，将品德课程教材（"品德与生活""思想品德"）统一更名为"道德与法治"，但原则上该课程仍然属于思想品德课教学范畴。诚然，法律素养是现代公民必备的基本素养之一，法治教育应充分发挥学生的主体作用，中小学法治教育评价不能忽视对学生法制教育观念的评价。但是在实际评价时，对中小学法治教育内容的评价，仍然停留在以静态知识为重点的范围之内。

2002年由教育部、司法部、中央综治办、共青团中央联合印发的《关于加强青少年学生法制教育工作的若干意见》中提出，"把学生学法和遵纪守法的情况纳入学生升学、招生、招工、参军等考核内容"②。

2007年由《中宣部、教育部、司法部、全国普及法律常识办公室关于印发〈中小学法制教育指导纲要〉的通知》中提到"开展中小学法制教育的主要任务是：努力培养中小学生的爱国意识、公民意识、守法意识、权利义务意识、自我保护意识，养成尊重宪法、维护法律的习惯，帮助他们树立正确的人生观、价值观和荣辱观，树立依法治国和公平正义的理念，提高分辨是非和守法用法的能力，引导他们做知法守法的合格公民"③。由此可见，培育中小

---

① 教育部、司法部、全国普法办关于印发《青少年法治教育大纲》的通知（教政法〔2016〕13号）[EB/OL].（2016-06-28）[2018-06-11]. http://moe.gov.cn/srcsite/A02/s5913/s5933/201607/t20160718_272115.html.

② 教育部、司法部、中央综治办、共青团中央联合印发的《关于加强青少年学生法制教育工作的若干意见》[EB/OL].（2002-10-21）[2019-04-25]. http://www.moe.gov.cn/jyb_xxgk/zdgk_sxml/sxml_zcfg/zcfg_jyfzjs/jyfzjs_fzjs/index_1.html.

③ 中共中央宣传部、教育部、司法部、全国普及法律常识办公室关于印发《中小学法制教育指导纲要》的通知（教基〔2007〕10号）[EB/OL].（2007-07-24）[2018-08-12]. http://moe.gov.cn/jxb_xxgk/moe_1777/moe_1779/hnull_27735.html.

学生法治教育理念势在必行。

2014年《我国青少年法制教育调查报告》由教育部青少年法制教育基地和中国政法大学青少年法制教育研究中心联合发布。报告显示,在小、初、高的不同阶段中,青少年学生运用法律的意愿并没有随年龄增长而呈现上升趋势,反而随着年龄的增长而下降。报告根据2011年教育部颁布的《全国教育系统开展法制宣传教育的第六个五年规划(2011—2015年)》,明确提出要将"加强青少年社会主义法治理念教育,培养社会主义合格公民"[1]作为普法工作的核心目标,要求"各教育行政部门和学校要重点推进和保障对学生的法制教育,从小培养学生的法律意识和法制观念"。报告建议"对学生法治理念进行评价不能单以法律课成绩作为标准,还要综合考查学生的法律素质,看学生能否知行合一,即在日常的社会生活中守法并正确用法"[2]。

2016年6月,教育部、司法部、全国普法办联合印发《青少年法治教育大纲》,明确提出青少年法治教育的总体目标是:"以社会主义核心价值观为引领,普及法治知识,养成守法意识,使青少年了解、掌握个人成长和参与社会生活必需的法律常识和制度,明晰行为规则,自觉遵法、守法;规范行为习惯,培育法治观念,增强青少年依法规范自身行为、分辨是非、运用法律方法维护自身权益、通过法律途径参与国家和社会生活的意识和能力;践行法治理念,树立法治信仰,引导青少年参与法治实践,形成对社会主义法治道路的价值认同、制度认同,成为社会主义法治的忠实崇尚者、自觉遵守者、坚定捍卫者。"由此可以看出,《青少年法治教育大纲》要求加强青少年法治教育,使广大青少年学生从小树立法治观念,养成自觉守法、遇事找法、解决问题靠法的思维习惯和行为方式。

《青少年法治教育大纲》指出,青少年法治教育评价要"基于大纲确定的青少年法治教育的目标和内容要求,将必要的法律常识纳入不同阶段学生

---

[1] 教育部关于印发《全国教育系统开展法制宣传教育的第六个五年规划(2011—2015年)》的通知(教政法〔2011〕13号)[EB/OL].(2011-10-21)[2018-10-21].http://www.moe.edu.cn/srcsite/A02/s7049/201110/t20111021_170525.html.

[2] 我国青少年法制教育调查报告发布[EB/OL].(2015-05-30)[2019-02-30].http://www.chinapeace.gov.cn/2014-05/30/content_11594653.shtml.

学业评价范畴,在中、高考中适当增加法治知识内容,将法治素养作为学生综合素质的重要组成部分。要注重结合青少年的学习和生活,将反映法治思维、法治观念的行为、态度和实践作为评价的重要方面,增强评价的科学性和有效性"[1]。《青少年法治教育大纲》出台后,多数省份都对该文件进行了转载并发文要求落实,个别省份还专门制定了贯彻落实《青少年法治教育大纲》实施意见,如《四川省贯彻〈青少年法治教育大纲〉实施意见》提出,"完善学生成长手册和综合素质评价,将法治学习状况和法治素养作为学生综合素质评价的重要内容。各市(州)要基于《大纲》确定的青少年法治教育的目标和内容要求,将必要的法律常识纳入不同阶段学生学业评价范畴,在组织的初中毕业生学业水平考试暨高中阶段学校招生考试中适当增加法治知识内容,将法治素养作为学生综合素质的重要组成部分。要结合社会诚信体系建设、精神文明创建等机制,探索建立综合性的青少年法治素养评价机制"[2]。

《北京教育系统法治宣传教育第七个五年规划(2016—2020年)》提出在"七五"普法期间,"学生法治教育综合情况将作为对学校年度考核的重要内容,并与学生的操行评定挂钩。在中考、高考中适当增加法治知识内容,将宪法知识、社会主义法治理念、法治素养和法治实践纳入学生知识和综合素质评价范围"[3]。可以看出,地方政府在贯彻落实《青少年法治教育大纲》过程中,依旧未脱离对静态知识评价这一主线。

**四、以国家宏观要求为主要依据的中小学法治教育评价标准**

就目前地方政府、教育行政部门对于中小学法治教育评估标准的制订方面来看,仍然是以国家出台的《青少年法治教育大纲》为主要依据。一般来讲,评估标准体系主要包括学校法治教育的条件保障、实施和效果三个方

---

[1] 教育部、司法部.全国普法办关于印发《青少年法治教育大纲》的通知(教政法〔2016〕13号)[EB/OL].(2016 - 06 - 28)[2018 - 06 - 01]. http://moe.gov.cn/srcsite/A02/s5913/s5933/201607/t20160718_272115.html.

[2] 四川省贯彻《青少年法治教育大纲》实施意见[EB/OL].(2017 - 01 - 23)[2019 - 02 - 25]. http://www.scedu.net/p/9/?StId = st_app_news_i_x6362173730001329494.

[3] 北京教育系统法治宣传教育第七个五年规划(2016—2020年)[EB/OL].(2016 - 10 - 24)[2018 - 11 - 24]. http://jw.beijing.gov.cn/jypu/gzwj/201801/t20180119_36281.html.

面;结合各地实际情况实现评估标准本土化,①中小学法治教育评估标准既要将新的法治教育评估标准积极纳入已有的综合性学校评估体系中,又要以此为依据加强对法治教育的专项督导。根据目前已经出台相关贯彻落实国家宏观要求的政策来看,评估标准本土化程度不是很大,很多标准与国家宏观依据不尽相同,具体文本参照表5-1。

表5-1 部分省份贯彻落实国家宏观评价标准政策文本对比

| 政策名称 | 出台部门 | 出台时间 | 评价标准文本内容 |
| --- | --- | --- | --- |
| 《青少年法治教育大纲》 | 教育部 司法部 全国普法办 | 2016年 | 要建立健全科学的青少年法治教育评价机制。评价要全面考察青少年法治教育效果……评价要基于本大纲确定的青少年法治教育的目标和内容要求,将必要的法律常识纳入不同阶段学生学业评价范畴,在中、高考中适当增加法治知识内容,将法治素养作为学生综合素质的重要组成部分。要注重结合青少年的学习和生活……要结合社会诚信体系建设、精神文明创建等机制,探索建立综合性的青少年法治素养评价机制。教育部门可以联合司法部门组织或者委托第三方对学校、区域的青少年法治教育的整体情况进行评价。有条件的高等学校、科研组织可以开展青少年法治教育评价的研究与实践 |
| 《陕西省中小学依法治校示范校评估指标》 | 陕西省教育厅 | 2015年 | "法治教育"包括三个二级指标:法治教育做到计划、课时、师资、教材"四落实";配备法治副校长,并能有效履行职责;法治宣传教育活动丰富多彩,成效显著 |

---

① 罗爽.新时代中小学法治教育需要科学的评估标准与方法[J].中国教育学刊,2018(03):17-21.

续表

| 政策名称 | 出台部门 | 出台时间 | 评价标准文本内容 |
| --- | --- | --- | --- |
| 《北京教育系统法治宣传教育第七个五年规划（2016—2020年）》 | 北京市教工委等 | 2016年 | 认真落实《青少年法治教育大纲》中各学段法治教育的目标、任务、内容和要求，落实《北京教育系统法治宣传教育工作考核评估指标》《北京高校法治宣传教育工作基本标准》《北京市中小学法治宣传教育工作考核评价标准》，加强年度工作监督检查 |
| 《北京教育系统法治宣传教育工作考核评估指标（各区）》 | 北京市法治宣传教育领导小组 | 2017年 | 三级指标：全面加强青少年法治宣传教育，建立青少年法治宣传教育基地，组织开展形式多样的青少年法治宣传教育和校园法治文化活动。<br>评分标准：建立青少年法治宣传教育基地（以在辖区内为准）（3分），组织开展多种形式的青少年法治宣传教育和校园法治文化活动（2分） |
| 《陕西省教育系统开展法治宣传教育的第七个五年规划（2016—2020年）》 | 陕西省教育厅 | 2016年 | 全面贯彻实施教育部《青少年法治教育大纲》，明确各学段法治教育的目标、任务、内容和要求。在中小学设立法治知识课程，在其他课程中渗透法治教育内容。将义务教育阶段法治教育纳入教育经费保障范围。在中考中增加法治知识内容，将社会主义法治理念、法治素质和法治实践纳入学生知识和综合素质的评价范围。着力解决法治教育在课时安排、教材建设、师资配备与培训、教研科研、经费保障、教学评价等方面存在的问题 |

续表

| 政策名称 | 出台部门 | 出台时间 | 评价标准文本内容 |
| --- | --- | --- | --- |
| 《中共重庆市委宣传部、重庆市司法局关于在全市公民中开展法治宣传教育的第七个五年规划（2016—2020年）》 | 重庆市委宣传部、重庆市司法局 | 2016年 | 坚持从青少年抓起，把法治教育纳入国民教育体系，积极构建学校、家庭、社会"三位一体"的青少年法治教育格局，引导青少年从小掌握法律知识、树立法治意识、养成守法习惯（实际考评体系仍未建立） |
| 《新疆维吾尔自治区教育系统开展法治宣传教育的第七个五年规划（2016—2020年）》 | 新疆维吾尔自治区教育厅 | 2016年 | 将学生法治教育综合情况作为对学校年度考核的重要内容，与校长任期考核、教师业绩考核、学生操行评定等挂钩。各级教育行政部门要建立并完善对教育行政部门和学校法治宣传教育的评价标准，健全评价机制，促进法治宣传教育的标准化、规范化。将法治宣传教育工作情况纳入依法治教示范区、依法治校示范校评选和教育督导工作范畴，开展七五普法规划落实情况中期检查，切实推动七五普法宣传教育工作深入开展。建立法治宣传教育激励机制，及时总结、推广成熟、有效的工作经验和成果（实际考评体系仍未建立） |

续表

| 政策名称 | 出台部门 | 出台时间 | 评价标准文本内容 |
| --- | --- | --- | --- |
| 《内蒙古自治区党委宣传部、司法厅关于深入开展法治宣传教育的第七个五年规划(2016—2020年)》 | 内蒙古自治区党委宣传部、司法厅 | 2016年 | 把法治教育纳入国民教育体系,认真组织实施青少年法治教育大纲……加强工作考核评估,建立健全法治宣传教育工作考评指导标准和指标体系,完善考核办法和机制,注重考核结果运用(实际考评体系仍未建立) |
| 《宁夏教育系统开展法治宣传教育第七个五年规划(2016—2020年)》 | 宁夏回族自治区教育厅 | 2016年 | 进一步完善普法依法治理目标管理、任务落实、组织保障、工作成效等评估考核指标体系,适时组织对规划实施情况进行年度考核、阶段性检查和专项督查。不断健全、完善科学的普法依法治理工作评估考核和激励、奖励机制,推动普法依法治理工作不断创新、科学发展 |

## 第二节 中小学法治教育评价存在问题的原因透析

政府主导的中小学法治教育评价具有目标考核性质与行政指向意味,而中小学法治教育评价质量标准的模糊性和测评手段的单一性,势必会影响政府对中小学法治教育效果的判断,进而削弱中小学法治教育的整体推进。究其原因,主要有以下几个方面。

### 一、法治教育评价理念的工具性与价值性的矛盾

中小学法治教育的评价理念是指评价主体对中小学法治教育这一活动的目的、实施、效果等诸多方面所持的基本认识与深层观念。任何教育评价活动都无法摆脱评价理念而独立存在。现阶段中小学法治教育的评价理念方面,重视工具性质的守法知法教育,忽视法治核心价值的素养教育;重视

法律知识传授的静态教育,忽视法治思维能力的动态教育,这种评价理念集中体现在相关的政策文本中,与普法教育、依法治校等自上而下的行政工作一并推进,使得中小学法治教育的评价理念中工具性与价值性矛盾尤为突出。

### 1. 评价理念的概念及功能

若想要归纳现行中小学法治教育评价的理念,首先要厘清评价理念的概念。理念(ideology)是一个哲学术语,柏拉图将理念界定为现象世界背后的普遍属性,它是现象世界的本体、基础、来源和依据。在现代语境中,理念泛指指导活动的哪些基本而深层的观念。①。马克思曾将人的"类特性"归结为自由的自觉的活动②,用以强调理念这种自由意识对人的活动的指导意义。

评价理念,简而言之,就是指在评价活动中用以指导行为的自由意识,对某一社会活动具有深层的引导、评定、选拔、监测等功能。

首先,评价理念对评价活动具有引导功能。由于理念所具有的"指导行为"这一天然属性,所以评价理念的首要功能是对评价活动的宏观引导。在对活动具备基本共识的基础上,活动的走向势必会受到这一基本共识的影响。

其次,评价理念对评价活动具有评定功能。我国早在西周时期就建立了定期的学业考查制度,当时规定:"比年入学,中年考核,一年视离经辨志,三年视敬业乐群,五年视博习亲师,七年视论学取友,谓之小成;九年从类通达,强力而不返,谓之大成。"③其中就体现了评价理念所引申出的评定功能。

再次,评价理念对评价活动具有选拔功能。中国古代就有科举取士的传统,在"取士"这一评价理念的支配下,科举制度创造了选拔制度的辉煌。在现代社会中的各类选拔活动中,评价理念起到了举足轻重的作用。

最后,评价理念对评价活动具有监测功能。评价活动是一种主观的社会交往活动,一般情况下会在实践中呈现出与理念某种程度上的偏离,而评

---

① 丁念金. 素质文化视野中的课堂评价理念[J]. 全球教育展望,2011(12):3-8,30.
② 马克思,恩格斯. 马克思恩格斯全集:第42集[M]. 北京:人民出版社,1979:96.
③ 田杰. 评定、选拔、调控、个性化表现:试析教育评价理念变化的历史轨迹[J]. 中国教育学刊,2003(03):55-58.

价理念对偏离基本规律的社会实践活动起到了矫正的作用,用以监测社会评价是否符合既定目标。

**2. 我国中小学法治教育评价理念的发展历程**

通过梳理相关的政策文本可以窥见,我国目前的中小学法治教育评价理念在持续推进法治教育过程中的发展态势。

第一阶段侧重对守法行为的评价与考核,用行政手段考核师生是否遵纪守法成为主要的评价内容。2002年由教育部、司法部、中央综治办、共青团中央联合印发的《关于加强青少年学生法制教育工作的若干意见》指出"要建立监督制约和激励机制,增强学校、教师和学生学法用法的主动性和自觉性。法制教育要纳入学校教育质量和学生综合素质评估体系,开展专项评估。要把'四落实'的情况作为评估学校工作的一项重要内容,要对'四落实'搞得好的地方、学校、法制副校长、法制辅导员、青少年法律学校、青少年法制教育基地建设等单位和个人进行表彰。"①

第二阶段由守法评价逐渐扩展到知法评价,但在评价手段上并没有显著变化,仍然倚重行政考核。2007年,在《中宣部、教育部、司法部、全国普及法律常识办公室关于印发〈中小学法制教育指导纲要〉的通知》中提到,"开展中小学法制教育的主要任务是:努力培养中小学生的爱国意识、公民意识、守法意识、权利义务意识、自我保护意识,养成尊重宪法、维护法律的习惯,帮助他们树立正确的人生观、价值观和荣辱观,树立依法治国和公平正义的理念,提高分辨是非和守法用法的能力,引导他们做知法守法的合格公民"②。2013年,教育部颁布的《关于进一步加强青少年学生法制教育的若干意见》和《教育部办公厅关于全面加强教师法制教育工作的通知》两个规范性文件,标志着我国青少年普法工作进入一个新的推进期。2014年10月,中国共产党第十八届中央委员会第四次全体会议通过了《中共中央关于全面推进依法治国若干重大问题的决定》。《决定》提出,"推动全社会树立

---

① 中共中央宣传部、教育部、司法部、全国普及法律常识办公室关于印发《中小学法制教育指导纲要》的通知(教基〔2007〕10号)[EB/OL]. (2007-07-24)[2018-04-13]. http://moe.gov.cn//jxb_xxgk/moe_1777/moe_1779/tnull_27735.html.

② 中共中央宣传部、教育部、司法部、全国普及法律常识办公室关于印发《中小学法制教育指导纲要》的通知(教基〔2007〕10号)[EB/OL]. (2007-07-24)[2019-03-13]. http://moe.gov.cn//jxb_xxgk/moe_1777/moe_1779/tnull_27735.html.

法治意识,深入开展法治宣传教育,把法治教育纳入国民教育体系和精神文明创建内容"①。《国家中长期教育改革和发展规划纲要(2010—2020年)》也明确指出,"开展普法教育。促进师生员工提高法律素质和公民意识,自觉知法守法,遵守公共生活秩序,做遵纪守法的楷模"。

第三阶段明确将法治意识、法治素养纳入法治教育评价领域,虽然表现出了未来多元评价的发展趋势,但仍将由行政部门主导评价。2016年颁布实施的《青少年法治教育大纲》中要求,要建立健全科学的青少年法治教育评价机制。评价要全面考察青少年法治教育效果,有利于激发青少年学习法治知识、发展法治能力、提高法治素养、参与法治实践的自觉性;有利于激发学校、教师开展法治教育的主动性和创造性,促进青少年法治教育形式与内容的不断改进和创新。要结合社会诚信体系建设、精神文明创建等机制,探索建立综合性的青少年法治素养评价机制。教育部门可以联合司法部门组织或者委托第三方对学校、区域的青少年法治教育的整体情况进行评价。有条件的高等学校、科研组织可以开展青少年法治教育评价的研究与实践。①

综上,现阶段我国中小学法治教育的评价理念可总结如下:将守法、知法等易于考核的形式表现作为主要评价内容;以政策贯彻的途径,将行政目标考核作为主要评价方式,体现出工具性的法治教育评价导向。

### 3. 中小学法治教育评价理念"应然状态"的塑造

在当前"依法治国"的理论和实践语境当中,法治教育评价这一概念应该具有明确的内涵和外延。"应然状态"的法治教育评价应囊括对法治意识、法治思维、法治习惯、法治知识、法治行为、法治信仰等多方面的评价体系。

首先,法治教育评价应包含对信仰、意识等价值层面的法治核心素养评价。法治教育不仅属于理论教学,更属于实践教育领域,是一个综合实施的过程。在具体实施过程中应该把法治教育放在信仰、意识培育的高度,与法治核心素养有机结合起来,它们之间的关系是相辅相成、不可或缺的。价值

---

① 教育部、司法部、全国普法办关于印发《青少年法治教育大纲》的通知(教政法〔2016〕13号)[EB/OL].(2016-06-28)[2018-06-08]. http://moe.gov.cn/srcsite/A02/s5913/s5933/201607/t20160718_272115.html.

层面的法治教育有助于帮助青少年形成正确的世界观、人生观、价值观,形成高尚的道德情操,成为具备独立人格的个体,也有助于青少年形成独立的法治人格,还有助于提高青少年法治教育的实效性。

其次,法治教育评价应侧重知行合一的过程性评价。一方面,对法治知识进行提炼、总结、升华,挖掘其中的法律价值与"法治"内涵。另一方面,学校与师生都应在日常行为中要学以致用,让法治知识变成法治行为与法治能力。学校应该从日常管理的每个细节入手,让法治在潜移默化中成为每位成员自觉的思考和行为方式,实现学校治理"从行政思维和方式向法治思维和方式的根本转变"。在制定学校各项规章制度的过程当中,涉及与学生切身利益相关的条款,教师与学生要积极、主动地参与学校事务,培养其民主参与意识和民主管理能力。

最后,法治教育评价还应将法治教育文化环境的评价囊括其中。法治教育与其说是课程,不如说是一种文化上的传递、熏染。法治应该成为校园文化的一部分,超越单纯的课程、科目的范畴,成为学校共同体成员所共享的集体价值观和规范,成为一所学校文化的重要表征形式。学校要真正将法治的理念蕴含于学校的文化建设过程中,使"法治"成为校园文化建设的愿景和使命,成为推动学校发展的感召性力量。

综上所述,中小学法治教育评价的目标不仅在于法律知识的普及、法律价值的弘扬、法律习惯的养成、法律行为的践行,更要逐渐形成以权利义务为内核,以丰富的实践活动为辐射,以培养健全的法制人格为依托,打造具有法治理念、法治精神、勇于担当的合格公民。

## 二、法治教育评价标准的政策协同性与实践本土性的矛盾

在中小学法治教育的评价标准方面,我国奉行政策主导,《青少年法治教育大纲》系统规定了基本的原则、目标及实施路径,但并未在实践中形成对中小学法治教育的强向导力。由于缺乏针对性强的评价标准,导致现实中中小学法治教育评价趋于同质化、形式化与空泛化。

### 1. 中小学法治教育评价标准的理论探源

评价标准是指人们的评价活动中应用于对象的价值尺度和界限。它是事物质变过程中量的规定性,也是评价方案中的核心组成部分。它表明人

们在具体的评价过程中重视的部分,具有引导被评价者向何处努力的作用。评价标准以价值关系为认识主体,体现了一种在关系中彰显价值的取向。而评价的客观性因素是评价标准是否具有科学性的重要依据。

中小学法治教育是针对青少年群体在法律素养、法律思维、法律信仰、法律行为等方面的综合教育,而对中小学法治教育进行评价则需要一个具有多层次内涵的标准,方能支撑起被评价对象所要达成的诸多目标。

第一,中小学法治教育评价标准的目标定位。作为一种评价标准,就是要看法治教育是否实现了其终极目标。在中小学开展法治教育的终极目标是要在中小学培养社会主义法治事业的合格建设者和接班人,使青少年成为维护社会法治发展的积极力量。对中小学法治教育进行评价,其标准就是要围绕着法治教育的终极目标来展开。概言之,法治教育评价标准的目标应定位于某一地区中的法治教育是否实际地促进了这个地区青少年法治素养的自身发展,推动了这一地区的法治进步。由于评价标准是基于某种价值关系所作出的,所以,地域性在评价标准的目标定位中显得尤为重要,评价标准必须具体到某一地域,落脚到该地区法治发展,方能显现出法治教育评价的意义所在。

第二,中小学法治教育评价标准的基本原则。为了使评价更加具有科学性与规范性,对法治教育制定评价标准乃至构建评价标准体系时应主要遵循三个原则。首先为系统性原则。所谓标准就是一种价值导向,必须要放在大环境下运用评价理念,将评价的各个内容加以统一领衔,不能偏废法治教育的任何一项内容,而是应当将法治教育作为一个系统来综合考虑。其次为科学性原则。评价法治教育最根本的目的还是要落脚到是否真实地促进了某一地区的法治水平发展、塑造了该地区青少年群体的法治品质。其评价标准要能真实、客观地反映这个目的,运用科学的方法获取到这类信息。最后为实效性原则。这是由教育的本质属性决定的,所有的教育评价必须都落实到是否真实地达成了教育的目的,中小学法治教育是否达到了其预设的教学目标、完成了教学任务,这是评价标准中不可或缺的部分。

第三,中小学法治教育评价标准的主要内容。在目标定位与基本原则的指导下,中小学法治教育评价标准应主要从以下三个维度展开。首先是表现性标准。青少年遵守日常生活中的法律,特别是不违反法律,如不从事拉帮结派、参与小团伙、校园暴力、吸毒等违法活动,成为自觉践行法律精神和维护法律尊严的积极的个体。这是最为基础的法治教育目标,也是学校法治教育的主要着力点,①对这类表现性效果的评价应包含在中小学法治教育评价标准中。其次是运用性标准。中小学生首先要了解自己所享有的基本权利及其范围,主要包括隐私权、肖像权、名誉权、娱乐权、休息权、著作权、财产权等。除了了解,青少年还应该懂得如何使用法律手段保护自己的合法权益。对这一能力的评价构成了中小学法治教育评价中的运用性标准。最后为发展性标准。法治教育要走出单纯的"普法"层面,要教育中小学生成为能够独立思考、自主行动,对自己的行为负责任的个体。中小学生要通过法治教育来掌握社会民主管理的能力,正确行使自己应有的法律权利和应尽的义务,同时培养其参与规则制定的意识和批判性思考的能力,能够正确理解日常生活中与法律相关的各项事务,并形成自己的观点。

法治教育评价标准的三个维度应该根据学校所在地区、学校特点、青少年所处的不同年龄阶段等进行地域性调整。在一定时期内,对学校法治教育的评价标准可以聚焦于上述三个目标中的一个目标,也可以同时进行。如在一些留守儿童数量较多的学校,安全法治教育应该是其首要的任务。在高年级阶段则主要应该进行深层次的法治教育,要对青少年赋权,让其参与到法治教育的实施过程当中。

### 2. 中小学法治教育评价标准的现有来源

从我国中小学法治教育评价的现状来看,目前评价标准主要以中央及地方政府、教育行政部门出台的各类政策性文件,尤其是《青少年法治教育大纲》为主要依据。经过对政策文本的梳理,发现现有的评估标准主要包括了对学校法治教育的条件保障、法治教育的实施过程、法治教育的实际效果这三个方面。

对中小学法治教育的条件保障是首要的评价标准。2014 年颁布的《我国青少年法制教育调查报告》建议"建立一套兼具导向、激励、监督和考核作用的青少年法制教育评价机制,对各地方、各中小学法制教育的效果进行客观、公正的评价。评价机制应包括,对学校法制教育管理水平的综合评估,

---

① 何树彬.青少年法治教育:目标定位、实施原则与路径[J].青少年犯罪问题,2016(02):69-75.

包括学校法制教育的目标定位、法制教育领导班子组成、师资配备、课程设置、教育活动实施情况等。对法制课教师的教学水平进行评价,包括教师的业务水平、教学态度、教育方法和教学效果等"。"对学校与家庭、社区的合作、联动进行评估。对地方教育行政部门的保障措施进行评估,考核评估的情况宜纳入地方行政部门业绩考核的范围,确保青少年法制教育师资、经费、教材的全面落实。"①

最后,对法治教育实际效果的评价也被纳入现有的评价标准中来。教育部印发的《依法治教实施纲要(2016—2020年)》中提到,"教育部组织制订依法治教评价指标体系,分阶段,对地方各级教育行政部门和学校依法治教、依法治校的情况进行评估"②。同时还提到,"对地方各级教育行政部门和学校依法治教、依法治校的情况进行评估,树立一批依法治教的示范区域和经验典型,推动纲要的全面贯彻实施"③。

根据目前已经出台相关贯彻落实国家宏观要求的中小学法治教育政策来看,其评价标准过于趋同,本土化程度不高,这就造成了法治教育评价标准的政策协同性与实践本土性之间的矛盾。

### 3. 中小学法治教育评价标准的实践指向

中小学法治教育评估标准既要将新的法治教育评估标准积极纳入已有的综合性学校评估体系中,又要以此为依据,加强对法治教育的专项督导;既要在宏观政策中体现中小学法治教育评价标准的理念与原则,更要结合各地实际情况实现评估标准本土化,以期更好地评估出各个地区法治教育的实际效果。④

法治教育评价标准从宏观政策的统一要求出发,通过一系列具有操作

---

① 我国青少年法制教育调查报告发布[EB/OL].(2015-05-30)[2019-03-22].http://www.chinapeace.gov.cn/2014-05/30/content_11119525.htm/11594653.shtml.
② 教育部关于印发《依法治教实施纲要(2016—2020年)》的通知(教政法〔2016〕1号)[EB/OL].(2016-01-11)[2019-04-23].http://www.moe.edu.cn/srcsite/A02/s5913/s5933/201605/t20160510_242813.html.
③ 教育部关于印发《依法治教实施纲要(2016—2020年)》的通知(教政法〔2016〕1号)[EB/OL].(2016-01-11)[2018-06-11].http://www.moe.edu.cn/srcsite/A02/s5913/s5933/201605/t20160510_242813.html.
④ 罗爽.新时代中小学法治教育需要科学的评估标准与方法[J].中国教育学刊,2018(03):17-21.

性的本土化细节，评估出针对性强的法治教育实际效果。在理论上，法治教育旨在促进学生法治意识的形成、法治知识的积累和法治能力的建构，为学生成为知法、遵法、守法、用法的公民打下坚实基础。结合现有的政策文本，可以分析得出法治教育评价标准需要在以下三个层次实现。

首先，系统化的评价学生是否形成适当的法治意识。

法治意识是指社会公民在学习法治知识、参与法治实践过程中所形成的理解、认同、捍卫法治的价值信念。法治意识的生成是沟通法律制度与公民行为的中介桥梁。"一切法律中最重要的法律，既不是铭刻在大理石上，也不是铭该在铜表上，而是铭刻在公民们的内心里。"[1]人们只有将法律内化，生成法治意识，才能够从本质上认识法律的功能与价值，践行法律的规则与制度。具体到法治教育领域，树立学生法治理念、培养学生法治意识，是法治教育的核心价值目标。例如："品生课标"指出，要培养学生"爱集体、爱家乡、爱祖国"的情怀，"保护环境，爱惜资源"的意识；"品社课标"规定，要引导学生"初步形成规则意识和民主、法制观念，崇尚公平与公正"，"热爱家乡，珍视祖国的历史与文化，具有中华民族的归属感和自豪感"等。学生法治意识的塑造与生成，是中国社会主义法治梦价值实现的理念根基，中国法治大厦建构蓝图的实现，依赖于青少年一代法治素养的系统培养。

其次，阶段性的评价学生是否获得系统的法治知识。

基础知识的获取，是学生认识社会形态、形成价值理念、参与社会实践的前提基础。法律知识、法律能力与法律意识（信念）这三类事物在法治教育中均应占有一定的比例。具体而言，在法治教育的评价标准中应明确在哪个阶段学生应掌握哪类法治知识，如学生应"初步了解生活中的社会常识""初步了解有关国家的知识"；应"理解日常生活中的道德行为规范和文明礼貌，了解未成年人的基本权利和义务。懂得规则、法律对于保障每个人的权利和维护社会公共生活具有重要意义"等。法治基础知识的阶段性习得与法治知识体系的形成，是学生形塑法治意识、开展法治实践的基本立足点，同时也是学生成为未来公民的基础，因此，应成为法治教育评价标准中的一个重要层面。

---

[1] 卢梭.社会契约论[M].钟书峰，译.北京：法律出版社，2012：11.

最后,检验式的评价学生是否具有践行法治的能力。

学生法治知识的习得与法治意识的形塑,其最终目标是要培养学生智慧践行法治实践的能力。作为依法治国进程中的核心要件,运用法治在处理人与人之间社会关系的实践中日渐居于核心地位,其对公民意识的教育作用也日益彰显。因此,培养学生智慧践行法治实践的能力,是评价标准中法治教育的重要价值目标所在。法治实践的智慧践行,是提升学生法治素养的核心路径,是建设社会主义法治强国的根本落脚点,也是法治教育评价标准中的深层要求。

### 三、法治教育评价主体的单一性与多元性的矛盾

法治教育评价主体主要是解决"谁来评价"的问题。[①] 作为评价的主导因素,评价主体将对中小学法治教育评价的体系设计和实施方式等诸多方面产生深远的影响,评价主体科学与否,将直接关系到法治教育评价的有效性。

1. 单一评价主体的现实状态

目前在中小学法治教育的评价主体方面,各级教育行政主管部门是目前唯一的评价主体,单一的评价主体在评价体系中发挥的作用毕竟是有限的,第三方专业评估机构等多元主体在法治教育的评价过程中还未发挥其应有的作用,这在很大程度上降低了法治教育评价的信度与效度。自推行法治教育以来,我国中小学法治教育评价主体模式可概括为以下两个发展模式。

第一阶段为"政府主导—行政考核"模式。从我国实行普法活动开始到2002年由教育部、司法部、中央综治办、共青团中央联合印发的《关于加强青少年学生法制教育工作的若干意见》出台之前,我国的中小学法治教育评价遵循的是"政府主导—行政考核"的评价模式。在这种模式之下,对法治教育的评价以官方为主,即多由教育行政主管部门对各辖区内的学校进行绩效考核、目标考核式的评价,此时,上级行政主管部门成为绝对唯一的主体。这种模式不仅仅是忽视了学校作为法治教育主体的自我评价,更是违背了

---

① 刘笑霞.论我国政府绩效评价主体体系的构建:基于政府公共受托责任视角的分析[J].审计与经济研究,2011(03):11-19.

法治教育作为教育本身的内在规律,强化了教育的行政属性与行政控制。

第二阶段为"政府主导—社会参与"模式。自2002年以来,我国教育主管部门出台了一系列关于推行中小学法治教育的政策,在这些文本中,逐渐形成一种"政府主导—社会参与"的法治教育评价模式,并顺应时代发展潮流成为我国现阶段法治教育评价的主流模式。在这种模式下,社会各群体可以通过政策规定的方式参与到法治教育评价活动中来,如在《青少年法治教育大纲》中提道:"中小学法治教育评价需要建立专门的法治教育质量评估体系和评价监控机制,将必要的法律常识纳入学生学业评价范畴,将法治素养作为学生综合素质的重要组成部分,全面考察青少年法治教育效果。""教育部门可以联合司法部门组织或者委托第三方对学校、区域的青少年法治教育的整体情况进行评价。有条件的高等学校、科研组织可以开展青少年法治教育评价的研究与实践。"需要注意的是,在这种模式之下,虽然社会有一定程度的参与,但政府仍然处于绝对主导的地位。

### 2. 多元评价主体的理想模式

法治教育活动日益复杂与多样化,必然导致对中小学法治教育活动的评价主体趋于专业化与多元化。因此,实现多元评价主体是全面推行依法治校的必然要求,也是达成法治教育评价客观性、准确性、权威性的重要途径。构建多元评价主体参与的法治教育评价理想模式,主要是让各评价主体都在法治教育评价活动中发挥自己的作用。具体来说,理想模式主要包括以下四个方面。

首先,要明确政府宏观政策的导向作用。教育是一项国民工程,法治教育不仅关系到国民教育的质量,更将深远地影响到依法治国的现代化进程。政府制定的宏观政策对法治教育的方向性具有指导意义,法治教育评价需要国家政策的方向引领。

其次,要发动专业评估主体进行评价。第三方专业机构作为评估主体是大多数评估的主流选择,专业的评估主体可以极大地提高评估的科学性与规范。第三方专业机构一般独立于行政主体而存在,具备了法治教育评价的专业背景与实践经验,能够迅速对评价对象做出专业判断、得出专业结论。

再次,要树立社会公众广泛参与的意识。公众作为学校法治教育的最终承接者,对评价法治教育具有绝对的发言权,公众参与是现代评估的基本原则,一般以满意度调查、评选活动等方式开展社会公众对评估的广泛参与。公众在参与学校法治教育的评价过程中,同时也推动了社会民主与法治的进步发展。通过恰当的方式积极引导民众参与法治教育的评价,被认为是社会新公共管理运动的一个基本特征。①

最后,要强化学校自我评价的意识。具体实施法治教育的各中小学及其职能部门对自己所进行的法治教育工作比任何机构、评价主体都要更为清楚,因此学校对自我进行法治教育评价有助于缩短评价时间、降低评价信息搜集成本、简化评价程序、提高评价针对性等天然优势,从而实现外部评价与内部评价的相互验证和相互促进,达到客观、全面评价的目的。

### 四、法治教育评价方式的行政性与专业性的矛盾

对法治教育进行评价作为保障法治教育质量与效果的重要手段,是中小学法治教育中不可或缺的一环,采取科学的评价方式是法治教育良性发展的应有之义。教育行政主管部门通过目标考核、任务分配等行政命令的形式,在日常管理工作中"内嵌式"地履行着对中小学法治教育的评价工作。而评价本身是一项专业性极强的工作,需要科学的评价理论与有效的评价方式做支撑。在现实中法治教育评价方式表现为以考代评的内嵌式行政性传统评价方式与以评代考的专业性理想评价方式之间的矛盾。

1. 以考代评的内嵌式传统评价方式

伴随着"依法治国"的社会法治化进程推进与国家普法运动的开展,中小学法治教育由孤立的行政命令逐渐转变为融合于中小学教学活动之中的日常工作。与学校中的其他教学活动相同,要想了解中小学法治教育开展的具体效果,就必须对法治教育进行效果评价并得出结论,因此,选择科学有效的评价方式显得尤为重要。与单一的评价主体相对应,目前我国中小学法治教育评价方式呈现出单一的"以考代评"的内嵌式传统评价方式。具体来说,该方式具有以下几个方面的特征。

首先,法治教育评价融合于行政目标考核工作之中。运用行政命令的

---

① 卓越.公共部门绩效评估的主体构建[J].中国行政管理,2004(05):17-20.

方式来推行法治教育,并通过行政考核对法治教育的效果做出评价,这是当前法治教育评价最典型的特征,例如2002年由教育部、司法部、中央综治办、共青团中央联合印发的《关于加强青少年学生法制教育工作的若干意见》中提到,"要建立监督制约和激励机制,增强学校、教师和学生学法用法的主动性和自觉性。法制教育要纳入学校教育质量和学生综合素质评估体系,开展专项评估。要把'四落实'的情况作为评估学校工作的一项重要内容,要对'四落实'搞得好的地方、学校、法制副校长、法制辅导员、青少年法律学校、青少年法制教育基地建设等单位和个人进行表彰"。《若干意见》中提出,"把学生学法和遵纪守法的情况纳入学生升学、招生、招工、参军等考核内容"①。

其次,凸显了统一的"考"而忽视了个别化的"评"。单一化的评价方式导致了现行的法治教育评价成为应试教育的组成部分,突出了考核与考试的功能,而缺乏具有针对性的个性化评价。②如2014年颁布的《我国青少年法制教育调查报告》建议"建立一套兼具导向、激励、监督和考核作用的青少年法制教育评价机制,对各地方、各中小学法制教育的效果进行客观、公正的评价。评价机制应包括,对学校法制教育管理水平的综合评估,包括学校法制教育的目标定位、法制教育领导班子组成、师资配备、课程设置、教育活动实施情况等。对法制课教师的教学水平进行评价,包括教师的业务水平、教学态度、教育方法和教学效果等"。"对学校与家庭、社区的合作、联动进行评估。对地方教育行政部门的保障措施进行评估,考核评估的情况宜纳入地方行政部门业绩考核的范围,确保青少年法制教育师资、经费、教材的全面落实。"③2014年,《我国青少年法制教育调查报告》由教育部青少年法制教育基地和中国政法大学青少年法制教育研究中心联合发布。报告显示,在小、初、高的不同阶段中,青少年学生运用法律的意愿并没有随年龄增

---

① 教育部、司法部、中央综治办、共青团中央关于加强青少年学生法制教育工作的若干意见[EB/OL]. (2002 - 10 - 21)[2018 - 12 - 21]. http://www.moe.gov.cn/jyb_xxgk/_gk_gbgg/moe_o/moe_9/moe_31/tnull_415.html.
② 刘仁坤,杨亭亭,王丽娜. 论现代远程教育多元化的学习评价方式[J]. 中国电化教育,2012(04):52 - 57.
③ 我国青少年法制教育调查报告发布[EB/OL]. (2015 - 05 - 30)[2018 - 05 - 30]. http://www.chinapeace.gov.cn/2014 - 05/30/content_11594653.shtml.

长而呈现上升趋势,反而随年龄增长而下降。报告根据2011年教育部颁布的《全国教育系统开展法制宣传教育的第六个五年规划(2011—2015年)》明确提出要将"加强青少年社会主义法治理念教育,培养社会主义合格公民"①作为普法工作的核心目标,要求"各教育行政部门和学校要重点推进和保障对学生的法制教育,从小培养学生的法律意识和法制观念"。报告建议"对学生法治理念进行评价不能单以法律课成绩作为标准,还要综合考查学生的法律素质,看学生能否知行合一,即在日常的社会生活中守法并正确用法"②。

最后,强调以考查知识为主的终结性评价,忽视了能够考查到能力的过程性评价。在教育评价理论中,对能力水平的评价一直是难点所在,通常认为,相比终结性评价,过程性评价更能突出对能力的考查。③ 在目前的法治教育评价中,终结性评价占据了主导地位。例如《中小学法制教育指导纲要》提到,"开展中小学法制教育的主要任务是:努力培养中小学生的爱国意识、公民意识、守法意识、权利义务意识、自我保护意识,养成尊重宪法、维护法律的习惯,帮助他们树立正确的人生观、价值观和荣辱观,树立依法治国和公平正义的理念,提高分辨是非和守法用法的能力,引导他们做知法守法的合格公民"④。《青少年法治教育大纲》明确提出的青少年法治教育的总体目标是:"以社会主义核心价值观为引领,普及法治知识,养成守法意识,使青少年了解、掌握个人成长和参与社会生活必需的法律常识和制度、明晰行为规则,自觉遵法、守法;规范行为习惯,培育法治观念,增强青少年依法规范自身行为、分辨是非、运用法律方法维护自身权益、通过法律途径参与国家和社会生活的意识和能力;践行法治理念,树立法治信仰,引导青少年

---

① 教育部关于印发《全国教育系统开展法制宣传教育的第六个五年规划(2011—2015年)》的通知:教政法[2017]13号[EB/OL].(2011-10-21)[2019-04-21]. http://www.moe.edu.cn/srcsite/A02/s7049/201110/t20111021_170525.html.

② 我国青少年法制教育调查报告发布[EB/OL].(2014-05-30)[2019-01-30]. http://www.chinapeace.gov.cn/2014-05/30/content_11594653.shtml.

③ 何莹,冉素娟,邓红梅,等.以形成性评价为导向改革儿科学课程教学评价方式[J].西北医学教育,2014,22(01):159-162.

④ 中共中央宣传部、教育部、司法部、全国普及法律常识办公室关于印发《中小学法制教育指导纲要》的通知[EB/OL].(2007-07-24)[2018-07-14]. http://moe.gov.cn/jxb_xxgk/moe_1777/moe_1779/tnull_27735.html.

参与法治实践,形成对社会主义法治道路的价值认同、制度认同,成为社会主义法治的忠实崇尚者、自觉遵守者、坚定捍卫者。"由此可以看出,《青少年法治教育大纲》要求加强青少年法治教育,使广大青少年学生从小树立法治观念,养成自觉守法、遇事找法、解决问题靠法的思维习惯和行为方式。同时《大纲》指出,青少年法治教育评价要"基于大纲确定的青少年法治教育的目标和内容要求,将必要的法律常识纳入不同阶段学生学业评价范畴,在中、高考中适当增加法治知识内容,将法治素养作为学生综合素质的重要组成部分。要注重结合青少年的学习和生活,将反映法治思维、法治观念的行为、态度和实践作为评价的重要方面,增强评价的科学性和有效性"。

### 2. 以评代考的专业性理想评价方式

由于受到心理测验技术导向和传统教育观念的影响,我国中小学法治教育中的评价活动以考核为目的,导致它弱化了法治教育评价的诸多功能,唯独突出了总结性功能,传统法治教育评价片面追求知识积累与显性目标达成,强调共性,忽视了特殊性与动态过程,表现出明显的弊端。[①] 鉴于此,中小学法治教育评价方式需要做出调整,将"以考代评"的传统评价方式转变为"以评代考"的理想评价方式。具体来讲,就是要确立以价值评价为导向、以多种评价途径并重,设计出以动态评价监测为过程的新型法治教育评价方式。

首先,确立以价值评价为导向的法治教育评价方式。"普及法治知识,养成守法意识;规范行为习惯,培育法治观念;践行法治理念,树立法治信仰"是新颁布的《青少年法治教育大纲》的总体性目标所在。法治教育目标的价值实现,依赖于法治目标的协调均衡性发展。

其次,完善以多种评价途径并重的法治教育评价方式。根据心理学教授加德纳的观点,传统的智能理论过于强调学生是否获得了正确的答案,而忽视了学生运用知识解决实际问题的能力,为此他提出了新的智能理论。在创建新型中小学法治教育评价方式时,可以借鉴加德纳教授的新型智能理论,根据学生不同的智力潜能和最近发展区,运用多种教育评价途径,为

---

① 赵宏,张亨国,郑勤华,等. 中国MOOCs学习评价调查研究[J]. 中国电化教育,2017(09):53-61.

学生提供多种智能情景,[①]使学生的法治知识、法治素养、法治思维、法治信仰等多项能力得到持续而全面的评价。正如加德纳教授所言:"评价应该成为自然的学习环境中的一部分,而不是在一年学习时间的剩余部分中强制'外加'的内容。"[②]

最后,设计以动态评价监测为过程的法治教育评价方式。评价过程是评价主体运用评价方式实施评价方案的过程,如果能将中小学法治教育评价方式作为一个动态的过程行为加以设计,那么评价的结果会更加趋于真实可靠。所以,中小学法治教育需要设计以动态评价监测为过程的法治教育评价方式,评价主体需要根据学生参与法治教育的实际情况做出一个动态的评价方案,以便应对复杂多变的现实情境,能动地实施法治教育评价。

## 第三节　中小学法治教育评价的改革路径

缺乏科学的评价体系和有效的监测手段是当前我国中小学法治教育存在的痼疾之一,建立科学的评价体系,加强对中小学法治教育效果的监测也是理论界和教育实践界关注的问题。如何评价中小学法治教育的针对性与实效性,评价的标准和原则是什么?厘清这些问题需要首先建立一套兼具导向、激励、监测和考核作用的中小学法治教育实效性的评价指标体系和监测机制,对中小学法治教育的效果进行全面、客观的评价。具体涉及对中小学法治教育管理水平的综合评价,包括学校法治教育的目标定位、领导班子组成、师资配备、课程设置、教育活动实施情况等;对法治课教师的教学水平的评价,包括教师的业务水平、教学态度、教育方法和教学效果等;对学生法治素养的评价,包括学生的法治课的考核成绩、法治素养的综合考查成绩,在日常社会生活中守法的表现等以及对学校与家庭、社区的合作、联动进行评估等。

结合当前的时代背景,通过梳理总结中小学法治教育现存的问题与原

---

① 张宪冰,朱莉,袁林.从单一走向多元化:论学生评价方式的转换[J].当代教育科学,2011(24):7-9.
② 加德纳.多元智能[M].沈致隆,译.北京:新华出版社,1999:181.

因,我们拟提出在评价理念、评价标准、评价主体、评价方式四个方面来改造现有的法治教育评价,具体来说,就是要树立新时代法治教育评价理念,建立科学可行的法治教育评价标准,引入多元协同的法治教育评价主体,运用切实有效的法治教育评价方式。

### 一、理念先行:价值导向的新时代法治教育评价理念

2014年,党的十八届四中全会提出全面推进依法治国的总目标和重大任务,标志着我国的法治进程进入新时代。在党的十九大报告中鲜明提出:中国特色社会主义进入了新时代,这是对我国发展新特点新要求做出的一个重大的政治判断,标志着中国特色社会主义进入了新时代。在中共中央作出的决定中,提出"法治教育"的概念,并要求"将法治教育纳入国民教育体系,从青少年抓起,在中小学设立法治知识课程",这标志着法治教育进入了新的发展阶段。在新时代的历史背景下,法治教育评价需要确立以价值导向为核心的评价理念,明确知识与能力并重的评价原则,更新以社会法治化为推动力的评价目的。

1. 树立以价值导向为核心的新时代法治教育评价理念

自国家教育普法第一个五年规划至第六个五年规划中期,我国的法治教育一直停留在"法制教育"的初级阶段。自1985年第六届全国人民代表大会常务委员会第十三次会议上作出《关于在公民中基本普及法律常识的决议(草案)》,提出"学校是普及法律常识的重要阵地"以来,我国先后颁布了《国家教委、中央社会治安综合治理委员会办公室、司法部关于印发〈关于加强学校法制教育的意见〉的通知》(教政〔1995〕12号)、《教育部、司法部、中央综治办、共青团中央关于加强青少年学生法制教育工作的若干意见》(教政法〔2002〕3号)、《中共中央宣传部、教育部、司法部、全国普及法律常识办公室关于印发〈中小学法制教育指导纲要〉的通知》(教基〔2007〕10号)、《教育部、司法部、中央综合办、共青团中央、全国普法办关于进一步加强青少年学生法制教育的若干意见》(教政法〔2013〕12号)等政策文件,对学校法制教育工作的开展进行指导和规范。从这些政策的规定来看,法制教育被视为学校德育的重要内容,其主要任务和重点是引导学生知法和守法,统一认识,树立价值导向的法治教育观。

为贯彻落实十八届四中全会精神,教育部、司法部和全国普法办于2016年6月联合印发《青少年法治教育大纲》,指出了在国民教育体系中系统规划和科学安排法治教育的目标定位、原则要求与实施路径,对法治教育提出了更加崭新和全面的要求。即:不仅要让青少年知法、守法,而且更强调培养其用法、信法、护法的自觉意识,将法治信仰的树立作为法治教育的最高目标;不仅要开设法治教育课程和开展法治教育主题活动,而且要重视校园法治文化的建设和学生主体作用的发挥;不仅强调法治教育要与德育相结合,而且更突出法治教育相对独立的地位和独特的功能。中小学法治教育评估作为学校开展法治教育的"指挥棒",对学校法治教育实践发挥着重要的导向作用。可以说,有什么样的法治教育评估,就有什么样的学校法治教育实践。因此,在法治教育迈入新时代的背景之下,法治教育评估必须跳出法制教育的原有框架,及时更新评估内容、优化评估方式、创新评估制度,对法治教育的新理念、新方法作出回应,以切实发挥正确的引导作用,促进学校将法治教育的新要求落到实处。

2. 明确知识与能力并重的新时代法治教育评价原则

要均衡发展知识与能力,明确新时代的法治教育评价原则。"普及法治知识,养成守法意识;规范行为习惯,培育法治观念;践行法治理念,树立法治信仰"是新颁布的《青少年法治教育大纲》的总体性目标之所在。法治教育目标的价值实现,依赖于法治目标的协调均衡性发展。"重视知识目标和能力目标,正确认识、合理均衡三维目标间的关系,是我国中小学法治课程目标修订工作的重要课题。"这就需要我们的评价在法治教育中起到指挥棒的作用,在具体法治教育过程中,只有在充分了解、掌握个人成长发展和参与社会生活必需的法律常识基础上,才能更好地明晰行为规则、分辨是非,形成对社会主义法治道路的价值认同和制度认同。与此同时,法治教育评价原则应充分考虑法治教育大纲中关于中小学各阶段法治教育目标,综合自身的课程特点、性质,提出紧密契合青少年成长规律和教育规律的清晰的、科学的课程目标,以指导资源开发、教材编制、课程实施、课程教学评价等工作的开展。

3. 更新以社会法治化为推动力的新时代法治教育评价目的

法治教育的终极目标是为了培养出一批具有法治思维与法治信仰的未

来公民,因此法治教育的评价需要落脚在社会法治化的推动上,在当前新时代的背景下,丰富评价渠道,加强评价的导向性,强化社会法治化的评价目的显得尤为重要。评价目的与时俱进,那么在评价过程中也势必会将中小学法治教育内容进行优化,提升法治教育内容的丰富性,从而达到更具有针对性的法治教育效果。根据这一评价目的,学校可根据实际教学的需要,开发学校所在区域的社会资源和家长资源,邀请具有丰富实践经验的法官、检察官、人民警察、律师等行业内专业人士来学校进行法治教育的实践技能指导,共同开展学校的日常法治教育工作。总之,新的时代要求我们必须提升法治教育课程内容的层次性,以推动社会法治化的进程。

### 二、建立标准:科学可行的中小学法治教育评价体系

建立一套科学可行的中小学法治教育评价体系是法治教育评价中急需改革的方面。当前需要整合多方力量,实现评价标准的统一化与本土化的有机结合。《青少年法治教育大纲》明确指出,应"协调、组织政府各有关部门,构建政府、学校、社会、家庭共同参与的青少年法治教育新格局"。有鉴于此,法治教育评价标准的建立需要在现行政策的框架下,结合各地法治教育实践,将中央标准与地方实践实现对接。

#### 1. 以现行政策为蓝图,强调标准化

评估标准的制定应以《青少年法治教育大纲》为依据,全面理解和体现学校法治教育的内涵和要求。目前,我国对中小学法治教育的评估主要是通过将其作为学校依法治校工作的重要方面,在依法治校的相关评估中予以体现。因此,从各地颁布的法治教育评估指标来看,主要依据的是《教育部关于加强依法治校工作的若干意见》(教政法〔2003〕3号)、《教育部办公厅关于开展依法治校示范校创建活动的通知》(教政法厅〔2003〕4号)、《教育部关于印发〈全面推进依法治校实施纲要〉的通知》(教政法〔2012〕9号)中关于加强学生法制教育的相关要求。如陕西省教育厅2015年颁布的《陕西省中小学依法治校示范校评估指标》中的一级指标"法治教育"包括三个二级指标:法治教育做到计划、课时、师资、教材"四落实";配备法治副校长,并能有效履行职责;法治宣传教育活动丰富多彩,成效显著。虽然该评估指标已经使用了"法治教育"的概念,但具体的指标内容仍采用前述

依法治校的政策文件中有关学生法制教育的话语描述,要求较为简单、笼统。2016年颁布的《青少年法治教育大纲》作为在全面推进依法治国背景下制定的专门规定青少年法治教育的政策文件,是指导法治教育工作的纲领性文件和基本依据。它不仅规定"各级各类学校是实施法治教育的主体",而且从专门课程、教学方式、多学科协同、主题教育、校园法治文化建设、学生自我教育等六个方面,对学校如何实施法治教育提出了更为明确具体的要求,体现了从传授法律知识到注重培育法治观念、法律意识的转变,从而丰富了学校法治教育的内涵。中小学法治教育评估指标体系的构建应当以《青少年法治教育大纲》为基本依据,深刻领会法治教育的最新要求,对学校的法治教育工作进行全方位、多角度、深层次的考查,促进"法制教育"向"法治教育"迈进。

2. 结合各地法治教育实践,凸显本土性

结合各地实际情况实现评估标准本土化,以解决学校法治教育实施的突出问题并形成特色。由于全国各地开展法治教育的基础和情况各不相同,因此各地应结合学校法治教育开展的实际,对评估指标体系进行本土化的修订和调整,以真正发挥评估对法治教育实践的导向和推动作用。一方面,可结合学校法治教育开展过程中亟须解决的突出问题和难点问题,通过对不同指标赋予不同分值来强化需要重点解决的问题。如法治教育教师队伍水平参差不齐已成为各地学校法治教育推进的主要障碍,因此在指标体系中应适当增加这一指标的权重,以促进学校对该问题的重视,并争取各种资源来加强教师队伍建设。另一方面,可结合学校法治教育的现实水平,将指标体系分为基础性指标和发展性指标两部分。基础性指标依据的是《青少年法治教育大纲》要求的学校必须达到的基本目标,体现在各学段法治教育的课时、将法治教育所需经费纳入学校年度预算等方面,具有统一性和强制性。发展性指标是指根据法治教育发展需求和学校法治教育发展规律所确定的关键领域及要素,重在引导学校根据自身实际选择发展重点并形成法治教育特色,主要体现在高水平教师队伍建设、法治教育课程开发建设、法治教育教学模式改革、法治教育主题活动开展、校园法治文化建设、学生法治教育社会实践、法治教育宣传等方面。

## 三、引入专家：多元协同的中小学法治教育评价主体

### 1. 建立第三方专业评价机制

第三方专业机构作为评估主体是大多数评估的主流选择，专业的评估主体可以极大地提高评估的科学性与规范。第三方专业机构一般均独立于行政主体而存在，具备了法治教育评价的专业背景与实践经验，可以迅速做出专业判断，得出专业结论。第三方评价应深入学校法治教育的现场和过程，重视第一手资料直接获取方法的运用。

从已经开展的法治教育评价来看，评估数据的采集方法主要包括座谈、查阅资料和听汇报，有的地区还采取了问卷调查法。这些方法能够在较短的时间内收集到大量的资料，具有较高的效率。但是座谈的参与者之间可能会相互影响形成"集体性思维"和"同伴压力"，通过查阅资料、听汇报等方法收集的信息往往是经过学校选择性精心准备的，问卷调查法则难以反映法治教育的具体情境和过程，因此如果片面地依赖以上方法来进行评估，评估的效度可能会大打折扣。同时，由于法治教育的效果很大程度上是体现在学生的言行和校园的面貌风气方面，它强调对直接获取第一手资料的数据采集方法的运用，以深入学校法治教育的现场和过程，反映学校法治教育的本真状态，揭示真正的问题所在。因此，应重视课堂观察、实地察看、个别访谈、参加学校活动等方法在法治教育评估过程中的运用。如通过深入课堂听课观察，可了解法治教育的课程实施情况及学与教的质量水平；通过实地察看校园环境、学生校园生活等方面，了解校园法治文化建设情况及学生的法治素养；通过与学校管理人员、教师、学生进行个别、深入的交谈和沟通，了解师生的法治素养及学校法治教育开展的实际情况；通过参加学校的各类法治教育主题活动，了解学校法治教育开展中存在的现实问题。

### 2. 推动学校进行自我评价

既要健全法治教育的第三方评估机制，又要加强学校的自我评估。根据评估主体的不同，评估方法可分为主管部门评估、第三方评估和自我评估。实践中，法治教育评估主要是由政府通过组织评估专家组来进行，这种自上而下的评估方式容易引起被评估者的"迎合"和"应付"，准确性和专业性相对较弱。即使有学校开展自我评估，也主要是为了得到政府的考核

认可,学校作为评估主体的意识不强,更倾向于自我肯定而非识别问题改进发展,学校自评的优势难以充分体现。可见,已有的以主管部门评估为主的评估方法较为单一,难以发挥评估对学校法治教育工作的诊断、改进和引导作用。为此,一方面,应结合教育管、办、评分离的要求,健全法治教育的第三方评估机制,增强评估的专业性、独立性和客观性。培育与鼓励专业机构和社会组织,如专业评估监测机构、专业学会、民间教育智库等参与法治教育评估,并通过政府购买等方式委托第三方组织对学校法治教育的整体情况进行评估。另一方面,应完善法治教育的学校自我评估和改进机制,增强学校开展法治教育工作的内驱力,促进学校在深入自我挖掘的基础上形成法治教育特色。明确学校的评估主体地位,引导学校建立法治教育自评组织、自评制度等可持续发展机制,并充分吸纳家长、社区人士等利益相关者共同参与法治教育的评估和改进。

3. 厘清教育行政主管部门的评价范围

既要将新的法治教育评估标准积极纳入已有的综合性学校评估体系中,又要以此为依据加强对法治教育的专项督导。由于我国在开展多年的中小学法治教育过程中已经形成了一定的评估模式和办法,因此如何运用新的法治教育评估标准,如何处理它和已有评估体系之间的关系,就成为值得思考的重要问题。根据《青少年法治教育大纲》的规定,主要是将依法治校评估、平安校园创建和教育督导作为法治教育评估的重要抓手,通过整合、利用已有的工作基础和资源来开展评估工作而非另起炉灶建立一套新的评估体制,从而有助于避免增加学校的负担,减少评估工作可能遇到的阻力。然而,这种将法治教育评估纳入相关评估和学校综合督导评估中的做法,一方面无法凸显法治教育的重要地位,也无法全面体现法治教育的要求。如从各地出台的依法治校示范校评估指标来看,在百分制指标体系中,一般"法治宣传教育"指标可能会占整体指标的10%左右,而且其下属的二级指标体系也较为简单、粗陋。另一方面,可能会造成人们对法治教育的误解,如实践中,由于法治教育常常被纳入学校安全工作的考核中,导致很多教育管理部门都把法治教育等同于学校安全教育。因此,在当前学校法治教育迫切需要加大力度予以推进的情况下,一方面应将新的法治教育评估标准积极纳入已有的综合性学校评估体系中,并注意增加法治教育指标的权重比例,提升法治教育在综合性评估中的地位;另一方面,可考虑利用已有的教育督导机制,结合地区法治教育的重点、难点、热点问题,依据新的法治教育评估标准开展专项督导,每两年或三年开展一轮,以突出法治教育工作的重要性。

### 四、监测效果:切实有效的中小学法治教育评价方式

评估方法的设计应重视激励、督察、改进等多种评估功能的平衡,将绝对评估、相对评估和历史参照评估有机结合起来,落脚在对法治教育实施的效果监测评估上。

中小学法治教育评估具有多种功能,主要包括三个方面。一是激励功能。评估者总结、表彰与推广学校在法治教育实践中的典型经验和成功做法,以激发学校开展法治教育的主动性和创造性,促进法治教育形式与内容的不断改进和创新。二是督察功能。评估者对学校开展法治教育的情况进行监督和检查,以发现、纠正、防范和约束实践中可能出现的各种不符合《青少年法治教育大纲》要求的行为和做法,如未将法治教育纳入学校总体发展规划和年度工作计划,未按照规定课时开设法治教育课程,未组织学生参加法治社会实践活动等,并对学校和相关责任人进行问责。三是改进功能。评估者通过识别学校在法治教育过程和效果等方面的优点与问题,并及时给予学校反馈,以督促和支持学校有针对性地组织改进,有效提升学校的法治教育质量。在设计评估方法时,应重视评估多种功能的平衡,将绝对评估、相对评估和历史参照评估有机地结合起来。具体而言,对法治教育基础性指标的评估可以绝对评估为主并辅之以相对评估,确定学校法治教育水平与客观标准的差距,同时找到其在所有学校中的相对位置,以督促学校发现问题和不足,激发学校的竞争意识和工作积极性,促进学校不断提升自身水平。对法治教育发展性指标则主要采取历史参照评估法,对学校法治教育的现在与过去进行纵向比较,强调发展,鼓励进步,以增强不同基础的学校实施法治教育的内驱力,推动学校不断创新形成法治教育特色。

#### 1.从知识型评价到能力型评价的转变

中小学法治教育评价是评估主体根据法治教育的目标要求,运用科学有效的评估方式对中小学开展法治教育的过程和效果进行价值判断的活

动。因此,评价应重点考查两个问题:一是中小学法治教育工作的开展情况,即是否全面落实了《青少年法治教育大纲》提出的各项要求,是否掌握了相关的知识;二是中小学法治教育工作的成效如何,即学生是否具备了《青少年法治教育大纲》要求的法治素养。具体而言,可分解为法治教育所获取的知识与能力的评价。关于开展情况的评价,一是将法治教育纳入学校总体发展规划和年度工作计划,二是建设能够胜任法治教育任务的专兼职教师队伍,三是将法治教育所需经费纳入年度预算。法治教育的效果则根据学生学段的不同对其应具备的法治素养提出不同标准。如是否初步形成学生的国家观念、规则意识、诚信观念,是否养成遵纪守法的行为习惯,等等。

2. 从终结性评价到形成性评价的转变

根据心理学教授加德纳的观点,传统的智能理论过于强调学生是否获得了正确的答案,而忽视了学生运用知识解决实际问题的能力,为此他提出了新的智能理论。在创建新型中小学法治教育评价方式时,可以借鉴加德纳教授的新型智能理论,根据学生不同的智力潜能和最近发展区,运用多种教育评价途径,为学生提供多种智能情景,使学生的法治知识、法治素养、法治思维、法治信仰等多项能力得到持续而全面的评价。正如加德纳教授所言,"评价应该成为自然的学习情境的一部分,而不是在学习时间的剩余部分中强制外加的内容"。[①] 例如,评价初中阶段的法治教育,我们可以通过以下四个方面,动态地再现学生的学习场景,监测出该阶段法治教育的实际效果:一是学生初步了解个人成长和参与社会生活必备的基本法律常识,守法意识、公民意识、权利与义务相统一观念、程序思维得到强化;二是初步建立宪法法律至上、民主法治等理念;三是初步具备运用法律知识辨别是非的能力;四是初步具备依法维护自身合法权益、参与社会生活的能力。评价高中阶段的法治教育,我们可以从以下三个方面做出动态监测:是否较为全面地了解中国特色社会主义法律体系的基本框架、基本制度以及法律常识;是否具有了守法意识、增强法治观念、牢固树立有权利就有义务的观念;是否初步具备参与法治实践、正确维护自身权利的能力。当然,上述评价不管是四个方面还是三个方面,都是根据《青少年法治教育大纲》的明确规定确定具

---

① 加德纳.多元智能[M].沈致隆,译.北京:新华出版社,1999:181.

体的测评标准。

### 3. 从客观性评价到主客观结合评价的转变

中小学法治教育评价方式需要做出调整,将"以考代评"的传统评价方式转变为"以评代考"的理想评价方式,具体来讲,就是要确立以价值评价为导向、以多种评价途径并重,设计出以动态评价监测为过程的新型法治教育评价方式。

首先,确立以价值评价为导向的法治教育评价方式。"普及法治知识,养成守法意识;规范行为习惯,培育法治观念;践行法治理念,树立法治信仰"是新颁布的《青少年法治教育大纲》的总体性目标所在。法治教育目标的价值实现,依赖于法治目标的协调均衡性发展。其次,完善以多种评价途径并重的法治教育评价方式。法治教育评价方式与其实施方式相互影响、相互作用,评价方式对多元性忽视必将导致法治教育实施途径的单一化,进而反作用于法治教育实施成效。因此,在推进法治教育实施过程中,必须促进法治教育评价方式的多元化,通过多种评价途径并重来引导中小学法治教育全面推进,提升教育成效。最后,设计以动态评价监测为过程的法治教育评价方式。评价过程是评价主体运用评价方式实施评价方案的过程,如果能将中小学法治教育评价方式作为一个动态的过程行为加以设计,那么评价的结果会更加趋于真实可靠。所以,中小学法治教育需要设计以动态评价监测为过程的法治教育评价方式,评价主体需要根据学生参与法治教育的实际情况做出一个动态的评价方案,以便应对复杂的多变的现实情境,能动地实施法治教育评价。

# 第六章　国外中小学法治教育的基本经验

柏拉图与亚里士多德关于人治论与法治论的伟大对话,开创了法治国家理念先河。① 后继生发的古罗马法治观、英国近现代法治主义、法国"三权分立"、德国"法治国"理论、美国现代宪政等一系列法治实践都继承了希腊法文化中的"法治精神",并延展内化为自身的治国核心,成为国家建设重要的精神支点。② 从法治理念的历史演进看来,国外尤其是西方国家近现代意义上的法治概念先发于清代萌芽的中国法治观,并较早催生了社会各领域的法治实践行为。随着法治理论和法治实践的逐步成熟、完善,如何获得理论与实践之间的平衡,形成互相促进的良性循环,成为法治理念实现物化转型的关键。众多法治实践方式中,作为承继人类文明、促进社会创新的重要举措,教育事业寄托着人类实现自我发展的远大理想,始终贯穿人类社会各个阶段。将"法治"精髓以"教育"行为融合、渗透于个体劳动者的精神信仰当中,无疑是"法治国"建设最有效、最彻底的实现方式。国外法治教育得益于深厚的法治理论积淀,发展蓬勃。英、法、德、美、日、韩等国家纷纷题设公民教育框架,尽管存在 civic education(公民教育)/citizenship education(公民教育)/rule of law education(法治教育)/law related education(法治教育)等多种不同名称表达,但都一致选择关注法治内核,将法治精神信仰教育作为公民教育最核心的内容。在世界变革最集中的16、17世纪,公民教育变革成为其他国家先进性发展的必经之路,尤其进入20世纪之后,各国公民教育步入更加现代化的发展阶段,方式、内容、宗旨、形式等均呈现出鲜明的现代化特征,其中法治教育自始至终都是推动社会变革的关键线索,而中小学法治教育更是整个法治教育事业中的根基。相较而言,中国真正意义上的

---

① 王人博,程燎原.法治论[M].2版.济南:山东人民出版社,1998:4.
② 刘平.法治与法治思维[M].上海:上海人民出版社,2013:12.

法治进程始于20世纪后期,较晚于其他国家,尽管我们的法治建设取得了举世瞩目的成就,但不可否认,在中小学法治教育实施过程中,依然存在着师资、效用、方式方法等方面的问题。"他山之石,可以攻玉",我们需要在中国话语下谈论中国的法治教育,同时也需要谨慎前行,积极获取国外可供借鉴的有效经验,最大限度提升资源利用率,减少前进阻碍,尽可能保持法治道路的畅通。因此,有必要加强对国外中小学法治教育经验的搜集整理,发现其优势之处,获得法治教育的最优解,避免重蹈覆辙,实现法治国家建设的伟大目标。

## 第一节 凸显中小学法治教育的重要地位

中小学法治教育是法治建设的重要实践手段之一,对中小学法治教育的重视程度,关系到法治教育事业的基本起点高度、可以获得的教育成果以及法治事业的整体规划。也就是说,中小学法治教育的目标设定和地位明确不仅引导着法治教育开展的方向,还意味着更深层次上的法治教育战略布局,甚至关系到法治建设全局架构。洛克"目标设定理论"(goal setting theory)认为,准确的目标定位能够产生激励作用,将需求转化为动机,辅助主体设定努力方向,并将行为结果与既定目标相对照,实时调整及修正,从而实现目标。[①] 即目标可以构成事物发展的预期铺设,有助于主体基础发展框架的搭建,同时明确发展定位,从意识层面加强对作用主体重要性的理解,从而激发并产生持续性发展动力。从这一角度理解,中小学法治教育应当且需要设立前提目标,精准定位,提纲挈领式地促进法治建设,使其产生内生性动力。法治社会的实现来源于全体社会参与者的共同行动力,目标一致才能促使参与者具有向心力。依托民意、遵从良法、注重善治的法治教育内容准则是民众的共同选择,在此基础上的中小学法治教育目标设定、地位确立及其功能解构必然符合大众期待,首先从思想形态上获得共鸣。意识觉醒是行为产生的关键前提,综观各国法制体系和法治国家的建设过程,始终坚持对中小学法治教育的高度重视,以法律法案、政策法规、咨询报告

---

[①] 李艾丽莎,张庆林. 目标设定理论与人力资源管理[J]. 重庆大学学报(社会科学版),2006,12(04):64-70.

等多种形式将国家意志与民众诉求相融合,根本上提高法治教育全民关注度。

  法治意识是法治国家建立的根基,唤醒大众的法治意识是法治教育的首要任务。针对英国民众政治态度冷淡,国家民主建设进程趋向缓慢的状况,1998年英国教育部发布了《克里克报告》,通过咨询报告形式,以促进公民教育课程新框架的构建为目的,为英格兰的学校公民教育提供参考信息,[1]旨在唤醒大众的公民态度。报告调查了英格兰20世纪末的民主发展状况,尤以社会大众的民主意识、政治生活、公民身份认知情况为重点内容。该咨询报告是英国官方对公民教育成效的自省,促成了英国法治教育现代化转型。[2] 最终获得的调查结果使英国社会意识到改变公民教育方式的紧迫性,直接推动英国政府修订课程大纲,于2002年将公民教育课程纳入初中必修课程。这是英国政府第一次将公民教育以国家意志形式正式纳入学校教育体系,成为法定教育内容。[3] 此后,英国政府陆续发布《青少年公民态度与实践》(Young people's civic attitudes and practices)[4]、《公民教育方式与效率》(Civic education approaches and efficacy)[5]、《民主管理措施:公民教育与媒体》(Democratic governance initiatives:civic education and media)[6]、《成人公民

---

[1] AUDREY OSLER. The crick Report:difference, equality and racial justice[J/OL]. The Curriculum Journal,2000,11(01):25-37. https://www.tandfonline.com/doi/pdf/10.1080/095851700361375? scroll-top.

[2] HEATER D. The history of citizenship education in England[J]. The curriculum journal,2001,12(01):103-123.

[3] DAVIES LAN. Citizenship education in England[J]. Journal of Japanese educatinal research associaon for the social studies,2003,59(0):1-10.

[4] Young people's civic attitudes and practices[EB/OL]. (2010-11-25)[2018-07-10]. https://www.gov.uk/government/publications/young-peoples-civic-attitudes-and-practices-englands-outcomes-from-the-iea-international-civic-and-citizenship-education-study-iccs.

[5] Civic education approaches and efficacy (GSDRC Helpdesk Research Report 947)[EB/OL]. (2013-05-31)[2018-07-11]. https://www.gov.uk/dfid-research-outputs/civic-education-approaches-and-efficacy-gsdrc-helpdesk-research-report-947.

[6] Democratic governance initiatives:civic education and media (GSDRC Helpdesk Research Report 1004)[EB/OL]. (2013-01-01)[2018-07-05]. https://www.gov.uk/dfid-research-outputs/democratic-governance-initiatives-civic-education-and-media-gsdrc-helpdesk-research-report-1004.

教育模式对国家民主进程的影响》(The impact of adultcivic education programmes in develoing democracies)①等包含青少年法治教育在内的一系列公民教育相关报告,分别从不同角度全面跟踪公民教育发展状况。

法治不是一个时期或一个阶段的产物,实现真正的法治,必须保持长期、持续、循序渐进的发展模式,才能使法治成为社会烙印。法国中小学法治教育发展相较于英国更具有连续性,可谓现代公民教育的首创国。② 早在1793年,法国便将公民教育纳入学校教育范畴,颁布《公共教育法》,开设公民教育课程,将《人权与公民宣言》划为学校教育必修内容。依据《费里法案》,1881年法国正式开设了公民教育课程,将其列为学校科目之首,③编订专门的公民教育教材,并在后续发展过程中持续不断地进行修订,为产生法国现代公民教育传统奠定基调。1989年《教育指导法》针对不同教育阶段,细化公民教育内容,强调法治教育在中小学学校教育中的独特之处,并于1998年和1999年修订初中与高中教学大纲,进一步巩固公民教育在义务教育阶段期的重要地位。④ 为适应新形势下教育改革需求,法国教育部于2005年重新修订《教育指导法》,延续对公民教育的关注,再次肯定公民教育是所有教育阶段的必备内容。⑤

美国的法治教育不同于其他欧美国家,在从属于公民教育的同时还具有独立的法治教育体系。受益于宪法、独立宣言、人权法案等一系列全民参与的权力斗争运动,美国的法治教育以自然姿态诞生其中,起初隐藏于公民教育之中。自伊西多尔·斯塔尔(Isidore Starr)发起的"法律学习运动"伊始⑥,逐步离析出单独的法治教育运行模式,1975年将其列入社科课程范

---

① The impact of adult civic education programmes in developing democracies [EB/OL]. (2013-01-01)[2018-07-08]. https://www.gov.uk/dfid-research-outputs/the-impact-of-adult-civic-education-programmes-in-developing-democracies.

② 高峰. 法国学校公民教育浅析[J]. 首都师范大学学报(社会科学版),2005(02):108-113.

③ 张志义. 八国两地区德育比较[M]. 福州:福建教育出版社,1992:54.

④ 龙花. 法国公民教育研究[D]. 重庆:西南大学,2008:29.

⑤ 杨玲. 法国未来15年教育发展改革纲领:酝酿中的新《教育指导法》[J]. 世界教育信息,2005(06):5-7.

⑥ ISIDORE STARR. The law studies movement: a memorr[J]. Peabldy journal of education,1977,55(1):6-11.

围,并最终于1978年出台《法治教育法案》(Law – Related Education Act of 1978),承认法治教育的独立地位,将法治教育定义为"面向非法律专业者的教育活动,旨在使其获得关于法律、法律程序、法律体系的基础知识和技能,在此基础上了解相关的基本规则并建立法治价值观"。授予法治教育法定的独立身份,旗帜鲜明地将法治教育置于与其他教育内容同等重要的地位,为美国法治教育的教学方式、课程体系建设、内容完善等提供了更加灵活的发展空间,给予其充分的资源供应,将法治教育从公民教育从属地位解放出来,促进全国各州建立法治教育独立体系进程,更深层次地推动法治教育国民化发展。[①] 21世纪之后,布什政府与奥巴马政府陆续出台《不让一个孩子掉队》法案(the No Child Left Behind Act)和《让每个孩子都成功》法案(The Every Student Succeeds Act),将系统推进公民教育与法治教育作为需要长期持续关注的重要内容。[②]

被称为"马赛克国家"的加拿大具有深厚移民历史和长期的殖民地经历,不过复杂的国家构成并未阻碍其法治教育的诞生与发展。加拿大的公民教育实施与实现公民身份认同相伴而生,1947年加拿大首次出台《公民法案》(Canadian citizenship Act),以确立民族主义公民身份为目的,建立国家认同内核,从自我认同角度实现本质上的国家独立。[③] 此后不定期修订《公民法案》,依据阶段需求适时调整公民身份内涵,公民教育自始至终都是《公民法案》中实践操作的重要内容。[④] 另有1980年《权利与自由宪章》(Canadian Charter of Rights and Freedoms)、1982年《宪法法案》(Constitution Act)等不断确认公民教育的法律地位及实施公民教育对国家独立和民族凝聚的重要作用。

---

[①] 张冉. 践行法治:美国中小学法治教育及对我国的启示[J]. 全球教育展望,2015,44(9):76–85,94.

[②] Every Student Succeeds Act (ESSA)[EB/OL]. (2015–12–25)[2018–07–08]. https://www.ed.gov/essa? src = rn.

[③] 范微微. 多元文化社会中的国家认同:20世纪70年代以来加拿大公民教育研究[D]. 吉林:东北师范大学,2011:85.

[④] History of citizenship legislation[EB/OL]. (2015–07–06)[2018–07–08]. https://www.canada.ca/en/immigration – refugees – citizenship/corporate/publications – manuals/operational – bulletins – manuals/canadian – citizenship/overview/history – legislation.html.

社会发展带来的阶段性变革使各国意识到国民对公民身份认同的必要性。通过法治教育，使国民具备法律知识、国家组织机构、社会规章、国家荣誉等方面的基本认知，加深对国家概念的理解，有助于树立国家认同感和民族自尊心，因此法治教育抑或是公民教育的目标，不仅仅是提高国民法治素养，更深层次上是增强国家凝聚力，促进国家现代化进程的重要动力。各国法治教育深谙其道，无一不将法治教育作为青少年教育活动中的重点内容，通过设立法案、长期跟踪报告等保证法治教育内容和方式的及时有效，并不断提醒国民法治之于国家的重要内涵，将中小学法治教育置于国民教育中的关键位置，向国民传达国家在法治教育方面的积极态度，始终保持将法治教育置于国家战略的高度。

## 第二节　设立全面的中小学法治教育课程体系

教育行为的产生与完成基于三个基本问题：什么是教育的本质，怎样实施教育，人获得"教养"的过程是由何种知识与认知形式限制和规定的。[①] 这些问题的解答过程是具象化的教育方式作用于教育对象并获得教育成效的过程。在以知识问题为核心的基础教育阶段，课程教育方式能够将知识问题的解答过程分阶段细化，建立起教育者与被教育者的直接联系，通过课程产生到授课完成的完整过程实现基础教育活动的本质目的。因此，课程教学是基础教育阶段中任意一种教育类型获取其教育目标的最高效易得的方式。对于尤以学校教育为重点的中小学法治教育而言，课程教学是其实施教育活动的绝对主线。是否具备科学、完善、合理、全面的课程体系，直接影响到中小学法治教育教学成效，以及法治教育目标所能达到的程度。课程体系不仅仅指课程种类或科目类型，一个完整的课程体系是一种教学行为从无至有的实现过程，主要通过设立依据、设立方式、设立内容三方面构成完整的逻辑闭合。就这一角度，课程体系设置应当包括课程设置标准、课程设置类型、课程教材编制、具体教学内容、教学实施方式等多个部分。结合中小学受教育对象的群体特征和法治教育内容的独特之处，中小学法治教

---

① 舍勒.知识形式与教育[M]//刘小枫.舍勒选集：下.上海：上海三联书店,1999:1368.

育的课程体系还需要考虑到受教育对象的心理及生理发展规律,同时兼顾法的可应用属性。窥探国外各种模式的公民教育方式可以发现,课程建设始终是其进行法治教育的关键阵地。大多数国家具有单独的公民教育或法治教育课程,课程建设参与者不以国家部门作为唯一主体,各类学校、专业团体、基金会等任何与其相关的组织机构都积极参与课程的规划设计,课程类型和课程内容呈现方式多样,并能够基于中小学法治教育不同层次的具体需求,完成课程教学方式的体系化建设。

  法国教育部开启了一项名为"公民之路"的公民教育规划,其中针对学校教育,设置了专门的课程教学目标及内容,范围涵盖学前至高中。课程目标是使公民了解必要的权利、义务和责任,以道德和公民教育课程媒体与信息教育课程两条课程主线为核心,向民众传播国家价值观以及对公民身份的认可,具体内容包括:权利平等、人权尊重、反对一切形式的歧视,预防和反对种族主义与反犹太主义,环境保护责任,可持续发展认同等。在基础教育阶段,道德和公民教育课程是"公民之路"计划的核心部分,主要通过四大内容板块实施中小学法治教育:道德认知板块,使青少年学会自我表达并尊重他人;规则意识板块,掌握必要的法律法规,建立社会生活规则意识;社会认知板块,具备基本的是非判断能力,能够在遇到社会生活困难时做出符合道德规范的选择;责任意识板块,学会坚守承诺,具有合作、团结和责任意识。[1] 除常规法律知识、规则意识课程外,法国将可持续发展教育(ESD)和国防教育也列为公民教育必备内容。可持续发展教育希望青少年从科学、伦理和公民层面理解世界的复杂性,要求融合在所有其他科目的教学计划中,不仅包含环境教育,还包括发展观、和平观、健康教育、艺术和文化教育。[2] 法国的国防和国家安全文化是高中在校期间必须获得的知识和技能基础的一部分,主要围绕军事防御、全球防务、潜在风险与威胁、欧洲防务进展、国际安全等五项内容展开,作为道德和公民教育课程内容的组成部分,

---

[1] Le parcours citoyen [EB/OL]. [2018 - 07 - 10]. http://www.education.gouv.fr/cid100517/le - parcours - citoyen.html&xtmc = eacuteducationcivique&xtnp = 1&xtcr = 6#Qu_est - ce_que_le_parcours_citoyen.

[2] L'éducation au développement durable[EB/OL]. (2017 - 12 - 12)[2018 - 07 - 10]. http://www.education.gouv.fr/cid205/l - education - au - developpement - durable.html

高中阶段的重点学习内容是国家观认知和民族组成,以及法国在欧洲地区、世界范围内的定位,未来还将开设军事志愿和文职服务课程项目。[1] 法国还规定不同年级的法治教育课程内容、难度设置需要在课程大纲中进一步细化。[2]

英国的公民教育旨在培养学生作为积极和负责任的公民充分参与社会的知识、技能和理解力。学生需要了解政治、议会和投票权以及人权、正义、法律和经济等内容。就课程而言,分为小学和中学两个阶段。小学阶段的公民课程为非法定课程,学校拥有课程设计自主权,但要遵循《公民课程框架》规划的内容标准,共分为培养自信与责任感、为公民角色做准备、形成健康安全的生活方式、建立良好人际关系等四大主题内容,[3]根据年级阶段的不同设计具体内容。中学阶段的公民课程为法定课程,英国教育部制定了国家课程指导;与小学阶段不同,中学阶段要求公民教育应该促进学生对民主、政府以及法律制定和维护的敏锐认识和理解。通过课程学习应该让学生掌握技能和知识,批判性地探索政治和社会问题,衡量证据,辩论和提出合理的论点。它还应该帮助学生成为负责任的公民,妥善管理自己的资金并做出合理的财务决策。同样根据年级不同阶段设计不同的课程内容、其中,初中阶段侧重于民主、政府、公民权利的意识理解,并学会适度应用,具备基本的评判观点,能够辩论。高中阶段则在初中阶段的基础之上,要求学生掌握制定策略,提出论点并证实的能力,能够作为社会成员对社会建设贡献力量。[4]

澳大利亚学校教育的核心目标之一是帮助学生做好成为合格公民的积极准备,保证其充分知情,为加强公民教育,2015 年在原有课程的基础上开

---

[1] L'éducation à la défense[EB/OL]. (2017-05-12)[2018-07-12]. http://www.education.gouv.fr/cid4507/l-education-a-la-defense.html.

[2] Citizenship education in Europe[M]. The Education, Audiovisual and Culture Executive Agency,2012:26.

[3] Citizenship[EB/OL]. (2015-02-13)[2018-07-12]. https://www.teachingcitizenship.org.uk/sites/teachingcitizenship.org.uk/files/Programme_of_Study_KS1_and_2.pdf.

[4] National curriculum in England:citizenship programmes of study for key stages 3 and 4 [EB/OL]. (2013-09-11)[2018-07-13]. https://www.gov.uk/government/publications/national-curriculum-in-england-citizenship-programmes-of-study/national-curriculum-in-england-citizenship-programmes-of-study-for-key-stages-3-and-4.

设了公民与公民权课程。① 拉脱维亚针对公民教育中的义务教育部分,要求学校在教授这一部分内容期间,每周必须进行关于价值观、文化、公民参与等制定主体的讨论会。捷克共和国 2007 年制定了公民教育《课程框架》,其中首先明确了公民教育在学生教育中所处的关键地位,同时为公民教育在不同年级不同学科中如何融合设立了详细的目标规划。②

除教育部、课程规划委员会等隶属于国家的课程设置机构外,专业机构、非政府组织等非国家部门同样有机会成为法治教育课程设计者。美国律师协会(Amercian Bar Assciation,简称 ABA)是美国最大的专业法律组织,由在册律师及其他志愿团体构成。ABA 成立以来,长期为中小学法治教育提供专业咨询并设计相关课程和其他活动。ABA 下设的公共教育部专门负责国民法治教育,该部门按照年级分类规划法治课程,课程内容以课程计划主体为标准,分别为公民参与、争议解决、正当程序、环境与法律、平等保护、修正案、人权、新闻素养、权力分立、美国宪法、表决。不同年级的具体内容在此基础上详细划分。内容难度和深度整体上与年级变化相适应,课程目标也呈现出逐步提高的态势。③ 此外,ABA 还成立了免费线上课程平台,限定主题,课程资源来自专业人士或组织资源录制上传。④ 在教材编写方面,美国法治教育教材涉及各类教育、法律相关行业人士,参与者兼具丰富的理论知识和实践经验,在教材中给学生最大限度的真实感。法治课程是由原本思品课程的基础上渗透法治精神而得,需要教育、法律、思想教育等多领域专家和从业者的全面参与,理论与实践并举。

加拿大萨斯喀彻温公共法律教育协会(PLEA)成立于 1980 年,是一个非营利性非政府组织,旨在通过与法律有关的教育活动进行法治教育。

---

① Education for citizenship in south Australian public schools: a pilot study of leader and teacher perceptions[EB/OL]. (2016 - 06 - 16)[2018 - 07 - 13]. https://www.tandfonline.com/doi/full/10.1080/09585176.2016.1184579.

② Citizenship education in Europe[M]. The Education, Audiovisual and Culture Executive Agency, 2012: 22.

③ Lesson plans & teaching resources[EB/OL]. [2018 - 07 - 08]. https://www.americanbar.org/groups/public_education/resources/lesson-plans.html.

④ Local civics and law academies[EB/OL]. [2018 - 07 - 07]. https://www.americanbar.org/groups/civics/civics_and_law_academy.html.

PLEA 的青年和学校计划针对中小学法治教育,致力于促进法律相关教育(LRE)融入学校,为学校提供专业法律课程以外的课程教学支持。该计划开发的资源涵盖了从英语语言艺术到实用艺术的所有年龄层次和课程领域。主要分为小学、初中和高中三个课程阶段,每阶段的法治课程都与萨斯喀彻温省已有的常规课程相结合。

课堂占据学龄期青少年半数时光,是他们汲取知识的主要渠道,也是人格养成、三观建立的主要空间。课堂教学途径是中小学法治教育的关键方式,法治课程能够为中小学生搭建接触法治精神的最便捷渠道,课程设置的科学性是影响课程教学的直接因素,有助于中小学法治教育的有序化发展。各国的中小学法治教育课程设置,总体上表现出参与主体多元、教学内容广泛、阶段性划分显著等特征。细致的课程内容分类有助于保持课程教学的精准、提高教学效率。注重社会力量和专业力量的参与,能够充分调动其他社会成员的积极性,为中小学法治教育课程提供更多可能性,加强学校与社会的合作,共同开发更具有专业水准的课程,将理论与实践完美契合,获得双倍成效。法治本身强调的是对社会产生修正和引导作用,以可应用为最本质目的。因此,专业系统的课程设置有助于改变学校教育"足不出户"的境地,使课程更贴合生活实际,符合真实的法治状况,实现法治的工具属性。

## 第三节 重视中小学法治教育师资质量

"任何改革的最终成效都要归结到幼儿园及中小学课堂内能拥有优秀的教师。"[1]OECD 2013 年进行全球教育质量调查得出结论,获得优异成绩和快速推进学校改革的关键在于教师质量,那些整体表现优异的国家高度重视招募、发展和留住高质量的教师。高质量的教师和高质量的教学正在成为提高国家实力的关键。与学生不同,教师是教育活动中的主动者,承担着促成各因素配合的枢纽角色。一方面,教师是教育内容与受教育群体间的传播媒介;另一方面,任何教育方面的理念、方式、政策、制度等抽象内容都需要借由教师发挥基本作用,通过教师的教学活动将概念性内容转化为实

---

[1] 沙莉,庞丽娟,刘小蕊.通过立法强化政府在学前教育事业发展中的职责:美国的经验及其对我国的启示[J].学前教育研究,2007(02):3-9.

践性内容。相对于其他相关主体和影响因素,教师也是教育活动当中最稳定、最易控制的因素。任何教育活动中的师资力量标准在一定程度上都服务于主体需求。具体来讲,对教师资质的要求可以通过准入资格限定获取合格教师,对优质师资的需求可以通过高水平的工资待遇吸引大量人才,对专业能力素养的需求可以通过各类培训交流制度促进提升。教师是教育的灵魂,师资状况极大程度影响着教育活动成效。以青少年为主要对象的中小学法治教育同时具有受教育对象特殊、教育内容特殊和教育实施阶段特殊的三重特殊属性,由此决定了教师在中小学法治教育活动中需要同时兼有多种技能。首先教师要熟练掌握法治教育专业技能,其次要充分了解青少年身心发展规律,最后应灵活应用教育活动基本规律。这就意味着中小学法治教育教师队伍建设要求较一般教师队伍建设更为复杂,在资金投入、培训交流、准入标准等多方面既要符合教育活动普遍规律,又要满足法治教育特殊准则。

基于法治教育兼有法学、管理学和教育学等多重学科交叉的独特性,其教师培训同样可以来自多方供给。教育学角度的专业培训注重的是以教学为中心的成效提升,而其他专业力量的培训则有助于弥补单纯教学培训的不足,弥补法治教育教师专业素养的缺失。美国律师协会公共教育部不仅为中小学法治教育提供课程和专业志愿服务,还帮助中小学开展法治教育教师培训。目前,该部门开启了两项常规的教师培训计划,一项为宪法研究所承担,由美国律师协会主办,为芝加哥地区的初中或高中教师举办,提供对美国宪法第十四修正案更广泛的理解,以及如何开发适合课堂教学使用的第十四修正案的探究式课程。一般地,美国律师协会邀请法学专家开通免费的网络课程,向所有感兴趣的公众开放,并不定期举办面对面研讨会,限制一定数量的教师递交申请参加,获取与法律学者、历史学家和课程专家面对面交流的机会。另一项名为夏季研究所的教师培训计划重点面向历史、管理、公民、法律课程的教师,深化教师对联邦司法机构及联邦法院工作机制的认识及重大判例在公共争议中的重要作用。每年选定三个不同的具有里程碑意义的联邦审判案例,参与者与专家学者、联邦法官和课程顾问共同研讨,通过为期一周的培训,以小团队方式完成所有课程培训项目。美国将教育伦理与教育法律作为小学教育与中学教育专业本科生的应有训练,教育管理或教育领导类的硕士和教育学博士也常将教育法律列为必修课程,《学校领导标准》(2008 年修订)要求学校管理者应具备基本法律素养,能够考量和评价决策所产生的法律及道德后果。[1]

英国公民教学协会(Accociation of Citizenship Teaching,简称 ACT)是为英国公民教育提供教学相关资源支持的非营利性机构,协会理事会成员均为教师及其他相关从业人员,来自全国各地。其使命是:支持高质量公民教育,促进公众更广泛地了解该主题,促进青少年社会参与研究,为英国公民教育提供发展和促进公民教育的会员服务和教育计划;为公民教育教师提供专业发展、培训和交流机会;为社会各类型组织提供研究和战略政策咨询;编制高质量教材与自有刊物《公民教学》。该协会提供完整的公民教师培训项目,该项目与专业师范类培训不同,它是针对在职教师的工作培训,与英国国家教育部联合承担具体培训计划、课程和内容,被称为 SCITT(School Centred Initial Teaching Training),为在职教师提供以实践为主的培训,甚至在确认教师具备一定能力水平之后,可以为其提供实践机会。[2] 苏格兰地区虽然没有单另设置法治教育教师资质要求,但是有普适性的教师准入资质,所有科目小学阶段教师必须接受过本科教育或四年制学位教育,由英国高等教育机构认可的学位或学士学位,《初级教师教育标准》规定新上任的小学和中学教师必须掌握和理解公民教育知识。[3]

资金投入对于教育事业的重要作用不言而喻,中小学法治教育同样如此。优厚的薪酬是保障劳动者基本物质需求的根本,唯如此才有进一步促使其追求精神价值的可能。较高的薪资水平是吸引大量中小法治教育优质

---

[1] 张冉. 践行法治:美国中小学法治教育及对我国的启示[J]. 全球教育展望,2015,44(09):76-85.

[2] School-centred initial teacher training (SCITT) [EB/OL]. [2018-06-25]. https://getintoteaching.education.gov.uk/explore-my-options/teacher-training-routes/school-led-training/scitt.

[3] The General Teaching Council for Scotland (GTCS). Memorandum on entry requirements to programmes of initial teacher education in scotland[EB/OL]. (2013-06-12)[2018-07-15]. http://www.gtcs.org.uk/web/FILES/about-gtcs/memorandum-on-entry-requirements-to-programmes-of-ite-in-scotland.pdf.

人才的重要举措。在一项田野调查报告中，Carnoy 等学者得出结论[①]：在控制其他相关因素不变的情况下，教师工资相对较高的国家，学生的数学知识测试表现更好。这些数据表明，想要建立一流师资队伍的国家，需要准备好支付足够的薪酬，充分的资金投入是中小学法治教育优质人才建设的必要条件。新加坡和韩国的教师工资是世界上最高的两个国家。新加坡 2010 年的学校教育预算约占 GDP 的 3.6%，占政府支出总额的 20%，仅次于国防。自第二次世界大战以来，韩国在教育方面也投入了大量资金，特别是在为教师提供高薪和有吸引力的条件方面。"有证据表明，这些国家优厚的教师待遇促使青年人产生了成为教师的强烈动机。"[②]

长远看来，仅依靠培训或者招收具有专业背景的教师是无法满足法治教育需求的，也是不符合国家对法治社会的建设要求和未来趋势的。若想从根本上解决法治教育师资不足问题，从源头上提升教师质量才是关键。高质量的教师教育系统最常用的策略是招聘和选拔高质量的学生，"师资体系最为完善的国家的教师候选人通常是从报考学生成绩排名前三分之一中录取：韩国选择前 5%，芬兰选择前 10%，新加坡选择前 30%"[③]。日本要求教师必须完成严格的入职培训课程才有机会获得终身教职。[④] 在芬兰，要想成为一所综合性学校（7—9 年级）的学科教师，必须获得硕士学位。在德国，教师一直是一种地位很高的职业。这在很大程度上是由于长期以来尊重权威、知识和智力成就的文化。在一定程度上也是因为有资格就读师范类专业的学生来自中学毕业生成绩的前三分之一者，所有学生都必须通过

---

[①] CARNOY M, BRODIIAK I, LUSCHEI T, et al. Teacher education and development study in mathematics (TEDS - M): do countries paying teachers higher relative salaries have higher student mathematics achievement? [M]. Amsterdam: International Association for the Evaluation of Student Achievement, 2009: 332 - 334.

[②] INGVARSON L, SCHWILL J, TATTO MT, et al. An analysis of teacher education context, structure, and quality - assurance arrangements in TEDS - M countries: findings from the IEA teacher education and development study in mathematics[M]. Amsterdam: International Association for the Evaluation of Educational Achievement, 2013: 137 - 142.

[③] BARBER M, MOURSHED M. How the world's best performing school systems come out on top[M]. London: McKinsey & Company, 2007: 32 - 33.

[④] WANG A H, COLEMAN A B, COLEY R J, et al. Preparing teachers around the world [J]. Policy information report, 2003: 22.

严格的高中毕业会考或大学入学考试。大多数教师属于公务员,享受终身教职和丰厚的养老金等福利。德国教师工资的平均水平高于其他经合组织国家。新加坡实施了由教育部参与管理的全国范围的职前教师选拔程序,以公开招聘方式吸引有能力的中学毕业生,然后由教育部的人力资源部门进行筛选,最终只有六分之一的申请者能够接受培训。[1]

德国教师教育培育考核需要经过两个阶段,在他们的教师教育课程的第一阶段(三年)结束时,教师参加他们的第一次国家考试。这次考试有书面和口头两部分,测试学生对他们想教授的科目的知识。他们还必须写一篇长篇主题文章。通过这次考试的学生获得学士学位。第二阶段的国家考试是在第二阶段(两年)的教师培训结束后进行。在这个阶段里,学生们大部分时间都待在学校里,对包括学校和大学教职员工、学校校长和州政府官员在内的人员的课堂进行观察和评估。它还包括一个或多个口试和一篇关于实际问题的论文。特别国家机构负责执行提供教学资格和执照的两项国家考试。考试委员会的主席必须是一名执业教师。考试委员会对每门学科和一般教育学进行期末口头考试。[2] 教师教育需要完成两阶段的国家课程学习,其中第二阶段要求更为具体,包括与学科教学方法、教育心理学、学校学生多样性、学校教育条件以及学校的法律和其他职责相关的主题。[3]

师者,传道受业解惑者也。教师是教育事业的灵魂载体,互联网时代的到来和人工智能的发达并不能替代教师在教育活动中所传达出的情感表达和精神力量,任何教育活动都无法抹杀教师不可被替代的作用,任何教育目

---

[1] BARBER M, MOURSHED M. How the world's best performing school systems come out on top[M]. London:McKinsey & Company,2007:47-50.

[2] KOENING J, BLOEMEKE S. Preparing teachers of mathematics in Germany [M]// SCHWILLE J,INGVARSON L,HOLDGREVE-RESENDEZ R. TEDS-M encyclopaedia:a guide to teacher education context, structure, and quality assurance in 17 countries. Amsterdam, the Netherlands:International Association for the Evaluation of Educational Achievement,2013:51-53.

[3] KOENIG J, BLOEMEKE S. Preparing teachers of mathematics in Germany [M]// SCHWILLE J,INGVARSON L,HOLDGREVE-RESENDEZ R. TEDS-M encyclopaedia:a guide to teacher education context, structure, and quality assurance in 17 countries. Amsterdam, the Netherlands:International Association for the Evaluation of Educational Achievement,2013:57-60.

标的达成都离不开优质教师的重要推动,因此教师队伍建设必须且应当是中小学法治教育建设的基本要素。各国在其中小法治教育的建设过程中,始终以从根本上提升教师质量为宗旨。一方面从职业发展角度保持对教师质量的全程关注,包括准入门槛、职前培训、职业进修等,从具备接受教师培育资格到成为教师之后的后续发展,时刻不断地提高教师专业技能和个人素养;另一方面准许各类组织机构成为中小学法治教育教师质量提升的参与者(因为这有助于从社会层面实现对中小学法治教育师资力量的监督,进一步保障优质教师的产出,为法治教育提供高质量的人才供应)。法治教育本身比其他科目教学更具有社会性,与社会互动的机会较多,教育主管部门或有条件的中小学可以寻求当地律师团体、志愿者团体、相关基金会的物质支持。建设法治国家是国之大事,所有社会成员都有责任和义务贡献力量,中小学法治教育可以寻求社会帮助,积极利用所有可用资源,竭尽全力拓展发展之路。

## 第四节 注重中小学法治教育实施途径多元化

途径,也可以称为路径,是任何一项社会理念、活动或事业由提出到作用于社会实际的基本联结,它不仅是事物发生变化的必经过程,还能在其中起到推动或阻碍的作用,并对结果的形成产生重大影响。法治教育作为一项国家治理理念,它的提出到成为实际操作事项应用于社会各界,再到最终对国民意识、国家结构产生正面的有效的影响,需要经过漫长且复杂的过程。此时,法治教育的实施途径就成为这个过程中的助推器或绊脚石。中小学法治教育途径则是使主观意识中的中小学法治理念转化为具有外在实体表现的中小学法治实践,并最终成为法治社会重要组成的方法。失去了途径的法治教育只能停留在理论表层,无法转化为可运转的体系,也无法作用于现实事物。法治教育功能的有效发挥和目标的充分实现,需要法治教育系统的良性运转和整体优化,其概念输入与目的达成之间是法治教育途径的"揉制捏合",从而融为一体、达到统一。作为法治教育的服务者,实施途径是实现法治教育功能的有力推手,法治教育必须经过法治教育途径的转变,才能由无形变为有形,由理论落地为实践,由意识理念蜕变为实际应用,产生真正具有活力的社会实际。广义上的学校法治教育并不仅限于学校场地和以师生为主的参与主体,实际上任何能够为学校法治教育提供教育辅助功能的各类活动都可以被称为学校法治教育。法治本身即是一项社会化活动,法治教育本质目的也是通过教育活动获得具有法治意识的社会大众,因此法治教育的实施需要注重参与者的广泛性和方式的多元化。毋庸置疑,中小学法治教育的出发点和落脚点在其特殊的受教育对象上,这就要求中小学法治教育需要考虑到内容的趣味性、娱乐性,与青少年的日常生活紧密相连,使其产生共鸣,引起他们对法治教育的兴趣,能够学以致用。使他们感受到法治是存在于身边的、实实在在的、可被应用的,而不仅仅存在于书本上和老师家长不断重复的道理当中。如何在实践运行中寓教于乐,帮助青少年学会应用法治思维,培养法治价值观,从而达到"产生切身体会"的效果,中小学法治教育的实施方法至关重要。基于社会运行制度、法律制度的差异,国外青少年法治教育的参与者极其广泛,可谓举全国之力,由此也促使各国中小学法治教育的方式具有更多形态表现,不但种类繁多,而且方式更加多元。

尽管具体国情不尽相同,但是教育是国家不可推脱的责任这一基本信念是各国共识。法治教育以教育模式为主要表现,因此其核心承担者、组织者和举办者仍以国家部门为首选,各国国家部门仍是法治教育项目的重要提供者。法国公民之旅项目要求学生参加高中生代表理事会等学生组织的机构会议,要求学生参与公民教育活动相关的纪念仪式、纪念场所,其他相关的艺术、文学、历史、体育等方面的学术活动。鼓励教育界与学校赞助人密切合作,确保公民教育的连续性,所有国家教育机关、地方当局、教育协会等都有参与公民教育项目的责任。[①] 法国国防部设立国防日,要求所有16至18岁法国国籍的年轻人,志愿参与公民服务、武装部队志愿服务、业务储备、公民储备和民防职业。教育部与国防部合作建立公民教育路线,作为"平等机会"计划的一部分,6所军校对面向处境不利社会类别的学生和家庭开放。国家教育和国防部于2007年签署了一项教育与防御协议,以提高

---

① Le parcours citoyen [EB/OL]. [2018-07-10]. http://www.education.gouv.fr/cid100517/le-parcours-citoyen.html&xtmc=eacuteducationcivique&xtnp=1&xtcr=6#Qu_est-ce_que_le_parcours_citoyen.

青少年对时代冲突的全面理解,理性看待新闻并充当负责任的公民。①

德国、爱沙尼亚、奥地利、荷兰等国通过有针对性的培训活动制定了旨在促进家长参与学校活动和治理的国家方案。这些计划可以采取学校定期举行的会议形式,为需要支持的家长提供永久性咨询服务或由政府当局和民间社会组织举办的培训课程。②

法治的受益者是全体社会成员,任何个人或组织都具有为法治教育提供发展契机的职责。社会组织拥有大量的专业优质法治教育资源,非营利机构、专业法律机构等具备法治教育资源供给能力的组织的积极参与,可以有效提升法治教育的实效和质量。自1994年以来,美国公民教育中心与全国州议会(NCSL)就公民行动计划项目达成了合作关系。该项目向美国公民公告州立法机构的作用和职责,以及公民与政府官员在政策问题上的合作目标。在此基础上,美国立法机关推出一项公民行动重返校园计划,鼓励司法机构人员进入课堂,向公众宣传立法程序和地方层面的目标。该计划涉及政策制定者、教师、学生、家长、合作者、志愿者等六个主体,每个主体分别采用不同的中小学法治教育实施方式。

政策制定者在帮助确保学校为学生提供有效的公民参与方面发挥着非常重要的作用。与学生会面讨论公共政策问题,努力加强促进公民教育的政策执行,担任决策听证会的评估者,支持协调地方与国家间的计划衔接,作为学校与州立法机关的媒介,使学生了解立法机关的决策机制,通过引入立法机构的专业知识来丰富学生的相关经验。③ 教师与学生作为法治教育互动主体接受专业培训和规定课程。家长(包括参与学生家庭圈中的父母、监护人、看护人和重要成人)作为法治教育的补充参与者,被邀请成为名为"学校家庭"的法治教育团队的一员,与孩子一同参与所在社区公民项目相关的公共决策,并定期在听证会上展示参与成果,分享公民项目工作经历,

---

① L'éducation à la défense[EB/OL].[2017 – 05 – 12]. http://www.education.gouv.fr/cid4507/l – education – a – la – defense.html.

② Citizenship education in Europe[M]. The Education, Audiovisual and Culture Executive Agency,2012:56.

③ NCSL partnership[EB/OL].[2018 – 06 – 20]. http://www.civiced.org/project – citizen/pragram.

帮助唤醒孩子的公民意识。①合作者指的是各类资金投入团体或个人，以及提供专业技术能力的群体，为公民行动计划提供必要资金及专业人力资源供给。志愿者则是辅助公民行动计划实现的重要构成，帮助学生建立公民行动计划档案，为学生提供法治教育学习方式咨询，与社区对接，辅助学生获取必要的信息资源。

美国律师协会每年会为青年教育委员会提供特别赞助，增加公众对法治、法律程序以及法律界在国内和世界各地的作用的理解和尊重。ABA公共教育部门每年3月在华盛顿特区为高中生举办国家公民教育和法学活动（NCLA），为来自不同社区的学生提供一个精选组，有机会花4天的时间专注于理解法律、政策、人员和机构如何塑造美国公共政策方面的关系。②在华盛顿特区以小团体形式接触法律和政府领导人，获取在研讨会上讨论公共政策的机会，③了解法律教育和法律职业。从2001年起，美国律师协会公共教育司开展了Leon Jaworski公共节目系列纪念法律日（Law Day），将每年5月1日设为法律日，每个法律日设定一个主题④，在中小学推行相应主题的短期课程及实践活动。

美国发起的公民行动计划已经广泛应用于其他国家的基础阶段学校教育。泰国旨在通过该项目发展影响公共政策的技能来促进地方政府有效参与，鼓励学生发现问题，研究和评估解决方案，制定解决方案和行动计划并公开向社会公布。在印度尼西亚，该项目的公民与民主基金共同提出一个为期两年的计划，建立属于非政府组织和宗教组织的公民教育机构，在青年中培养民主政治文化。这一计划每期开设为期5天的研讨会，鼓励学生参与并参加关于领导力、个人身份和自我意识的研讨会。同时参加基于活动

---

① Families in schools [EB/OL]. [2018 - 06 - 20]. http://www.civiced.org/project - citizen/pragram.

② Law day 2018 [EB/OL]. (2018 - 05 - 01) [2018 - 07 - 15]. https://www.americanbar.org/groups/public_education/initiatives_awards/law - day.htm.

③ Local civics and law academies [EB/OL]. (2020 - 08 - 30) [2022 - 04 - 16]. https://www.americanbar.org/groups/public_education/programs/ncla/civics_and_law_academy/.

④ History of law day [EB/OL]. [2018 - 07 - 20]. https://www.americanbar.org/groups/public_education/law - day/history - of - law - day/.

和游戏学习司法和责任模块以及组间合作的课程。①

英国公民基金会自 1989 年发起一项名为"青年公民"公民教育项目,其中为中学举办模拟法庭竞赛活动提供服务是项目主要内容之一,该项目为学生准备正式法庭所需道具,创造逼真的庭审环境,并且将模拟法庭活动细分为三类,针对不同年龄段的不同学生,分别是:治安模拟法庭,适用公立学校 12—14 岁青少年;刑事模拟法庭,适用公立学校 15—18 岁青少年;私立学校模拟法庭,适用私立学校 15—18 岁青少年。② 公民教学协会(ACT)与 prisea school,southsea 合作开展了一项名为"媒体眼中的极端主义与恐怖主义"活动,目的是培养九年级学生的批判性思维及解决问题和探究问题的技巧。ACT 为整个计划提供策划、资源及经验支持,引导学生进行伊斯兰恐惧症案例研究,深入贯通已掌握的民主、法治、权利与责任意识,批判性看待大众媒体对各类恐怖事件的报道。

有效的中小学法治教育途径注重与受教育对象的互动,强调青少年的亲身参与,理解"法治即生活"的思想,从根源上改变思维方式,实现中小学法治教育目的的关键突破,进而印证法治教育差异化的必要性。2003 年美国卡内基公司和公民教育信息研究中心展开了"前途实践"项目,该项目的核心内容是以六种公民教育的课堂实践方式帮助教师开发高质量的公民课程来提升公民教育效率。后续跟踪数据结果显示,相较于 2006 年,2010 年的学生公民教育评测分数得到显著回升。事实证明,比简单知情更有效的教育方式是"亲身体验我们的系统为什么和如何工作"③。法治教育实践基地的核心作用是向中小学生展示法治社会中各组织机构、制度建设、政策机制怎样产生和运转,以及为什么以此种形式存在,使青少年从深层次上认同法治社会理念,内化法治精神,树立法治意识。作为"第二课堂",法治教育实践基地是对学校课堂的补充和延伸,学生们通过听、看、做了解校内课堂无法传达的细节。或许尚无法实现专业化的中小学模拟法庭运作,不过我

---

① Civic education: approaches and efficacy[EB/OL]. (2013-05-31)[2018-07-15]. https://www.docin.com/p-1430314692.html.

② Young Citizens. Mock Trials[EB/OL].[2018-02-15]. https://www.teachingcitizenship.org.uk/.

③ The Civic Mission of Schools. The guardian of democracy: The civic mission of schools[EB/OL]. (2018-03-01)[2018-07-20]. http://cms-ca.org/.

们可以简化部分环节使学生体验庭审过程中的关键点,理解判决结果产生的基本程序、依据,以及法是如何贯穿始终发挥作用的。将教育方式与社会融合,充分发挥其应当具备的社会服务属性,不仅有利于教育成效的提升,更有利于深化学生关于法治精神的认识。

## 第五节　多维度建立中小学法治教育评估机制

评估泛指活动实施过程中的决策是如何实际进展,涉及对活动目标及其实现手段的评估。教育活动评估可以看作是依据一定的标准和程序,对教育产生的效益、效率及价值进行判断的行为,目的在于取得相关信息为后续决策制定、改进和革新提供依据。[①] 通过评估、评价,可以反映出事物发展过程中的薄弱之处,检测执行手段的时效性,以便及时调整方向,改变发展策略。教育活动的社会属性决定教育本身需要遵守社会游戏规则,接受不同社会层面的评价。评估需要依据评估对象制定评估内容和评估方式,法治教育比其他教育活动具有更为显著的应用需求导向属性,其成效自然无法以普通教育活动评价标准考量。正因如此,实施法治教育评估应当从多个角度出发,针对不同的法治教育内部构成对象,制定不同的评价标准和方式。教育是一项社会活动,对内涉及教育活动具体参与者,对外影响学校之外的社会未来,所以法治教育评估需要构造内部评估和外部评估两个平行体系。内部评估是以学生为评估对象的活动,目的在于检测学生的学习成果和教师的教学成果。外部评估是以学校整体法治教育开展情况作为评价对象,通常由教育主管部门设立评价标准。从国外中小学法治教育评估经验来看,绝大多数评估方式都是以自评和他评为主作为划分维度,综合构成内外兼顾的中小学法治教育评估体系,为法治教育的实施提供全程监督与反馈。

法国的中小学法治教育评估被纳入教育系统的整体评估当中,由教育部与第三方专业机构进行国家级系列评估,一般包括课程评估、教育政策评估、管理评估、全国学生评估、学习体系评估以及国际机构评估六大部分。

---

① 于立生.公共政策评估理论研究及其困境分析[J].发展研究,2011(05):96-100.

课程评估共包含三个评估内容,以评估主体不同分为教育部评估、国家级教育监察总局评估和第三方专业评估三部分。其中教育部对教育政策情况进行评估,由预测与绩效司具体操作,通过统计信息收集来衡量教育绩效状况;国家教育监察总局对教学方法和教育政策的实施进行评估,由14个学科和专业团体构成,评估内容包括教学内容、教案、方法与手段;第三方专业评估是指专门研究教学问题的研究中心对教学情况进行监督与评估,以法国教育研究院为核心评估机构,监测各类教育的教学情况。教育政策评估由教育部预测和绩效司进行,评估为提高学生成绩和教育体系的改革制定相关的公共政策。管理评估由教育部、研究行政总局监察局与审计法院共同承担,行政总局监察局负责国民教育常规行政、财务和组织运行状况的评估,审计法院则针对教育部公共资金使用进行评价。全国学生评估由教育部全权负责,主要是通过标准化测试对中小学学生的知识水平和技能水平进行评估,最终得出关于学生成绩发展的数据,用以总结现行教育政策和体系的优劣,评估周期为五年,每年针对不同科目。其中历史地理与公民教育是被独立评估的科目。国际评估是指由国际学校效能评估协会(IEA)、经合组织(OECD)、联合国教科文组织、欧盟委员会等国际组织实施的。关于法国部分的评估由法国教育部与国际组织协同完成,评估内容涉及教育资源、教育公平、教育资金数据等多方面。[1] 另外自2017—2018学年起,法国结束了为义务教育阶段学习的学生发放公民手册的做法,开始总结学生在接受公民教育方面的成长历程,并将其作为个人公民教育水平的凭证。[2] 法国中小学生的社会和公民能力由教师参照一本标准化教育个人手册在各个关键点进行评估。这本小册子针对学生定义的知识、技能和态度设置评分点。整个初中时期的法国学生还会获得一份"备忘录评论",记录学生对学校生活中公民教育方面的贡献。[3] 法国国家检察人员需要审查学校计划中的公

---

[1] L'évaluation globale du système éducatif[EB/OL].[2018-06-10]. http://www.education. gouv. fr/cid265/l - evaluation - globale - du - systeme - educatif. html.

[2] Le parcours citoyen[EB/OL].[2018-07-10]. http://www. education. gouv. fr/le - parcours - citoyen - 5993.

[3] DE COSTER I, BORODANKOVA O, DE ALMEIDA COUTINHO A S, et al. Citizenship Education in Europe[M]. Education, Audiovisual and Culture Executive Agency, European Commission. Available from EU Bookshop, 2012:79.

民教育部分,查验家长和学生参与卫生和公民教育委员会的情况及社区活动,这同时也是校长评估的一部分。

英国 ACT(Association for Citizenship Teaching)组织认为评估是公民教育的必要组成,评估有助于确定对学生达到学科标准的明确期望,可以确保教学和学习的进度,激励学生成为评估过程中的合作伙伴。它可以让学生明确他们在学习中的优点和缺点,并且使教师能够清楚了解到学生的成绩以及他们的学习能力如何提高。ACT 组织的要求学校评估方式遵循五个关键原则:向学生提供有效和定期的反馈;积极让学生参与自己的学习;根据评估结果调整教学;认识到评估对学生的动机和自尊有深刻的影响及两者对学习都有至关重要的影响;学生能够评估自己并了解如何改进。这些原则适用于所有阶段的公民教育。学校评估主要针对公民身份规划,自教学和学习活动起始即作为其中一部分,反映学生学习成就和学习风格与智慧,衡量包括组织参与能力等个人素质在内的公民身份价值。并且学校评估应坚持将学生的积极参与作为评估有效性判断原则之一,让学生成为合作伙伴,共同探讨学习目标和期望,就自己的进步和成就及时反馈,并保持持续的学习积极性。① 在初中阶段结束时,学校应当继续记录和评估学生的相关成绩,获得定期表现反馈,并向所有 11—16 岁学生的家长提供年度评估报告,简要说明孩子的各方面表现。② 高中阶段的公民教育评估称为"GCSE 公民资格",公民资格可以作为学生阶段性学习成就的证明,有助于其获得好的升学机会,因而得到家长和社区广泛的认可与重视。该评估结果来源于官方授权机构 AQA、Edexcel 和 OCR,三个评估机构分别针对不同方面对学生的公民教育状况进行评估。

联邦制国家性质的加拿大,其教育管理权并非集中于联邦政府,而是由各省拥有大部分的教育管理权限。省内教育情况的不同导致了不同公民教育评方式的产生。以阿尔伯塔省为例,该省公民教育评估涵盖学前教育价至高中教育的全部阶段。该省公民教育的评估是以不定期的调查、研究、分

---

① Assessing Citizenship[EB/OL]. [2018-06-20]. https://www.teachingcitizenship.org.uk/about-citizenship/assessing-citizenship.

② Secondary Assessment[EB/OL]. [2018-06-20]. https://www.teachingcitizenship.org.uk/about-citizenship/assessing-citizenship/secondary-assessment.

析为方式进行,通常由省政府组织设计调查问卷,然后发放给教师、学生、管理者、家长等各类公民教育参与者,问卷内容涉及参与者对现有公民课程的满意度、教育方式的感受、课程改进的建议和对公民教育发展方向的建议,等等。该评估针对学前教育阶段、小学阶段、初中阶段、高中阶段、管理部门和学校管理部门六个对象分别制作相应调查,获得最终结果后对其进行分析,形成报告,为本省公民教育的后续发展提供权威参考。[1]

澳大利亚公民教育有一套完整的评价体系,其评价内容分为范围、概念和实例、案例解释和说明;评价标准包括分数成绩评价标准和公民素养等级评价标准;评价方式设计了抽样测试卷;评价执行人由公民教育领域专家、课程管理人员、学生等组成。[2] 澳大利亚所有州和领地政府都有责任确保他们的课程包含学生在这三个关键领域发展知识、技能和理解的机会。这些关键学习领域的学生成果从2004年开始每三年进行一次整理和评估。[3] 新西兰最近制定了国家教育监督计划(NEMP),荷兰国家教育测评研究所每年选出部分小学对学生的社会知识和社会技能进行评估,并在小学毕业时对学生所掌握的关于世界的知识进行一次测验。[4] 在瑞典,教师有权对学生在创造性、个人行为和合作能力方面的进步情况作出评价。可以看到,这些国家将公民教育设立为一个独立体系,评估是在公民教育的体系中进行,而非其他体系的组成部分。内部评价与外部评价同时进行,就内部评价而言,多以学校系统内部参与者互评为主要方式,外部评价则相对表现出更多可能性,交由国家部门、专业高校等研究机构或第三方社会评价机构进行,以保证评估结果的客观、多样和全面。独立的评估机制有助于更全面地反映法治教育现状,提升各单位对法治教育的重视,为法治教育的后续发展起到导向作用。

---

[1] Provincial Assessment[EB/OL].[2018-07-13]. https://education.alberta.ca/topic-search/? journeyId=1087.

[2] 王建梁,岳书杰. 澳大利亚中小学公民教育评价研究[J]. 外国中小学教育,2010(12):36-39,48.

[3] DE COSTER I,BORODANKOVA O,DE ALMEIDA COUTINHO A S,et al. Citizenship Education in Europe[M]. Education, Audiovisual and Culture Executive Agency, European Commission. Available from EU Bookshop,2012:54.

[4] 李庶泉. 公民教育的国际比较[J]. 济南大学学报(社会科学版),2005(02):70-75.

经济合作与发展组织认为,认证是确保对教师质量进行持续评估、审查和辩论的一种方式。提升教师教育认证资格是提高和保持教师质量的有效机制。[①] 专业标准和认证标准对于建立清晰的技能和知识标准非常重要,教师教育培育质量直接关系到未来教育执行者的质量,进而影响到教育事业的整体发展,中小学法治教育师资力量同样离不开教师教育培育机构的高质量产出,因此有必要加强对教师教育培养机构的严格评估,为教师教育的质量保证和改进提供坚实基础。澳大利亚2011年制定了教师教育培育机构认证方法,于2013年起实施。该认证方法是为了筛选符合培养高质量教师要求的高校等培育机构。认证标准涵盖教师培育各个方面,从其发展、组织运行、人才产出、社会关系等角度出发,每一个州和地区的监管机构都有法律责任监督相关机构,并由监管当局召集评审小组,根据评审标准和法定程序定期性评估,至少每五年重新认证一次,以确保产出高质量教师。澳大利亚规定,要成为一名教师,有从教意向的毕业生必须持有一份为期四年或更长时间的全日制高等教育资格证书:三年的本科学位加两年的研究生入学专业资格(例如,文学学士加上教学硕士);至少四年的综合资格,包括学科研究和专业研究(例如,教育学士(小学));至少四年的综合学位(例如,教育学士(中级)和理学学士);由提供方确定并经教师监管当局与AITSL协商批准的其他资格组合。[②]

韩国非常强调初任教师教育的质量保证。从2010年开始,韩国加强了对初任教师教育的国家评估,其中,韩国教育发展研究院被赋予对所有教师教育项目和提供教师教育的机构评估的责任。评估包括自我评估报告、访谈、观察和数据收集,包括对项目结果的关注。评估结果是公开的。[③] 韩国对教育机构的财政投入和相关行政决策都要以教育部对教育机构的现场评

---

[①] OCED Teacher matter: attracting, developing and retaining effective teachers [M]. Paris: Éditons OCDE; OECD Publishing, 2005: 112-113.

[②] Teaching Australian Institute for Teaching and School Leadership. Accreditation of initial teacher education programs in Australia: standards and procedures [M]. Education Services Australia, 2014: 20-21.

[③] JENSEN B, HUNTER A, SONNEMANN J, et al. Catching up: learning from the best school systems in East Asia [M]. Melbourne: Grattan Institute, 2012: 2.

估为参考意见。[1] 美国国家教师质量委员会开发了一个评估教学项目的排名系统,并向公众提供关于教师教育项目质量的信息——为公众提供信息来源,使未来的教育产品接受者或购买者具有可供参考的选择信息。[2] 日本每个教师培训机构在每七年一次的认证之前都必须先进行自我评估。外部认证由日本高等教育评估机构进行。

评估本身是对评估对象的持续监督,并产生定期反馈,引导评估对象的未来发展方向。保证评估结果的客观准确是实现这一目标的应有之意,多样化的评估主体类型则是形成客观评估结果的有效方式之一。综合各国经验来看,国外的中小学法治教育评估类型呈现出明显的多元化特征。首先,评估对象上并不局限于学生、教师和学校三个被评估主体,还会从源头出发,涉及教师培育相关机构。其次,在评估内容上不仅有课程成效评估,还包括综合能力评估。尤其是针对中小学生的个人评估,考查青少年综合素质,并保持评估活动的持续性,跟踪式长期关注,使其成为个人发展的重要证明。最后,评估主体类型丰富,学校、教育部门、社会专业评估机构、高校,甚至其他非法治教育直接相关的组织机构都有机会成为评估实施者,从而大大增加了评估的全面性、有效性,有利于法治教育的全方位发展。

---

[1] TATTO M T, KRAJCIK J, PIPPIN J. Variations in teacher preparation evaluation systems: international perspectives[M]//National Academy of Education project on evaluation of teacher education programs: toward a framework for innovation. Washington:US National Academy of Education,2013:20 - 21.

[2] National Council on Teacher Quality. Teacher prep review 2014 report[EB/OL]. (2014 - 06 - 01)[2018 - 07 - 25]. https:www. nctq. org/publications/Teacher - Prep - Review - 2014 - Report.